21世纪海上丝绸之路协同创新中心智库丛书
广东外语外贸大学中拉研究创新团队成果系列

U0593260

2018年
拉丁美洲蓝皮书
——拉美发展与中拉合作关系

隋广军 / 主编　朱文忠 李永宁 / 副主编

2018 BLUE BOOK OF LATIN AMERICA
El Libro Azul de América Latina 2018

经济管理出版社
ECONOMY & MANAGEMENT PUBLISHING HOUSE

图书在版编目（CIP）数据

2018 年拉丁美洲蓝皮书/隋广军主编 . —北京：经济管理出版社，2018. 12
ISBN 978-7-5096-6267-0

Ⅰ. ①2… Ⅱ. ①隋… Ⅲ. ①中外关系—国际经济关系—研究报告—拉丁美洲—2018②国际
合作—经济合作—研究报告—中国、拉丁美洲—2018 Ⅳ. ①D822. 373②F752. 773

中国版本图书馆 CIP 数据核字（2018）第 285498 号

组稿编辑：张　艳
责任编辑：赵亚荣
责任印制：黄章平
责任校对：张晓燕

出版发行：经济管理出版社
　　　　　（北京市海淀区北蜂窝 8 号中雅大厦 A 座 11 层　100038）
网　　址：www. E-mp. com. cn
电　　话：（010）51915602
印　　刷：三河市延风印装有限公司
经　　销：新华书店
开　　本：710mm×1000mm /16
印　　张：20. 75
字　　数：391 千字
版　　次：2019 年 5 月第 1 版　　2019 年 5 月第 1 次印刷
书　　号：ISBN 978-7-5096-6267-0
定　　价：69. 00 元

2018 年拉丁美洲蓝皮书

——拉美发展与中拉合作关系

2018 Blue Book of Latin America

El Libro Azul de América Latina 2018

主　编：隋广军

副主编：朱文忠　李永宁

编委会成员（以姓氏笔画为序）

马飞雄　吉列尔莫·亚涅斯［智］　朱文忠

亚历杭德罗·蓬特［智］

伊格纳斯欧·埃尔佩林［阿］

刘　柳　李永宁　李翠兰　吴易明

陈　宁　陈　星　杨　菁　赵荣宪

恩里克·杜塞尔彼得斯［墨］　黄　忠

黄　磊　威尔·希基［美］　隋广军

序　言

　　《2018年拉丁美洲蓝皮书》是广东外语外贸大学拉丁美洲研究中心和中拉研究创新团队精心组织编辑出版的年度系列蓝皮书的第三本。本年度蓝皮书的编写思路是：紧紧围绕新时代中国"一带一路"倡议与中美贸易战背景下的拉丁美洲经商环境变化，积极发挥广东外语外贸大学"外语+外贸"的交叉学科优势，依托教育部国别与区域研究备案中心"拉丁美洲研究中心"的专家资源，联合墨西哥、巴西、阿根廷、智利等拉美国家合作院校的知名专家学者，开展中外协同、联合研究，精心打磨，特色呈现。

　　《2018年拉丁美洲蓝皮书》共收录了中国和拉丁美洲专家学者精心撰写的19篇文章，涵盖政治、经济、文化、外交、企业管理等多个维度的具有原创性和前沿性的观点论述和分析。2018年11月国家主席习近平出席二十国集团领导人布宜诺斯艾利斯峰会并访问阿根廷和巴拿马，推动了中拉关系实现跨越式发展。在此背景下，本书重点关注了当前中美贸易战与拉美重大热点问题、中拉命运共同体的构建以及整体框架下的中拉交流与合作趋势，聚焦中拉经商投资新环境和企业经营真实案例，产出一系列针对性强、时效性强、操作性强的研究成果，进一步助推中拉两个地区之间的紧密合作关系，实现中拉合作的光明未来。

　　《2018年拉丁美洲蓝皮书》着力凸显"与时俱进"特色。本书密切关注新时代、新趋势、新变化以及"一带一路"倡议相关主题，积极探索新形势下拉美形势与中拉关系、中美贸易战对小型开放经济体影响、"一带一路"背景下中拉能源合作风险与对策、新时代中拉农业合作机遇与对策、2018年中国对拉美直接投资的新趋势、拉丁美洲对外贸易新趋势、委内瑞拉政治形势与展望等热门话题，努力立足当下，展望未来。

　　《2018年拉丁美洲蓝皮书》着力彰显"独特"视角。一方面，本书的编写继续从"宏观大洲问题、中观热点国别问题以及微观企业管理案例问题"等多个层次进行内容安排，力求突破传统蓝皮书编写的范式，在选题视角和内容安排方面力求有所创新，彰显独特视角。另一方面，本书的编者还邀请到了中国资深外交官，曾任外交部拉美司副司长、中国驻古巴与委内瑞拉大使的赵荣宪大使，畅谈拉美形势与中拉关系。赵荣宪大使言辞生动活泼、思维细密严谨、观点独到精辟。

《2018 年拉丁美洲蓝皮书》着力体现"国际化"特色。本蓝皮书的编写团队成员，除来自广东外语外贸大学商学院、西方语言文化学院等机构的学科交叉型、"商务+外语"复合型研究人员以外，还积极发挥中拉国际合作平台优势，邀请了来自拉丁美洲大学多所院校的知名学者，如智利圣托马斯大学经济管理学院院长 Guillermo Yanez 教授、阿根廷天主教大学商学院 Ignacio Alperin Bruvera 教授等多位拉美学者，各自奉献了"最接本土地气"的研究成果。他们以拉美本土学者的独特视角深刻诠释拉美相关问题，体现了本书编写的鲜明国际化特色。

《2018 年拉丁美洲蓝皮书》着力打造"重点国别"研究特色。本书重点关注了目前仍动荡不堪的委内瑞拉的政治环境，梳理了尚未与中国建交的拉美国家——多米尼加与中国台湾的所谓"外交"历史，分析了巴西报业的发展历史与现状，以及研究了中华文化在智利的传播途径与效果等。这些研究努力聚焦拉美重点国家，着力打造具有较强国别特色的研究成果，服务中拉合作关系向前发展。

《2018 年拉丁美洲蓝皮书》着力发挥"智库"功能。本书研究团队继续依托"广东省国际战略研究院"省级研究基地、广外"海上丝绸之路协同创新中心"省级协同创新中心，以及广外"拉丁美洲研究中心"教育部备案国别与区域研究中心等多个高端智库平台，开展拉美国别问题与企业走向拉美案例研究，产出具有针对性、时效性、可行性的资政报告。例如，"一带一路"背景下中拉能源合作风险与对策、新时期中拉农业合作机遇与对策等资政报告成果，以及比亚迪新能源车在拉美地区的市场战略优化、中国企业走向拉美人力资源管理挑战与对策等中国企业走向拉美的案例研究成果。这些研究成果着力发挥"智库"功能，为政府和企业提供决策参考和政策建议，帮助中国企业成功拓展拉丁美洲市场。

此外，《2018 年拉丁美洲蓝皮书》是在主编隋广军教授的亲自指导和带领下完成的。副主编朱文忠教授修订编审了 9 篇文章近 12 万字，副主编李永宁教授修订编审了 10 篇文章近 14 万字。书稿的部分文章内容及摘要目录的翻译工作由广东外语外贸大学商学院及拉丁美洲研究中心的研究助理梁妍以及博士、硕士研究生张茂、秦静和倪诗玮完成。当然，本书的顺利出版也得益于经济管理出版社有关人员后期悉心和专业的编辑工作。对所有参与者付出的辛勤劳动，我们在此表示衷心的感谢！

　　最后，编者深知本蓝皮书的编写还可能存在这样或那样的不尽完善之处，敬请广大读者批评指正，多提宝贵意见。盼望在广大读者的关心、指导和帮助下，未来系列年度蓝皮书的编写能够日臻完善、百尺竿头更进一步。谢谢！

编者

广东外语外贸大学

2018 年 12 月

Preface

2018 *Blue Book of Latin America* is the third edition of the series of annual blue books carefully compiled and published by the Center for Latin America Studies of Guangdong University of Foreign Studies (GDUFS) and the Sino‐Latin America Research & Innovation Team. This year's blue book focuses on the Belt and Road Initiative of China in the new era and the changes in Latin American business environment in the context of Sino‐US trade war. It actively plays the cross‐disciplinary superiority of "foreign language+ foreign trade" of GDUFS. By relying on the expert resources of Center for Latin America Studies (recorded in Ministry of Education), a number of well‐known experts and scholars at home and abroad worked together to carry out joint research and make this excellent publicity after careful revision.

2018 *Blue Book of Latin America* contains a total of 19 articles written by Chinese and Latin American experts and scholars, covering original and cutting‐edge views and analysis of political, economic, cultural, diplomatic, and corporate management dimensions. In November 2018, President Xi Jinping attended the G20 Buenos Aires summit and visited Argentina and Panama, which contributed to the leapfrog development of China‐Latin America relations. Following this trend, this book focuses on the current Sino‐US trade war and major hot issues in Latin America, the establishment of a community of shared future for China and Latin America, and the overall trend of exchanges and cooperation between China and Latin America. It attaches importance to the new business and investment environment of China and Latin America and the real cases of business operation. A series of highly targeted, time‐sensitive and highly operational research results have been put forward, which further promotes the close cooperation between the two regions and helps bring about a bright future for Sino‐Latin America cooperation.

2018 *Blue Book of Latin America* highlights the characteristics of keeping pace with the times. It pays close attention to the new era, new trends, new changes, and related topics of the "Belt and Road Initiative". It explores the hot issues such as the situation and relations of China and Latin America in the new context, the impact of Sino-US trade war on small open economies, risks and countermeasures of Sino-Latin America energy cooperation in the context of the "Belt and Road Initiative", opportunities and strategies for Sino-Latin America agricultural cooperation in the new era, new trends in China's direct investment in Latin America in 2018, new trends in Latin American foreign trade, and political situation and prospects in Venezuela, striving to establish a foothold and look to the future.

2018 *Blue Book of Latin America* focuses on the "unique" perspective. On the one hand, this book covers content of multiple levels including "macroscopic continent issues, medium-sized outlook heated country issues and the microscopic enterprise management cases", hoping to break through the paradigm of traditional blue book through innovation in topic selection and content arrangement. On the other hand, senior Chinese diplomat Zhao Rongxian, former Deputy Director of the Latin American Department of the Ministry of Foreign Affairs and former Chinese Ambassador to Cuba and Venezuela, has been invited to talk about the Latin American situation and Sino-Latin America relations. He has shared his unique and incisive views in a lively but rigorous way.

2018 *Blue Book of Latin America* is characterized by "internationalization". Apart from the interdisciplinary and "business + foreign language" researchers from the School of Business and the Faculty of Foreign Language and Culture of GDUFS, renowned scholars from many Latin American universities have also been invited to take part in the composition, including Professor Guillermo Yanez, Dean of the School of Economics and Management of University Santo Tomás (Chile), Professor Ignacio Alperin Bruvera from the Business School of Pontifical Catholic University of Argentina, each bringing about original and unique research results. As Latin-American scholars, they interpret the issues from their own perspective, reflecting the distinctive international features of this book.

2018 *Blue Book of Latin America* emphasizes research on "key countries". Analysis has been carried out on the political environment of Venezuela, which is still in turmoil, the so-called "diplomatic" history of Taiwan Province and Dominica, the Latin American country that has not yet established diplomatic relations with China, the history and current situation of the Brazilian newspaper industry, and the communication ways and effects of Chinese culture in Chile. These research focuses on key countries in Latin America, striving to bring about results with country characteristics, and to push forward the cooperation of China and Latin America.

2018 *Blue Book of Latin America* strives to exert the role of think tanks. The research team relies on a number of high-end think tanks, including Guangdong Institute for International Strategies (Provincial level), GDUFS Collaborative Innovation Center for 21st-Century Maritime Silk Road Studies (Provincial level), and GDUFS Center for Latin America Studies (Recorded in Ministry of Education). Case studies have been carried out on country issues and enterprise development and targeted, timely and feasible consultative reports have been issued. For example, consultative reports contained in this blue book include: Risks and countermeasures of Sino-Latin America energy cooperation in the context of the "Belt and Road Initiative", opportunities and strategies for Sino-Latin America agricultural cooperation in the new era, optimization of marketing strategies of BYD's new energy vehicles in Latin America, and challenges and countermeasures in human resources management when Chinese enterprises entering Latin America, etc. These studies exert the function of think tanks by providing government and enterprises with decision-making references and policy suggestions, helping Chinese companies explore the Latin American market successfully.

In addition, 2018 *Blue Book of Latin America* was completed under the guidance of Professor Sui Guangjun, the editor-in-chief. Professor Zhu Wenzhong, deputy editor-in-chief, revised and edited 9 articles with nearly 120000 words. Professor Li Yongning, the deputy editor, revised and edited 10 articles with nearly 140000 words. Translation of part of the articles, abstract and catalogue were completed by research assistant Liang Yan and doctoral and master students named Zhang Mao, Qin Jing and Ni Shiwei of the Business School and Center for Latin America Studies of GUDFS. Last but not least, the successful publication of this book also thanks to the careful and professional editing work of the personnel of the Economic Management Press. We would like to express our heartfelt thanks to the hard work of all participants!

Finally, the editor knows very well that this blue book may have some imperfections. Thus, we kindly welcome criticism and valuable suggestions. We hope to make progress gradually and provide better blue books for our readers under the guidance and assistance of readers. Thanks!

Editor

Guangdong University of Foreign Studies

December, 2018

INTRODUCCIÓN

El Libro Azul de América Latina 2018 es la tercera edición de la serie de libros azules anuales compilados y publicados detenidamente por el Centro de Estudios Latinoamericanos de la Universidad de Estudios Extranjeros de Guangdong（GDUFS）y el Equipo de Investigación e Innovación Sino－América Latina. El libro azul de este año se centra en la "Iniciativa de la Franja y la Ruta" de China en la nueva era y los cambios en el entorno empresarial latinoamericano en el contexto de la guerra comercial chino－estadounidense. Juega activamente la superioridad interdisciplinaria del "idioma extranjero + comercio exterior" de GDUFS. Aprovechando los recursos de expertos del Centro de Estudios de América Latina（registrados en el Ministerio de Educación）, en asociación con destacados especialistas de instituciones de cooperación de países latinoamericanos como México, el Brasil, la Argentina y Chile, trabajaron juntos varios expertos y académicos en el país y en el extranjero para realizar una investigación conjunta y hacer esta excelente publicidad después de una cuidadosa revisión.

El Libro Azul de América Latina 2018 contiene un total de 19 artículos escritos por expertos y académicos chinos y latinoamericanos, que abarcan visiones y análisis originales e innovadores de las dimensiones política, económica, cultural, diplomática y de gestión corporativa. En noviembre de 2018, el presidente Xi Jinping asistió a la cumbre del G20 en Buenos Aires y visitó Argentina y Panamá, lo que contribuyó al gran avance en el desarrollo de las relaciones entre China y América Latina. Siguiendo esta tendencia, este libro se centra en la actual guerra comercial chino－estadounidense y los principales problemas de América Latina, el establecimiento de una comunidad de destino de China y América Latina, y la tendencia general de los intercambios y la cooperación entre China y América Latina. Atribuye importancia al nuevo entorno de negocios e inversión de China y América Latina y los casos reales de operaciones comerciales. Se ha presentado una serie de resultados de investigación altamente específicos, sensibles al tiempo y altamente operativos, que promueven aún más la estrecha cooperación entre las dos regiones y ayudan a generar un futuro brillante para la cooperación chino-latinoamericana.

El Libro Azul de América Latina 2018 destaca las características de mantener el ritmo de los tiempos. Presta mucha atención a la nueva era, a las nuevas tendencias, a los nuevos cambios y a los temas relacionados a la "Iniciativa la Franja y la Ruta". Explora temas candentes como la situación y las relaciones de China y América Latina en el nuevo contexto, el impacto de la guerra comercial chino-estadounidense en las pequeñas economías abiertas, los riesgos y las contramedidas de la cooperación energética chino-latinoamericana en el contexto de la "Iniciativa la Franja y la Ruta", oportunidades y estrategias para la cooperación agrícola chino-latinoamericana en la nueva era, nuevas tendencias en la inversión directa de China en América Latina en 2018, nuevas tendencias en el comercio exterior de América Latina y situación y perspectivas políticas en Venezuela, tratando de establecer un punto de apoyo y mirar hacia el futuro.

El Libro Azul de América Latina 2018 se enfoca en la perspectiva "única". Por un lado, este libro cubre el contenido de múltiples niveles, incluidos los "problemas macroscópicos del continente, las cuestiones de los países con perspectivas medianas y los casos microscópicos de gestión empresarial", esperando romper el paradigma del libro azul tradicional a través de la innovación en la selección de temas y la organización del contenido. Por otro lado, el diplomático chino Zhao Rongxian, ex Vicedirector del Departamento Latinoamericano del Ministerio de Relaciones Exteriores y ex Embajador de China en Cuba y Venezuela, ha sido invitado a hablar sobre la situación latinoamericana y las relaciones chino-latinoamericanas. Él ha compartido sus puntos de vista únicos e incisivos de una manera viva pero rigurosa.

El Libro Azul de América Latina 2018 se caracteriza por la "internacionalización". Además de investigadores interdisciplinarios y de "negocios + idioma extranjero" de la Escuela de Negocios y la Facultad de Lenguas y Culturas Extranjeras de GDUFS, también han sido invitados académicos conocidos de muchas universidades latinoamericanas a participar en la composición, incluido el Profesor Guillermo Yáñez, Decano de la Escuela de Economía y Gestión de la Universidad Santo Tomás (Chile), Profesor Ignacio Alperin Bruvera de la Escuela de Negocios de la Pontificia Universidad Católica de Argentina, cada uno de ellos con resultados de investigación originales y únicos. Como académicos latinoamericanos, interpretan los temas desde su propia perspectiva, reflejando las características internacionales distintivas de este libro.

El Libro Azul de América Latina 2018 enfatiza la investigación en "países clave". Se ha llevado a cabo un análisis sobre el entorno político de Venezuela, que todavía está en crisis, la llamada historia "diplomática" de Taiwán y Dominica, los países latinoamericanos que aún no han establecido relaciones diplomáticas con China continental, la historia y la situación actual de la industria periodística brasileña, y las formas de comunicación y efectos de la cultura china en Chile. Estas investigaciones se centran en países clave de América Latina, tratando de lograr resultados con las características de los países y de impulsar la cooperación de China y América Latina.

El Libro Azul de América Latina de 2018 se esfuerza por ejercer el papel de los "think-tanks". El equipo de investigación se basa en una serie de "think-tanks" de alto nivel, entre ellos el Instituto de Guangdong para Estrategias Internacionales (nivel Provincial), el Centro de Innovación Colaborativa de GDUFS para Estudios de la Ruta de la Seda Marítima del Siglo XXI (nivel Provincial) y el Centro de GDUFS para Estudios de América Latina (grabado en el Ministerio de Educación). Se han realizado estudios de casos sobre temas relacionados con el país y el desarrollo empresarial, y se han emitido informes consultivos específicos, oportunos y viables. Por ejemplo, los informes consultivos presentes en este libro azul incluyen: Riesgos y contramedidas de la cooperación energética entre China y América Latina en el contexto de la "Iniciativa de la Franja y la Ruta", oportunidades y estrategias para la cooperación agrícola entre China y América Latina en la nueva era, optimización de las estrategias de marketing de los nuevos vehículos de energía de BYD en América Latina, y los desafíos y contramedidas en la gestión de recursos humanos cuando las empresas chinas ingresan a América Latina, etc. Estos estudios desempeñan la función de "think-tanks" al proporcionar al gobierno y a las empresas referencias a la toma de decisiones y sugerencias de políticas, ayudando a las empresas chinas a explorar el mercado latinoamericano con éxito.

Por añadidura, el *Libro Azul de América Latina* 2018 se completó bajo la dirección del profesor Sui Guangjun, quien fue también el redactor jefe. El profesor Zhu Wenzhong, redactor jefe adjunto, revisó y editó 9 artículos con casi 120000 palabras. El profesor Li Yongning, otro redactor jefe adjunto, revisó y editó 10 artículos con casi 140000 palabras. Algunos artículos, los resúmenes y el catálogo fueron traducidos por la asistente Liang Yan de investigación y los estudiantes de doctorado y maestría procedentes Zhang Mao, Qin Jing y Ni Shiwei de la Esucuela de Negocios y del Centro de Estudios de América Latina de GDUFS. Por último, no podemos olvidar el trabajo cuidadoso de parte del personal de la Casa Editora de Economía y Gestión, sin cuyos esfuerzos no se habría publicado exitosamente este libro. ¡Nos gustaría expresar nuestro más sincero agradecimiento al arduo trabajo de todos los participantes!

Finalmente, el redactor sabe muy bien que este libro puede tener algunas imperfecciones. Por ello, estamos abiertos a las críticas y sugerencias valiosas planteadas por los lectores. Esperamos que, con la ayuda de los lectores, podamos perfeccionar y proporcionarles una mejor redacción en los futuros libros azules de esta serie. ¡Gracias!

Redactor

En la Univerdad de los Estudios Extranjeros de Guangdong

diciembre de 2018

目　录

第一部分　总论

第二部分　区域与领域合作趋势

Contents

Part I   Overview

Part II   Regional and Dimensional Development Trends

Part Ⅲ   Studies on Respective Latin American Countries

Part Ⅳ   China–Latin American Cooperation and Development Cases

Appendix

Contenidos

Part I Visión general

Part II Tendencias de desarrollo regional y dimensional

Part Ⅲ   Estudios sobre los países latinoamericanos

Part Ⅳ   Casos de desarrollo y colaboración entre China y América Latina

Apéndice

第一部分　总论

拉美形势与中拉关系报告

赵荣宪[*]

摘　要： 本文为赵荣宪大使在 2018 公共外交研修班的演讲稿整理而成，并经作者审定。全文凝聚了作者多年在拉美工作和研究的经验，并结合最新的相关资料与数据，系统地阐述了当前拉美的政治经济形势。其中，为了强化对全局的把握，作者特别注重对美拉关系、对中拉合作的精辟分析，以便生动地探讨有关外交政策的演变趋势和公共外交的创新策略。

关键词： 拉美资源；美拉关系；中拉合作；外交政策

女士们，先生们，下午好！刚刚卢大使给大家讲了公共外交的概论，现在我来给大家介绍一下离我们最遥远的大陆——拉丁美洲。

拉丁美洲在遥远的西半球，中国到拉美最远的航线是到乌拉圭，现在的飞行时间需要 22~24 个小时。也就是说，从这里到纽约或者是到巴黎，这仅仅才飞行了一半，到巴黎可能一半还不到，所以过去我们国家跟拉美接触相对较少，我们很多人对拉美的了解也不够。我今天就讲讲拉美的情况。

一、拉美的历史文明和自然资源

拉丁美洲，简称拉美，这是一个政治地理概念。为什么叫拉丁美洲呢？因为拉丁美洲这些国家主要是讲西班牙语和葡萄牙语，这两个语种属于拉丁语系，所以叫拉丁美洲。拉丁美洲的界线是以美国和墨西哥之间的界河——格兰德河为界，界线之下是拉丁美洲。另外，在大安的列斯群岛和小安的列斯群岛上还有一

　＊　赵荣宪，中华人民共和国原驻古巴全权大使。

些岛屿国家，这些国家基本上是英国、法国还有荷兰等国家过去的殖民地。因为文化差异，它们跟拉美大陆有相似之处，也有不同的地方。拉丁美洲国土面积约2054万平方公里（数字有所出入），人口将近6亿，地广人稀。根据统计数字，拉美2017年的年产值大约为57000亿美元，接近中国的一半，人均和中国差不多。

拉美自然资源丰富，矿产、农牧业资源等都得天独厚。比如巴西的铁矿，含铁量很高，超过60%，一些通往巴西铁矿山的路都是用铁矿石铺成的。智利的铜矿储量世界第一，委内瑞拉、厄瓜多尔、墨西哥石油储量很多，委内瑞拉石油储量世界第一，储量为2997亿桶。目前在巴西、阿根廷甚至玻利维亚都发现可供开采的油田。除此以外还有其他矿产，比如加勒比国家的铝、古巴的镍等。据估算，拉美大约有25种珍贵的大规模出产的矿藏。另外，在玻利维亚等一些深山老林里一些稀有金属，据我们专家确认，其价值比黄金高得多，但是由于当地缺乏基础设施建设，这些资源还有待开发，我国的一些企业也在跟踪关注这些问题。

农牧林方面，拉美农业资源丰富，水资源占地球20%，森林面积990万公顷，占拉美土地的一半。阿根廷的潘帕斯草原是世界上最大的平原，那里牛羊很多，阿根廷被称为世界的"粮仓""肉库"。拉美林业资源也很好。拉美大部分地区属于热带雨林气候，很适合树木生长。那里遍地红木，还有比较贵重的桃心木等。木材主要产自巴西、秘鲁、玻利维亚、智利等国家，质量很好，古巴几百年前修建港口的木材至今都未腐烂。我国领导人到拉美访问时，感叹拉美资源丰富，地大物博。

从拉美历史文明方面来讲，西方史学家以1492年10月12日哥伦布发现新大陆这一天为分界线，将拉美人类历史划分为两个阶段——史前时期和史后时期。在1492年之前，居住于拉美大陆的主要是印第安人。印第安人有三大文明——玛雅文明、阿兹特克文明和印加文明。玛雅文明历史悠久，据考证，公元前3000年前就存在，但西方殖民者去之前这一文明就中断了，中断原因现在还在考证。印加文明以秘鲁为中心，信奉太阳神。阿兹特克文明为后起之秀，基本上是在玛雅文化的旧址上——中美洲靠近墨西哥的地方发展壮大。墨西哥和玛雅文化留下很多遗迹，比如金字塔。墨西哥的金字塔异于埃及的金字塔，其金字塔顶端是平的，工程同样也很浩大。拉美农业文明也比较发达，我们现在吃的很多食物，比如玉米、西红柿、马铃薯，包括烟草等，最早都是拉美印第安人培育出来的，然后逐渐扩展到全世界。

1492年以后新大陆被发现，西班牙人和葡萄牙人蜂拥而入，抢占地盘，最后教皇划定界线，拉美大陆基本形成两大块——讲西班牙语的国家和讲葡萄牙语的巴西。1810 年，独立战争爆发，持续了十几年，1826 年，西班牙被打败，从拉美大陆撤出。巴西选择自己宣布独立，与宗主国脱离关系，避免了独立战争。事实上，战争对拉美造成的破坏并不是很大，但是 1492 年西班牙人、葡萄牙人进入新大陆的时候给拉美造成了灭绝种族性的破坏。印加文明、阿兹特克文明都衰落了，所以现在拉美的混血人种比较多。拉美混血人种主要有以下几种：一是印欧混血，就是西班牙、葡萄牙以及其他国家的殖民者与当地印第安人的混血；还有一种是黑白混血，历史上非洲的奴隶有相当一部分都运到了拉美，所以拉美有很多黑白混血。除此以外还有印第安人和黑人的混血以及土生白人（土生白人就是从欧洲来的人没有混血，但是世世代代都在拉美生活）。据估算，现在拉美白人占 1/3，2/3 是混血人种。拉美文化是一种融合的文化，但是以欧洲文化为主体，而且欧洲文化价值观也是拉美文化的价值主体，它的价值观基本上是西方的价值观。我们 20 世纪 90 年代的时候关于人权问题与以美国为首的欧美国家进行了长达十几年的斗争，每年人权会争论都很激烈。我们当时有一句话，叫作"团结拉美"。为什么是"团结拉美"呢？因为拉美的价值观跟非洲和亚洲的价值观不一样，所以在以后的中拉交往当中这一点是值得我们注意的。

接下来，我从政治、经济形势以及外交政策这三个方面讲一下拉美从历史到现在的概况。

二、拉美政治、经济形势

（一）政治形势

政治方面，拉美曾经有过军人专政的历史，独立战争以后基本上都是军阀执政，"有枪便是草头王"，谁有军队谁就是领导，所以一直到 20 世纪四五十年代，在拉美军人执政的现象很多。80 年代以来，拉美全面实现了民主化，在最后一个军人政权——巴拉圭的军人政权换成民选政府以后，拉美的民主化进程基本完成并得到了巩固。政治上拉美过去一开始是附庸于欧洲，后来是美国。独立战争的时候欧洲列强曾经想组织联军跟拉美人打一场战争，这个时候就是二百年前了，美国当时的总统门罗发表了一个《门罗宣言》，这一宣言的主旨是"美洲是美洲人的美洲"，就是你们欧洲人别过来，拉美人最后解读是"美洲是美国人的美洲"，确确实实也是这样，美国现在仍然在用"门罗主义"的思维对待美洲，缘由就在这里。当时美国意图把拉美纳为它的后院，事实上，拉美，尤其是战后的拉美，确实成了美国的后院。拉美靠近了美国，在各种立场上与美国站在一起。拉美各个政府都比较亲美，不亲美的话就有遭到武装入侵或被推翻的可能。美国有武装入侵的历史，美国入侵巴拿马，美国入侵多米尼加以及其他中美洲国家，所以在这一阶段美国主导的能力很大。80 年代以后美国控制力量相对减弱，拉美民主化进程开始发展，以选举的方式产生新一届政府。2018 年是拉美国家的大选年，一共有八九个国家在进行总统选举，现在已经全选完了，选举进程顺利。选出的执政党以资产阶级中右翼居多，资产阶级左翼执政较少。拉美地区的执政党派系分化不明显，左派不左，右派不右。经济政策方面这两个执政党差不多，区别就在于社会福利、社会保障方面，左翼会给予更多关注，右翼更注重的是怎么提高效率。拉美政治有一个特点，即经济好的时候，左派容易取胜，因为这个时候他们有实力来搞福利、救济等，经济遇到低潮的时候右翼容易得胜，这是他们的一个规律。但总体上来讲，现在拉美没有什么热点问题，没有战争，宏观环境良好，虽然也存在一些问题。

拉美政治方面有几个问题值得注意：

一是腐败问题。拉美的腐败非常严重，由于各国章法不是很严，很多执政者都会在执政期间中饱私囊，所以腐败问题是导致执政党失败的一个重要原因。拉美经常会有腐败案，从去年到今年，巴西发生的腐败案伤及五六个国家的高层人士。

二是贫困化问题。拉美两极分化十分严重，拉美富人区与欧洲无异，甚至比欧洲富人区还要好，但是贫民区一片荒凉。在拉美温饱不是太大的问题，那边气候条件好，吃的也不成问题。但是即使如此，它的贫困化还是很严重。拉美国家很多地方有贫民区。成片的房子都是用破铁皮、石棉瓦等材料搭成的，比如秘鲁、委内瑞拉、巴西等。而且减贫不能持续，拉美前十年的减贫政策已经取得了相当大的成绩，但最近两年又不行了。拉美现在极端贫困人口还有六千多万，占拉美人口的 13% 左右，广义上的贫困人口两亿多，将近总人口的一半。

三是毒品问题。在拉美有三个国家毒品种植和走私贩运比较严重，分别是哥伦比亚、秘鲁和玻利维亚，其中，哥伦比亚的规模最大。他们生产制作的毒品主要运往美国（第一销户）和欧洲。美国大力控制这几个国家的毒品，不仅在这三个国家派人把守，还严格控制这三个国家的航班。毒品问题对当地政府的政权影响也很大。毒品利润很高，大毒枭们给毒品控制周围的村庄很大的福利，当地村民很感激他们。哥伦比亚政府说要控毒、反毒，但是真正在措施上也畏惧这件棘手的事，所以这个问题也是拉美很大的问题。现在看来，这三国的贩毒问题、毒品制造和贩运问题，尤其是贩运，有扩延的趋势。

（二）经济形势

拉美的经济形势正在回升，是开放型的经济。最初，拉丁美洲是原材料和初级产品的供应地，比如矿藏、农产品源源不断运到欧美，价格低廉。宗主国获利匪浅，但是拉美国家仍然贫穷。拉美有识之士不断反思这个问题。在 20 世纪四五十年代，民族主义复兴，拉美国家主张发展主义，最主要的经济政策为进口替代，换言之，即自给自足，国家花很大的补贴支持国货发展，这个政策执行了几十年，几乎从"二战"到 20 世纪 70 年代。这期间发生很多经济奇迹，拉美经济年均增长 5.3%，一个典型的例子是巴西现首都巴西利亚，该市在巴西经济起飞时建造而成。这个城市是先设计后建城。巴西利亚从空中看，呈现"一机两翼"模式。拉美国家受到战争影响较少，第二次世界大战几乎没有影响到拉美大陆，相反，拉丁美洲从中获益良多。"二战"打响之后，波及的欧洲国家满目疮痍。拉丁美洲将食品（如肉类）源源不断输送至欧洲交战双方，美国也从拉美大量进口，使拉美经济快速发展。

拉美 80 年代后经济衰退，遭遇债务危机。在拉美经济迅猛发展时，欧美国家向拉美低息贷款，然而拉美人民储蓄能力低，并不能偿还贷款，欠债累累。整个拉丁美洲大陆年产值不到 2 万亿美元，却负债超过 1 万亿美元。世界经济学家认为拉美的 80 年代是失去的十年。90 年代经济曾有好转，但不令人满意。21 世纪到 2008 年是拉美快速发展的阶段，2008 年经济危机，2009 年负增长，2010 年回升，在 2012 年、2013 年再次下滑，从 2017 年又开始回升，2017 年经济增长率为 1.3%，总体呈现波动增长趋势。根据经济学家预测，拉美经济已经触底反弹往回走，这也给我们中拉合作提供了机遇。

三、外交政策：美拉关系与中拉关系

（一）美拉关系

外交上，我们首先谈一谈美拉关系，拉美各国将对美政策放在外交目标首要位置。拉美人民对美国感情复杂：一方面，他们崇拜美国的各个方面，源源不断向美国移民；另一方面，拉美人又对美国十分愤怒，因为美国对拉美压迫太重。在历史上，20 世纪 60 年代，尼克松访问拉美时并不受到热烈欢迎。美国入侵巴拿马、多米尼加，在拉美大陆引起强烈反美浪潮。拉美国家对特朗普上台后的对拉美政策也不满意。比如，移民政策收紧、限制侨汇，在美国的拉美人向家人汇款有严格限制。中美洲国家如墨西哥、哥斯达黎加、洪都拉斯、尼加拉瓜还有古巴，在这些国家，侨汇是非常重要的经济收入。而现在由于侨汇受限，以上国家经济受到一定影响。此外，特朗普要求在外的美国公司撤回，拉丁美洲有大量美国跨国公司，这些公司的撤回势必带来非常大的影响。美国与墨西哥重谈自由贸易协定也将对拉美国家带来负面影响。拉美国家对特朗普政策不满，其解决办法可用八个字概括：多元外交、联合自强。拉美国家重视与世界各国积极发展友好关系，如与欧盟签订自由贸易协议，面向澳大利亚及亚洲国家。非常多的拉美国家想要加入中国的"一带一路"倡议，多元化外交使拉美能更有力地维护自己的利益。

（二）中拉交往合作

中拉交往有悠久的历史。世界上人种学有学说认为，美洲的印第安人是东方人甚至就是中国人步行通过白令海峡的后代。现在还能发现印第安人有中国人的痕迹，尤其是在语言方面，一些词汇发音与广东方言十分接近。但是该学说仍无定论。另一学说为殷人东渡，公元前六七百年，商朝灭亡后，一些人不愿意受周文王统治，他们渡海至东，最后到达的地点为拉丁美洲。但是真正有历史记载的中拉关系是从16世纪明朝开始，以广东人为主，很多人通过菲律宾前往墨西哥湾。在墨西哥的阿卡普勒科港口曾发现中国沉船和瓷器、袁世凯时期的大洋和中国阴阳学说。16世纪后期，朝廷曾派钦差大臣去拉美巡察。直至现在，古巴华侨总会仍保存着一块清朝大臣书写的横匾。

中华人民共和国成立后，50年代主要是民间交往。直到60年代，1960年中古建交，中国开始正式与拉美建立外交关系。70年代，由于中国恢复在联合国的合法席位，中拉建交达到高潮。70年代末，拉美主要大国基本都已与中国建交。现在在拉美33个国家中，有24个国家与中国建立了外交关系。最后一个建交潮是在去年至今年（2017~2018年），巴拿马、多米尼加、萨尔瓦多先后与中国建交。美国从这些国家撤回大使，向三国施加压力，因此美国对中拉关系有很大影响。而拉美国家则坚持独立自主、联合自强，这也是中拉合作的决定性因素。除去与中国建交的24个国家外，剩下的大部分为加勒比小国，人口、面积、产值占拉丁美洲1%~2%。

21世纪以来，中拉合作突飞猛进。有些拉美学者认为，中拉七八十年代签订的大多为文化交流协定。从20世纪90年代末到21世纪，经贸合作协定增多。现在，我们在拉美有"三个2000"，中拉贸易额达到2578亿美元，中国在拉美的投资存量超过2000亿美元，超过2000家中国企业在拉美投资或承包，开展公司企业活动。因此，中拉合作人员需求很大，在上海、北京、天津、广州都有大量拉美留学生。我们需要人才，所以2006~2009年我们先后派出3700多名学生到哈瓦那大学学习语言、医学、护理等专业，这些学生现已学成归国，并且都获得了很好的就业机会。随着中拉关系不断发展，西班牙语教学院校也如雨后春笋一般不断涌现，目前全国有80多所院校开设西班牙语专业。

中拉合作机制之一是中拉合作论坛，在这一平台下提供几项经贸资金支持，其中有中拉合作基金 100 亿美元、中拉产能基金 100 亿美元，除此还有 200 亿美元专项贷款专门用于拉美基础设施建设，100 亿美元优惠贷款专供拉美经贸合作等。

在"一带一路"倡议提出后，作为"海上丝绸之路"的延伸，许多拉美国家踊跃响应。2018 年 1 月，在智利召开的中拉论坛部长级会议中，专门通过了《"一带一路"特别声明》，声明的主要内容是拉美国家表示积极参与"一带一路"。

现在在拉美的中国人很多，许多拉美国家已与中国签订了"一带一路"合作备忘录，还有一些国家正在与中国商签自由贸易协定。拉美国家都视中国为一艘正在快速航行的大船，他们都想乘上这艘快速发展的船，坐上发展的"顺风车"，从而推动自己国家的发展。

当然，在中拉经贸合作中也存在一些问题，对这些问题的反思与解决对于各地发展对拉关系有实践指导意义：

（1）文化上，一定要对目的地国家有所了解。企业到拉美一定要事先对其国家有所了解，虽然短时间内比较难以做到，但是可以通过开展短期培训班等方法让工作人员对拉美国家有初步的了解，否则容易陷入被动。比如在法律上，当地法律对于国外企业可能存在陷阱，导致有时候在完成合同的签署后双方仍有分歧，而此时，当地方面的解释权会比国外企业的解释权大得多，因为在国外企业此时已处于"陷进去"的境地。中国企业在这方面遇到过一些教训，所以在合作的方面要十分谨慎。总之，一定要了解当地的情况，还有认真研究它的法律条文、合同条文等。

（2）在实施合同或投资进程当中，要注意与当地工会搞好关系，否则将严重影响项目进展。

（3）尊重当地人的文化和习俗，这是相当重要的一方面，只有这样才能尽快融入当地社会，取得他们的理解、支持与配合。

中美贸易摩擦背景下的中拉经济关系报告

吉列尔莫·亚涅斯[*]

摘　要：本文简要讨论美国保护主义原因，尤其是对华进口商品政策，并得出结论：没有支持这种保护政策的有力的经济理论依据。本文另以小型开放经济体智利作为对比，认为中美两国都是智利的主要贸易伙伴。

学习过经济学的读者很可能已经知道许多有关国际贸易的经济学原理。其中，19世纪李嘉图提出的比较优势理论可能最为突出。该理论主要说明了基于技术转移的贸易优势，以及贸易利于双方提升生产效率。此后该领域提出的大多数理论都支持李嘉图的观点。关于开放与增长的关系，弗兰克尔和罗默（1999）认为，贸易与经济增长之间存在正相关，是被引次数最多的文章之一。也有一些人考虑"开放"到底指什么，是仅仅指贸易，还是包括金融市场和汇率的广义概念。实际上，斯里尼瓦桑和巴格瓦蒂（2001）提出，方法论和对开放的不同定义是造成学者得出不同结论的原因之一，但是文献中对开放的主流定义就是减少贸易壁垒和促进经济增长。

然而，过去两个世纪，我们目睹了几次"贸易战"，这些"贸易战"仍在提出一个问题：为什么政策制定者无视这些有力的经济发现？一些人会明确指出原因，认为经济学依据仍不够确凿有力，尤其是不单考虑纯粹的经济福利时。

美国和英国近几年开始出现保护主义。前者是通过对中国和其他贸易伙伴的重要商品提高进口税率，后者则是通过"脱欧"离开欧盟。这很矛盾：英美两国在经济研究领域走在世界前列，现在却在实施极端保护主义，显然不是出于理性的经济考量。更糟的是，2008年，全球经历了同步贸易崩溃（鲍尔德温，2011）。贸易流量仅一年内就减少了近15%。

＊　吉列尔莫·亚涅斯，智利圣托马斯大学经济管理学院院长，教授，本文由倪诗玮翻译。

但在进一步讨论之前，让我们先谈谈什么是"贸易战"，因为这个词在经济学文献中并不多见。理论研究和实证研究通常用保护主义而不用"贸易战"。准确来说，我们可以将"贸易战"定义为保护主义的极端情况，它在两个或两个以上国家之间造成经济矛盾。

多数保护主义行为都涉及提高关税率、非关税壁垒、进口配额、进口转移、大力补贴出口或为提高竞争力而进行的汇率干预。这些政策从经济学角度来看是否理性？的确已有一些文章支持这一想法，但是前提条件非常严格。这些前提基本为：我们应对的是一个大经济体，且所有其他国家不可能采取报复性保护主义。例如，布兰德和斯宾塞（1985）认为，只要关税率增加幅度不是非常大，就能够弥补效益损失。赫尔普曼和克鲁格曼（1989）支持该说法。然而实际上，中美贸易问题跟上述观点相去甚远。美国的做法会且已经导致中国和欧盟提高关税。此外，中国宣布提高大豆进口关税，此举可能严重影响美国国内生产大豆的西北各州。克鲁格曼（2000）声称美国没有从全球化中获益，且（1999）示范了福利最大化不会带来全球一体化，而是将全球分成三大区。但是，克鲁格曼的观点仍然支持贸易和金融开放，认为开放贸易和金融是最优性条件。

智利是一个小型开放经济体。自独立之日（19世纪初）起，智利于 1830～1870 年和 1986～2007 年经历了两次经济的成功发展。这两次经济增长的基础，都是商品出口和开放，这两者是经济增长和发展的关键。小型开放经济体会从自由贸易中获益，但也要付出代价。其经济会受到海外金融和经济蔓延的影响。比如这次，中美都是智利的主要贸易伙伴，因此将智利作为开放经济体受"贸易战"影响的例子再清楚不过了。

现在我们要试着从中国和智利的角度，来理解或者有依据地批判美国保护主义浪潮的观点。

总体来说，美国的贸易余额似乎是主要问题。确实，表 1 显示，中美贸易余额有利于中国。但美国与智利的贸易余额却恰恰相反，且贸易余额绝对值要小得多。美国为什么没有指向智利，这是其中一个原因，再加上美国同智利签署了全面生效的自由贸易协定，与中国却没有签署此类协议。

表 1 美国对中国、智利贸易余额

年份	美国对中国贸易余额			美国对智利贸易余额		
	出口	进口	余额	出口	进口	余额
2015	115873.4	483201.7	−367328.3	12541.0	9886.2	2654.8
2016	115545.5	462542.0	−346996.5	13605.3	10551.0	3054.3

续表

年份	美国对中国贸易余额			美国对智利贸易余额		
	出口	进口	余额	出口	进口	余额
2017	129893.6	505470.0	−375576.4	12936.5	8796.9	4139.6
2018	102493.5	446964.2	−344470.7	15448.9	8776.8	6672.1

但该原因还不足以成为支撑保护主义的唯一论据。美国从中国进口商品大部分为技术物资、机械和工程产品。美国需要这些商品来提高生产率，而征收关税可能会损害美国国内生产率和经济增长。

贸易条件指数是美国为实行保护主义而利用的另外一个理由。图1对比了智利与美国的贸易条件指数。

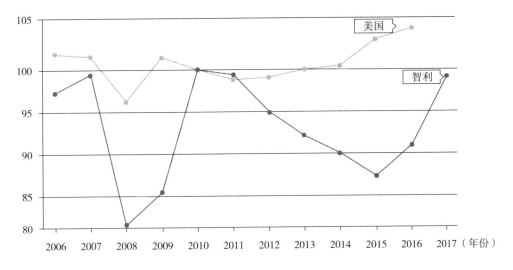

图1 智利与美国的贸易条件指数

资料来源：经济合作与发展组织。

自2006年以来，美国大多数时候享受最优的贸易条件指数。这本可以成为智利实行保护主义的理由，但是相反，智利在维护自由贸易方面引领全球，而且这种做法非常合理。首先，贸易条件指数是动态情况。预计到2019年，智利的贸易条件指数会大幅改善。即使届时结果并非如此，一个国家又有什么理由不继续从国外进口更低价的商品呢？

我们再来看中国。2011～2014年，中国的出口商品价值并不理想（见图2）。但是中国并没有酝酿保护主义计划。相反，中国一直将"一带一路"作为未来发展方案进行讨论。"一带一路"倡议显然是一项旨在广泛开放（包括海外投资）的方案。

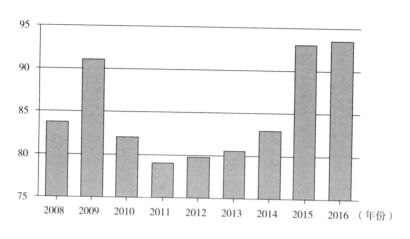

图 2　中国的贸易条件指数

资料来源：The Global Economy. com.

图 3 总结了经济合作与发展组织经济体 2013～2017 年贸易余额占国民生产总值比重，以智利和美国为主。我们来看这项指标作为保护主义的原因能否站得住脚。

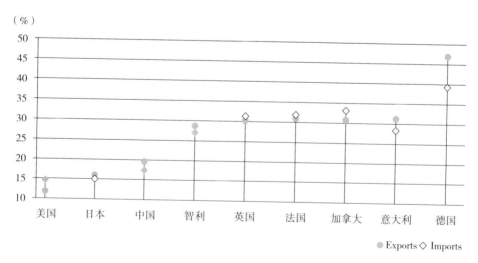

图 3　经济合作与发展组织经济体 2013～2017 年贸易余额占国民生产总值比重

资料来源：经济合作与发展组织。

的确，美国的这项指标偏小，且平均对智利有贸易逆差。从这个角度来看，中国从开放中获益大于美国。相对而言，加拿大似乎比美国更加开放，却有贸易逆差。加拿大并未抱怨贸易逆差，但从贸易角度来看，也许加拿大应该为此感到不满。加拿大约90%的贸易是与美国完成的，但向加拿大施压要求修改自由贸易协定的却是美国。

提到加拿大（钢铁供应大国），美国一直抱怨进口钢铁和制钢原料太多。保护主义论调倾向于支持美国本土生产者。美国一直担心的主要对象是中国。不言自明，20世纪多数时候，中国一直是重要的钢铁供应国。

表2总结了美国进口制钢原料的主要来源。

表2　美国进口制钢原料主要来源

	国家	2017 年
1	加拿大	1397762869
2	俄罗斯	1263190079
3	巴西	998414801
4	南非	843222385
5	乌克兰	445696102
6	澳大利亚	292069761
7	墨西哥	248692067
8	秘鲁	235760395
9	英国	205414636
10	哈萨克斯坦	205309514
11	智利	179147696
12	瑞典	176913693
13	挪威	159029714
14	韩国	111833041
15	格鲁吉亚	91822372
16	印度	91566185
17	中国	88005034

资料来源：美国商务部国际贸易署。

如何解释美国针对中国的担忧？中国仅位于第 17 名。加拿大才是美国钢材进口的最大来源国，智利排第 11 名。中国并不是美国的重要钢材供应方。

鉴于美国国内也生产铜，我们再来看看铜的贸易情况。表 3 说明，智利对美出口的铜量占美国进口铜总量的一半，而中国仅排第 14 位。

表3　美国进口铜的主要来源

		2017 年
	世界总量	6019882923
1	智利	3003722447
2	加拿大	1935536084
3	墨西哥	661119764
4	秘鲁	118808924
5	德国	49017571
6	刚果（金沙萨）	47941523
7	日本	45634877
8	巴西	21859745
9	委内瑞拉	12207276
10	玻利维亚	9618337
11	巴拿马	9550696
12	南非	9012173
13	哥伦比亚	7831892
14	中国	7369970

资料来源：美国商务部国际贸易署。

图 4 提供了 2019 年部分经济体的经常账户赤字/盈余估值。中国金融资产的进口大于出口。而美国和智利的情况恰恰相反。而且，美国的经常账户赤字在经合组织仍为最高。中国持有大量美国国债（我们估计占美国外债的 15%）。如果中国大量做空美国已发行的债券，美国政府和企业的金融成本将急剧上升。该金融压力变量值得考虑。因此，对美国来说，正确战略应该是与中国建立长期良好关系。美国发行的许多国际债券的投资者群体都位于中国。

根据本文简要讨论的几个变量，美国的极端保护主义似乎找不到任何经济学依据。相反，根据经济学理论，美国应该将中国视为主要贸易和金融伙伴。这些

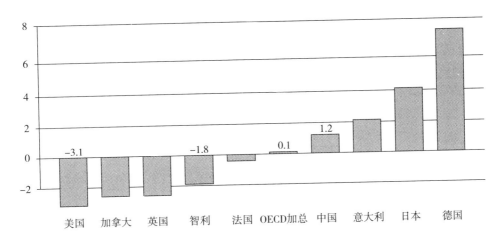

图4　2019 年部分经济体经常账户赤字/盈余估值

资料来源：经济合作与发展组织。

理论与实证研究虽然由于方法论问题尚不具有结论性，但为开放是增长和福利的决定因素提供了充分依据。

参考文献

［1］鲍德温. 贸易大崩溃：原因、结果及前景［M］. 北京：经济政策研究中心，2011.

［2］布兰德·詹姆斯，芭芭拉·斯宾塞. 出口补贴与全球市场份额竞争［J］. 国际经济学，1985（18）.

［3］弗兰克尔，杰弗里·亚历山大，大卫·罗姆尔. 贸易是否促进增长？［J］. 美国经济期刊，1999，89（3）：379-399.

［4］斯里尼瓦桑，巴格瓦蒂. 对外倾向和发展：修正主义者是对的吗？［R］. 贸易、发展和政治经济学，伦敦：帕尔格雷夫，2001.

2018 年中国对拉丁美洲和加勒比地区直接投资报告

恩里克·杜塞尔·彼得斯[*]

本报告是拉丁美洲与加勒比地区（拉加地区）中国学术网（Red ALC-China）尤其是其出版物《中国在拉美与加勒比地区对外直接投资报告》提出的最新数据信息的主要成果。我们欢迎大家查阅现有信息，包括文献、资料、统计数据和各类分析，以便改善和深化我们的研究[①]。该报告共包含 2000～2017 年不同来源的汇总信息和分类信息，本文主要为大家介绍基于公司层面对外直接投资每笔交易分解统计数据，中国在拉美和加勒比地区对外直接投资的研究成果。

完成本文是因为认识到中国在世界上，特别在拉加地区的对外直接投资越来越重要。方法论研究、案例分析、区域和双边研究同样至关重要。近日，一组详细的分析在贸易、金融、对外直接投资和基础设施等问题上严格区分了拉加地区与中国的关系（Dussel et al., 2018; Salazar-Xirinachs et al., 2018）。

1. 中国对拉丁美洲和加勒比地区直接投资的背景介绍（2000～2017 年）

以下几个方面对于理解中国在拉加地区直接投资是至关重要的：

（1）尽管 2016 年和 2017 年增长势头良好，尤其在 2017 年发达国家对外投资总量预期达到 1.8 万亿美元，但全球对外直接投资水平仍未恢复至 2007 年的最高水平。中国对外直接投资在 2016 年增长了 44%，巩固了世界第二大投资来源国的地位。2016 年中国在全球及发展中国家前 100 家非金融类跨国企业排名中分别占据第 3 位及第 32 位；中海油（CNOOC）、中国远洋海运（COSCO）、长江和记实业有限公司及联想集团等公司均榜上有名（拉丁美洲经济委员会，

---

[*] 恩里克·杜塞尔·彼得斯，墨西哥国立自治大学经济学研究生院教授，墨西哥国立自治大学经济学研究生院中墨研究中心协调员，拉丁美洲和加勒比中国问题学术网络（RedALC-中国）协调员，Dussel-peters.com。

[①] 信息详情请浏览：http://www.redalc-china.org/monitor/。

2017；联合国贸易暨发展会议，2017）。

（2）近几年中国出台了一系列对外直接投资统计新制度，尤其规范了对外投资最终目的国的统计，但上述新制度仍未在官方公布的对外直接投资数据中体现（中国商务部、国家统计局、国家外汇管理局，2015）。

（3）拉加地区接收的对外直接投资流量在2011年达到顶点1936亿美元，之后持续下降，在2016年降至1421亿美元。2017年对该地区的对外直接投资预计达到1500亿美元，占固定资本形成总额的15%（联合国贸易暨发展会议，2017）（见表1）。

（4）过去十年间中国对外直接投资一直保持持续增长，2017年首次下降了29.41%，以致中国对外投资接收量首次超过了流出量（见图1），原因是中国公共部门出台了一系列限制资本外流的法规（Chen，2017）。

（5）尽管如此，中国仍将是全球第二大对外投资国①。如果加上香港和澳门对外直接投资量，中国的对外直接投资规模将更大。

表1　拉加地区：2000~2017年中国对外直接投资流量和宏观经济指标

年份	中国对外直接投资总额（百万美元）	对拉加地区直接投资（%）	固定资本形成总额（%）	拉加地区国内生产总值（%）
2000	20	0.00	0.00	0.00
2001	450	0.62	0.12	0.02
2002	—	0.00	0.00	0.00
2003	282	0.62	0.08	0.01
2004	3588	5.28	0.86	0.16
2005	83	0.11	0.02	0.00
2006	3841	5.20	0.61	0.12
2007	2162	1.85	0.28	0.06
2008	3890	2.80	0.42	0.09
2009	4467	5.25	0.54	0.11
2010	20138	11.91	1.95	0.40

①　2016年，美国、中国和荷兰的外国直接投资流出额分别为2990亿美元、1831亿美元和1737亿美元（联合国贸发会，2017）。

续表

年份	中国对外直接 投资总额 （百万美元）	对拉加地区 直接投资 （%）	固定资本 形成总额 （%）	拉加地区国内 生产总值 （%）
2011	5536	2.86	0.45	0.09
2012	3998	2.12	0.32	0.07
2013	10833	6.16	0.84	0.18
2014	12510	7.36	1.00	0.21
2015	10182	6.16	0.92	0.20
2016	15687	11.04	1.67	0.31
2017/e	11461	7.68	1.17	0.23
2000~2005	4423	1.11	0.18	0.03
2006~2010	34498	5.91	0.82	0.17
2011~2017	70207	5.93	0.87	0.18
2000~2017	109128	5.03	0.75	0.15

资料来源：世界银行（2018）；联合国拉加经济委员会（2017）；中国在拉加地区直接投资（2018）；联合国贸发会（2017）。

（百万美元）

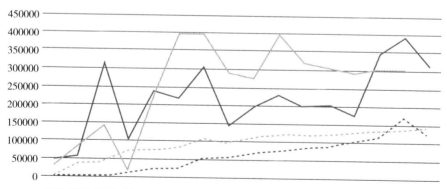

图 1　中国和美国：1990~2017 年对外直接投资流入和流出量

资料来源：中国在拉加地区直接投资报告（2018）；联合国贸发会（2018）；商务部（2018）。

2. 中国在拉美和加勒比地区对外直接投资的主要趋势（2000~2017年）

2000~2017年，中国企业在拉加地区共进行了328笔对外直接投资交易，累计流量金额为1091.27亿美元，并创造就业岗位294423个（见表2）。平均每笔交易金额为3.33亿美元，每170648美元创造一个就业岗位。在此期间，中国对拉加地区的对外直接投资可分为三个阶段：

（1）2000~2005年，中国对该地区对外直接投资活动较少，仅有15笔交易。

（2）2006~2009年，中国对该地区对外直接投资迅速增长，高达143.59亿美元，并创造了32000多个就业岗位。

（3）2010~2017年，中国对该地区对外直接投资处于历史最高水平，累计将近910亿美元并创造247840个就业岗位。2017年，中国对该地区对外直接投资较前一年下降26.9%，降至114.61亿美元；然而新增就业岗位上升了43.7%，主要由于2016年及2017年每笔交易所创造的就业岗位与以往相比大幅增加。

表2 拉加地区：2000~2017年中国对外投资和就业

年份	交易（数量）	中国对外直接投资（百万美元）	就业（雇员数量）	OFDI/交易（百万美元）	OFDI/就业（指数）	就业/交易（雇员数量）
总计						
2000~2005	15	4424	13905	295	0.318	927
2006~2009	55	14359	32678	261	0.439	594
2010~2017	258	90344	247840	350	0.365	961
2000~2017	328	109127	294423	333	0.371	898
2015	35	25869	29554	739	0.875	844
2016	35	15687	57938	448	0.327	1370
2017	45	11461	68904	255	0.166	1531
并购						
2000~2005	3	570	6150	190	0.093	2050
2006~2009	21	3352	17218	160	0.195	820
2010~2017	87	63463	158245	729	0.401	1819
2000~2017	111	67248	181613	606	0.370	1636
2015	8	7759	17845	970	0.435	2231

续表

年份	交易 (数量)	中国对外 直接投资 (百万美元)	就业 (雇员数量)	OFDI/交易 (百万美元)	OFDI/就业 (指数)	就业/交易 (雇员数量)
2016	15	14191	39373	946	0.360	2625
2017	25	8765	54322	351	0.161	2173
新投资						
2000~2005	12	3854	7755	321	0.497	646
2006~2009	34	11008	15460	324	0.712	455
2010~2017	171	27018	89595	158	0.302	524
2000~2017	217	41879	112810	193	0.371	520
2015	27	2423	11709	90	0.207	434
2016	20	1498	8565	75	0.175	428
2017	20	2696	14582	135	0.185	729

资料来源：中国在拉加地区直接投资报告（2018）。

投资类型主要存在以下突出特征：

（1）2000~2017 年，大部分交易是通过合并和收购（并购）完成的，分别占投资总额及新增就业岗位的 61.62% 及 61.68%。

（2）2016~2017 年，并购项目在中国对外直接投资活动中占据中心地位，在 2017 年达到 78.84%，而在 2016 年中国对外直接投资总额中占据 82.13%（见表 2）。

3. 中国在拉美和加勒比地区对外直接投资按行业分布情况（2000~2017 年）

2000~2017 年，公司层面的交易主要集中在以下三个行业：原材料（29.88%）、制造业（36.28%）和服务业与国内市场（32.62%），但投资金额和创造就业情况的相对比例大有不同（见表 3）。

表 3　拉加地区：2000~2017 年中国对外直接投资行业分布情况

	2000~2005 年	2010 年	2014 年	2015 年	2016 年	2017 年	2000~2017 年
原材料							
交易量	40.00	36.67	19.05	11.43	25.71	13.33	29.88
总量（百万美元）	85.35	61.47	54.89	68.29	28.72	23.61	57.93

续表

	2000~2005 年	2010 年	2014 年	2015 年	2016 年	2017 年	2000~2017 年
就业量	50.69	76.64	60.70	15.22	27.35	18.13	41.04
制造业							
交易量	26.67	23.33	40.48	48.57	34.29	51.11	36.28
总量（百万美元）	2.67	2.61	3.66	19.76	1.90	35.82	8.58
就业量	6.86	5.00	14.29	74.44	13.80	26.16	25.27
服务与国内市场							
交易量	33.33	40.00	40.48	31.43	40.00	33.33	32.62
总量（百万美元）	11.98	35.91	41.45	11.25	69.38	38.36	33.19
就业量	42.45	18.36	25.01	7.80	58.85	53.39	32.89
技术购买							
交易量	0.00	0.00	0.00	8.57	0.00	2.22	1.22
总量（百万美元）	0.00	0.00	0.00	0.00	0.70	2.21	0.29
就业量	0.00	0.00	0.00	2.54	0.00	2.32	0.80

资料来源：中国在拉加地区直接投资报告（2018）。

表 3 清晰地反映了对外直接投资日益增长的行业多样性及就业岗位；2000~
2017 年原材料交易占总量的 57.93%，由此产生的就业岗位占总量的 41.04%，
此前该行业占比曾超过 90%，但近几年来占比有了明显下降。2017 年原材料
在总 45 项交易中仅占 6 项，占比 23.61%，并占中国对外直接投资就业量总
量的 18.13%。而制造业及面向服务业与国内市场的对外直接投资量更大，占
投资总量的 35.82% 和 38.36%，占新增就业岗位总量的 26.16% 和 53.39%
（见表 3）。2000~2017 年技术采购在中国对外直接投资中占比较小，仅有 4 项
交易。

4. 中国各类企业在拉美和加勒比地区对外直接投资情况（2000~2017 年）

私营企业的对外直接投资交易数量占总量的 57.32%，但是国有企业的投
资在金额和创造就业数量上仍占上风（Dussel Peters，2015）。2000~2017 年，
国有企业在该地区共计投资 813.98 亿美元，占总量的 74.59%，创造就业数
占总量的 52.26%；国有企业投资项目的平均金额远超于总平均水平，并集中于
资金密集型投资，其创立的投资企业平均规模也非常大（见表 4）。从投资类型
来看，私营企业主要选择进行规模较小、资金密集程度较低的新投资项目。2017
年，中国私营企业对外直接投资占总量的 39.86%，创造就业数占总量

的 62.48%。

5. 中国在拉美和加勒比地区对外直接投资按目的地国家分布（2000~2017 年）

2000~2017 年，中国在该地区对外直接投资主要流向巴西、秘鲁和阿根廷。以上三个国家共吸收了中国在拉加地区对外直接投资总量的 72.61%，其所创造就业量占该地区总数的 62.47%（见表 5）。值得注意的是，墨西哥虽然仅接收 68 项新投资（占交易总量的 20.73%），并占中国 2000~2017 年对外直接投资总量的 5.51%，占新增就业岗位的 13.79%，但 2017 年墨西哥是中国对外直接投资最有活力的接收国，接收的中国直接投资占总量的 21.79%，新增就业岗位占总量的 25.43%。

6. 在拉美和加勒比地区进行直接投资的主要中国公司（2000~2017 年）

2000~2017 年，中国进行对外直接投资的公司数量虽然较少，但是投资总量巨大。例如，产生就业岗位最多的前 5 家中国公司，其新增岗位数量占据了总量的 48.98%。这一数据在 2016 年达 77.94%。要研究如何吸引对外投资，吸引带来就业岗位的中国企业，在提出相关政策性建议时，这一点至关重要：国家电网、中国通建、中钢集团及招商局港口等公司投资额最大。

表 4 拉加地区：2000～2017 年中国各企业对外直接投资情况

	2000~2005 年	2006 年	2007 年	2008 年	2009 年	2010 年	2011 年	2012 年	2013 年	2014 年	2015 年	2016 年	2017 年	2000~2017 年
总计														
交易量	15	14	16	15	10	30	31	14	26	42	35	35	45	328
总量（百万美元）	4424	3841	2162	3890	4467	20138	5536	3998	10833	12510	10182	15687	11461	109127
就业量	13905	7269	8761	12963	3685	48946	21294	4321	9023	17860	29554	47938	68904	294423
国有企业														
交易量	8	6	2	11	8	18	8	4	17	16	9	19	14	140
总量（百万美元）	3869	2529	107	2881	4207	18327	3171	3150	9638	8274	4974	13378	6892	81397
就业量	7839	2791	1400	9950	1932	37596	4424	913	6581	11509	7239	35832	25851	153857
私营企业														
交易量	7	8	14	4	2	12	23	10	9	26	26	16	31	188
总量（百万美元）	555	1312	2055	1009	260	1811	2364	848	1195	4236	5208	2309	4569	27731
就业量	6066	4478	7361	3013	1753	11350	16870	3408	2442	6351	22315	12106	43053	140566
国有企业														
交易量	53.33	42.86	12.50	73.33	80.00	60.00	25.81	28.57	65.38	38.10	25.71	54.29	31.11	42.68
总量（百万美元）	87.45	65.85	4.95	74.07	94.18	91.01	57.29	78.80	88.97	66.14	48.85	85.28	60.14	74.59
就业量	56.38	38.40	15.98	76.76	52.43	76.81	20.78	21.13	72.94	64.44	24.49	74.75	37.52	52.26
私营企业														
交易量	46.67	57.14	87.50	26.67	20.00	40.00	74.19	71.43	34.62	61.90	74.29	45.71	68.89	57.32
总量（百万美元）	12.55	34.15	95.50	25.93	5.82	8.99	42.71	21.20	11.03	38.86	51.15	14.72	39.86	25.41
就业量	43.62	61.60	84.02	23.24	47.57	23.19	79.22	78.87	27.06	35.56	75.51	25.25	62.48	47.74

资料来源：中国在拉加地区直接投资报告（2018）。

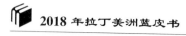

表 5 拉加地区：2000～2017 年中国对外直接投资国家分布情况

		2000～2005年	2006年	2007年	2008年	2009年	2010年	2011年	2012年	2013年	2014年	2015年	2016年	2017年	2000～2017年
阿根廷	交易量	0	0	1	0	0	3	1	0	5	3	0	3	3	19
	总量（百万美元）	0	0	4	0	0	5597	330	0	3919	523	0	215	1283	11871
	就业量	0	0	200	0	0	2601	1600	0	1785	480	0	670	3874	11210
巴西	交易量	6	2	4	1	2	10	12	3	6	13	19	16	13	107
	总量（百万美元）	3565	30	152	60	425	12867	2919	3232	902	1747	5319	13903	2902	48023
	就业量	6303	2111	4174	61	61	15208	15748	1200	2551	7128	13950	37163	32955	138613
智利	交易量	0	0	0	2	2	1	1	3	3	2	1	3	4	22
	总量（百万美元）	0	0	0	39	2450	18	11	227	45	36	286	215	2764	6091
	就业量	0	0	0	78	250	0	55	64	81	43	175	4284	5691	10721
墨西哥	交易量	4	2	3	4	1	4	6	1	1	10	9	4	19	43
	总量（百万美元）	563	45	109	331	40	84	39	70	8	1140	1001	81	2498	75
	就业量	6354	103	1409	3654	1000	478	1106	144	3	2470	4915	1455	17524	52
秘鲁	交易量	0	3	4	3	2	4	1	2	5	5	1	0	3	33
	总量（百万美元）	0	109	1714	3552	360	296	26	37	3936	5182	2500	0	1635	19347
	就业量	0	1571	1911	6009	540	3552	0	332	3494	5381	3000	0	8300	34090

资料来源：中国在拉加地区直接投资报告（2018）。

参考文献

［1］Chen Long. Containing Capital Outflows. *Gavekal Dragonomics*, 2017（2）.

［2］Dussel Peters, Enrique. The Omnipresent Role of China's Public Sector in Its Relationship with Latin America and the Caribbean. In, Dussel Peters, Enrique and Ariel C. Armony（coord.）. *Beyond Raw Materials. Who are the Actors in the Latin America and Caribbean-China Relationship?* Buenos Aires: ALC-China Network, Friedrich Ebert Stiftung, 2015: 17-49.

［3］Dussel Peters, Enrique, Ariel Armony and Shoujun Cui. *Building Development for a New Era. Chinese Infrastructure Projects in Latin America and the Caribbean.* Red ALC-China and University of Pittsburgh: Mexico, 2018.

［4］Salazar-Xirinachs, José Manuel, Enrique Dussel Peters and Ariel C. Armony. *Efectos de China en la cantidad y calidad del empleo generado en América Latina. México, Perú, Chile y Brasil.* OIT: Lima.

［5］MOFCOM（Ministry of Commerce）. Statistical Bulletin Foreign Direct Investment. MOFCOM: Beijing, 2017.

［6］MOFCOM（Ministry of Commerce）, NBS（National Bureau of Statistics）, SAFE（State Administration of Foreign Exchange）. Statistical Registry Procedure OFDI. Beijing: MOFCOM, NBS and SAFE, 2015.

［7］UNCTAD（United Nations Conference on Trade and Development）. *World Investment Report* 2017. *Investment and the Digital Economy.* UNCTAD: Geneva, 2017.

［8］UNECLAC（United Nations Economic Commission for Latin America and the Caribbean）. *Foreign Direct Investment in Latin America and the Caribbean* 2017 Santiago de Chile: ECLAC, 2017.

［9］WB（World Bank）. *World Development Indicators.*［http://data. worldbank. org/data-catalog/world-development-indicators］. Retrieved March 2018.

注 释

中国在拉美和加勒比地区对外投资报告的数据库整合分为两个阶段。在第一阶段，由 6 名研究人员构成的团队利用以下提及的信息来源建立了一个数据库，该数据库包含 2000~2017 年中国在该地区 1000 多笔公司层面的对外投资交易。

主要信息来源为对外直接投资市场、汤森路透（Thomson-Reuters）、彭博（Bloomberg）、Capital IQ（标普旗下的核心金融数据库）、中国对外投资追踪数据（China Global Investment Tracker, CGIT）以及贸易媒体发表的投资公告。通过对成百上千笔交易中的每笔交易仔细评估，数据库得以整合。我们的研究团队基于各种搜索标准，对相关专业媒体报道、公司报告、拉美和加勒比地区的国营和私营部门的各类报告和投资公告等做了及时、准确的搜索和追踪。搜索标准如下：

（1）投资项目的进展状况：已完成、已取消或是进行中。

（2）投资额度计量单位为百万美元。

（3）投资类型：新增投资与并购。新增投资意味注入新资本或扩展现有生产能力以及创造新的就业岗位，通常有两种类型的新增投资——新投资（绿地投资）或扩展类型的投资。跨国交易，如兼并和收购，仅仅意味着现存企业所有者的更换，因此，至少在短期内不会产生生产能力的扩张和创造新的就业岗位。

（4）创造就业：在新增投资类型的交易中，新增就业数据来自各企业网站或是当时企业的相关公告。在并购交易中，就业数据是指被并购企业在交易当时的就业数据。需要重要指出的是，在本报告的数据库中，所指就业为总体就业情况，并未区分临时性和永久性就业。

（5）投资公司的所有权类型：国有或私有。

（6）投资行业：一般来说分为四类，即原材料、制造业、服务业与国内市场、技术采购。

为了评估数据库以及专门媒体的每宗交易，笔者鉴定了对外直接投资数据、投资总额、就业岗位和投资地点的真实性，方法是通过从买方或卖方公司、诸如财政部和（或）负责对外直接投资的部门或秘书处这样的政府部门，以及专业企业和学术机构当中获取信息，若上述信息来源不允许鉴定信息的真实性，则会咨询诸如工会、大众媒体或相关手段等次要信息来源。

为不断在数量和质量上改善数据信息，希望感兴趣的人士与我们通过如下方式沟通：FDICHINA@ UNAM. MX/http：//www. redalc-china. org/monitor/。

拉美经济发展及中拉经贸展望报告

黄　磊　梁芸祯　张　逸[*]

摘　要：当前拉美经济总体走势良好，然而仍然面临缺乏激励和风险承受能力的挑战。自从中国在 2017 年与拉美国家开始对接"一带一路"建设以后，中拉经贸关系步入一个新的阶段，为双边经济合作带来了机遇。同时，中拉关系也面临着来自各方面的挑战，比如，中拉贸易的结构失衡与贸易摩擦，拉美对中国的认知存在局限导致中国政策面临信任缺失风险，拉美国家存在政局动荡、腐败问题、社会治安等方面的风险以及以美国为主导的西方发达国家对中国、拉美的打压和遏制等。本文通过对 2017~2018 年拉美经济形势进行分析，并对近阶段的中拉经贸关系特点进行总结，认为在未来经济趋势向好的环境下，在资源优势互补的基础上，中拉双方应该努力克服国内和国际环境不确定性带来的挑战，通过强化双方的沟通交流，提高政治互信和文化互鉴，完全能够把中拉的经贸关系提高到新的高度。

关键词：拉美经济；"一带一路"倡议；中拉经贸合作

导　言

2017 年拉丁美洲人口总数约为 6.44 亿，约占世界人口总数的 8.5%。同拉丁美洲众多的人口和广袤的土地相对应的，是拉丁美洲经济体对于世界整体经济的重大影响。伴随着经济全球化进程的加快，中拉双方的贸易体量在不断加大，经贸合作关系在逐渐加强。自 21 世纪以来，有两个因素在中拉经贸关系的发展之中发挥了重要的推进作用：一是中国在 2001 年加入世界贸易组织（WTO），

---

* 黄磊，广东外语外贸大学商学院博士、富布赖特学者；梁芸祯，广东外语外贸大学商学院研究生；张逸，广东外语外贸大学商学院研究生。

中国自此进入全新的开放时代，这为中国与拉丁美洲建立密切的经贸关系提供了契机；二是中国政府于 2008 年颁布《中国对拉丁美洲贸易与投资政策文件》，该文件明确了中拉双边经贸关系的指导方针以及提出了对中拉经贸合作之中出现问题的解决方案①。上述两个因素的作用有二：一是使中拉双边贸易关系得以突破；二是维系了中拉双方十余年来的良好经贸往来。现今，中国之于拉美国家，是其第二大贸易伙伴，拉美国家之于中国，是"一带一路"倡议的重要对接对象。故研究拉美地区的经济发展特征和中拉双边经贸关系，不仅能够在一定程度上帮助中国同拉美国家继续维持良好的经贸关系，还能够帮助中国在"一带一路"这条路上走得更加稳健和深远。

本文正文共由四部分构成。第一部分阐述 2017~2018 年拉美经济发展特征，在这一部分，笔者将分别从宏观角度和微观视野上分析 2017~2018 年拉美地区的经济发展特征。在宏观上，笔者将拉美地区视为一个整体进行研究；在微观上，笔者以拉美经济体具体国家（主要为巴西和墨西哥）为子单位进行研究。进一步地，笔者将运用 GDP 增长率、通货膨胀率、外债总额所占 GDP 百分比、失业率这四个量化指标对近年来的拉美经济发展形势进行相关分析。第二部分阐述中拉经贸关系发展新阶段，在这一部分，笔者将结合经济全球化、"一带一路"倡议的背景，对中拉双边经贸关系的现状进行相关分析。第三部分为挑战和对策，在这一部分，笔者将在前两部分的基础上，对中拉经贸过程中正在面临以及将要面临的挑战进行相关分析，并提出一套行之有效的解决方案，以期起到"预则立，不预则废"的作用。最后一部分为结论，笔者将对整篇文章进行简单小结。

一、2017~2018 年拉美经济发展特征

2008 年，美国次贷危机引发了全球性的经济持续动荡，导致全球经济全面下滑。如今，危机爆发已过十年，但全球经济仍萎靡不振，世界各经济体虽然都在努力寻求经济复苏的政策良方，但世界经济仍在震荡中复苏、复苏中震荡②。在经济全球化的时代背景之下，任何一个经济体对于世界经济的作用都不可估量，研究拉美地区总体的经济态势，不仅有利于进一步深化中拉双边贸易关系，

① 朱楠楠，苏聪. 中国与拉美经贸合作的现状与发展前景 [J]. 经济研究导刊，2018（24）：166-168，199.

② 吴振方. 2016~2017 年拉美经济形势分析 [J]. 西南科技大学学报（哲学社会科学版），2017，34（1）：8-16.

也将有利于全球经济的全面复苏。故此，笔者将以 GDP 增长率、通货膨胀率、外债总额所占 GDP 百分比、失业率这四个量化指标作为着力点，以期精准分析拉美地区 2017~2018 年的总体经济形势。

（一）世界经济复苏中的拉美复苏

国际货币基金组织（IMF）在 2018 年 10 月发布的《世界经济展望报告》中指出：2016 年，拉美总体 GDP 增长率为-0.9%，此时世界 GDP 增长率为 3.3%；2017 年，拉美总体 GDP 增长率为 1.2%，此时世界 GDP 增长率为 3.7%；2018 年，拉美总体 GDP 增长率为 1.2%，此时世界 GDP 增长率为 3.7%；展望 2019 年，拉美总体 GDP 增长率或达 2.2%，世界 GDP 增长率或可达 3.7%。同时，作为拉丁美洲境内第一大经济体的巴西，其 2016 年 GDP 增长率为-3.5%，2017 年 GDP 增长率为 1%，2018 年 GDP 增长率为 1.4%，2019 年预期 GDP 增长率为 2.4%；作为拉丁美洲境内第二大经济体的墨西哥，其 2016 年 GDP 增长率为 2.9%，2017 年 GDP 增长率为 2%，2018 年 GDP 增长率为 2.2%，2019 年预期 GDP 增长率为 2.5%。

从宏观层面上来说：一方面，相较于 2016 年，2017 年世界经济体的经济增速上升 0.4%，2017 年是世界经济复苏趋势较为明显的一年，较于 2017 年，2018 年世界经济体的经济增速保持不变，2018 年是世界经济继续保持复苏趋势的一年。在世界经济复苏的背景之下，2017 年拉美总体摆脱了经济负增长的绝望之年（2016 年），相较于 2016 年，2017 年拉美总体的经济增速上涨 2.1%，2017 年是拉美总体经济发展跨度较大的一年，相较于 2017 年，2018 年拉美总体的经济增速保持不变，2018 年是拉美总体继续保持经济复苏态势的一年。简言之，2018 年的拉美，其经济形势相对乐观，呈现出缓慢的增长态势，并有望在 2019 年再创新高。另一方面，拉美总体经济增速始终低于世界经济增速水平，2017 年和 2018 年的拉美总体 GDP 增长率均约为世界 GDP 增长率的 1/3，这表明了拉美地区还具有相当大的经济潜力可挖。从微观层面上来看：一方面，相较于 2016 年，2017 年的巴西经济增速上涨 4.5%，相较于 2017 年，2018 年的巴西经济增速上涨 0.4%。同比巴西 GDP 增长率，不难发现：近年来的巴西展现出了强大的经济发展动力。另一方面，相较于 2016 年，2017 年的墨西哥经济增速下降 0.9%，相较于 2017 年，2018 年的墨西哥经济增速上涨 0.2%，相较于 2018 年，IMF 预测 2019 年墨西哥的经济增速将上升 0.3%。同比墨西哥 GDP 增长率，可以发现：近年来的墨西哥经济发展态势良好，并且有望在 2019 年延续这种势头。总之，如果说 2016 年是拉美经济十年来最难过的一年，那么 2017 年、2018 年对于拉美而言真是不错的好日子①（见表 1）。

---

① 孙岩峰. 拉美：经济面临四重考验［J］. 经济，2018（1）：49-51.

（二）高通货膨胀率下的拉美

国际货币基金组织（IMF）在 2018 年 10 月发布的《世界经济展望报告》中指出：2016 年，拉美总体通货膨胀率为 5.6%，此时世界总体通货膨胀率为 2.8%；2017 年，拉美总体通货膨胀率上涨为 6%，此时世界总体通货膨胀率为 3.2%；2018 年，拉美总体通货膨胀率上涨为 6.1%，此时世界总体通货膨胀率为 3.8%；展望 2019 年，拉美总体通货膨胀率或可达 5.9%，世界通货膨胀率或可达 3.8%。与此同时，作为拉丁美洲境内第一大经济体的巴西，其 2016 年、2017 年、2018 年的通货膨胀率分别为 8.7%、3.4%、3.7%，展望 2019 年，其通货膨胀率或可升至 4.2%；作为拉丁美洲境内第二大经济体的墨西哥，其 2016 年、2017 年、2018 年的通货膨胀率分别为 2.8%、6%、4.8%，展望 2019 年，其通货膨胀率或可降为 3.6%。

从宏观角度来看：近年来的世界总体通货膨胀率呈拔高姿态，相较于 2016 年，2017 年的世界通货膨胀率上涨 0.4 个百分点，较于 2017 年，2018 年的世界通货膨胀率上升 0.6 个百分点，据 IMF 测算，较于 2018 年，2019 年的世界通货膨胀率将与 2018 年持平。在世界总体通货膨胀率呈上升趋势的今天，拉美地区的通货膨胀率水平也呈现出相当的上升趋势，但其上升速度较缓于世界通货膨胀率上升速度。较于 2016 年，2017 年拉美总体通货膨胀率上升 0.4 个百分点，较于 2017 年，2018 年拉美总体通货膨胀率仅上升 0.1 个百分点。

需要指出的是，虽然拉美总体通货膨胀率上升速度低于世界通货膨胀率上升速度，但拉美总体通货膨胀率水平仍高于世界通货膨胀率水平。2016 年，拉美总体通货膨胀率为世界通货膨胀率的两倍；2017 年，拉美总体通货膨胀率与世界通货膨胀率之间的差额虽然减少，但仍有 2.8 个百分点的差距；2018 年，拉美总体通货膨胀率与世界通货膨胀率之间的差额进一步缩小，两者之间的差额为 2.3 个百分点。

从微观角度上来说：拉美地区各国的通货膨胀率水平呈现出相当大的差异性。拉美第二大经济体墨西哥的通货膨胀率水平逐年下降，较于 2017 年，2018 年墨西哥的通货膨胀率水平降低 1.2 个百分点，较于 2018 年，IMF 预测 2019 年的墨西哥通货膨胀率将进一步降低 1.2 个百分点。然而，拉美第一大经济体巴西的通货膨胀率水平却逐年上升，较于 2017 年，2018 年巴西的通货膨胀率水平增加 0.3 个百分点，较于 2018 年，IMF 预测 2019 年的巴西通货膨胀率将进一步上升 0.5 个百分点。简言之，在世界通货膨胀率逐步上升的今天，一方面，拉美地区各国的通货膨胀率水平发展趋势具有相当大的差异性；另一方面，拉美总体虽然正逐步缩小与世界平均通货膨胀率水平之间的差距，但其仍面临着通货膨胀水平居高不下且有可能进一步提高的危险（见表 2）。

单位：%

表 1　IMF 预测的拉美地区 GDP 增长率

地区 / 年份	墨西哥	阿根廷	巴西	智利	玻利维亚	哥伦比亚	厄瓜多尔	巴拉圭	秘鲁	乌拉圭	委内瑞拉	哥斯达黎加	拉美总体	世界
2016	2.9	-1.8	-3.5	1.6	4.3	2.0	-1.5	4.1	4.0	1.5	-16.5	4.3	-0.9	3.3
2017	2.0	2.9	1.0	1.4	4.2	1.7	0.2	3.9	2.7	3.5	-12.0	3.8	1.2	3.7
2018	2.2	-2.6	1.4	4.0	4.3	2.8	1.1	4.4	4.1	2.0	-18.0	3.3	1.2	3.7
2019	2.5	-1.6	2.4	3.4	4.2	3.6	0.7	4.2	4.1	3.2	-5.0	3.3	2.2	3.7

资料来源：IMF, World Economic Outlook, October 2018.

单位：%

表 2　IMF 预测的拉美地区通货膨胀率

地区 / 年份	墨西哥	阿根廷	巴西	智利	玻利维亚	哥伦比亚	厄瓜多尔	巴拉圭	秘鲁	乌拉圭	委内瑞拉	哥斯达黎加	拉美总体	世界
2016	2.8	…	8.7	3.8	3.6	7.5	1.7	4.1	3.6	9.6	254.4	0	5.6	2.8
2017	6	25.7	3.4	2.2	2.8	4.3	0.4	3.6	2.8	6.2	1090	1.6	6.0	3.2
2018	4.8	31.8	3.7	2.4	3.2	3.2	-0.2	4.2	1.4	7.6	1.37 million	2.4	6.1	3.8
2019	3.6	31.7	4.2	3	4.2	3.4	0.5	4	2	6.7	10 million	2.6	5.9	3.8

注：…为暂无数据。

资料来源：IMF, World Economic Outlook, October 2018.

（三）高外债比下的拉美

国际货币基金组织在 2018 年 10 月发布的《世界经济展望报告》中指出：在 2016 年、2017 年、2018 年，拉美总体外债总额所占 GDP 百分比分别为 57.8%、61.1%、65%，展望 2019 年，拉美总体外债总额所占 GDP 百分比将高达 65.1%。同时，拉美第一大经济体巴西在 2016 年、2017 年、2018 年的外债总额所占 GDP 百分比分别为 78.4%、84%、88.4%，展望 2019 年，其外债总额所占 GDP 百分比将高达 90.5%；拉美第二大经济体墨西哥在 2016 年、2017 年、2018 年的外债总额所占 GDP 百分比分别为 56.8%、54.3%、53.8%，展望 2019 年，其外债总额所占 GDP 百分比将达 53.7%。

从宏观层面上来看，一方面，拉美总体外债总额所占 GDP 百分比正逐年增加，较于 2016 年，2017 年拉美总体外债总额所占 GDP 百分比增加 3.3%，较于 2017 年，2018 年拉美总体外债总额所占 GDP 百分比增加 3.9%，据 IMF 预测，较于 2018 年，2019 年拉美总体外债总额所占 GDP 百分比将增加 0.1%；另一方面，拉美总体外债总额所占 GDP 百分比仍然居高不下，2016 年、2017 年、2018 年三年拉美总体外债总额均超过其 GDP 的 50%。

从微观层面上来说，拉美第一大经济体巴西外债总额所占 GDP 百分比持续在较高的水平上增长，较于 2016 年，2017 年巴西外债总额所占 GDP 百分比上升 5.6 个百分点，较于 2017 年，2018 年巴西外债总额所占 GDP 百分比上升 4.4 个百分点，据 IMF 预测，较于 2018 年，2019 年巴西外债总额所占 GDP 百分比将进一步上升 2.1 个百分点；拉美第二大经济体墨西哥外债总额所占 GDP 百分比持续在较高的水平上下降，较于 2016 年，2017 年墨西哥外债总额所占 GDP 百分比下降 2.5 个百分点，较于 2017 年，2018 年墨西哥外债总额所占 GDP 百分比下降 0.5 个百分点，据 IMF 预测，较于 2018 年，2019 年墨西哥外债总额所占 GDP 百分比将进一步下降 0.1 个百分点。总而言之，一方面，拉美地区各国外债总额所占 GDP 百分比的发展趋势不尽相同，但拉美地区各国外债总额所占 GDP 百分比大都维持在较高的水平；另一方面，拉美总体正面临着外债水平高、外债增长快的危险（见表 3）。

（四）高失业率下的拉美

国际货币基金组织、世界银行（World Bank）、世界劳工组织（International Labour Organization）指出：在 2016 年，拉美总体失业率为 7.7%，此时世界总体失业率为 5.4%；在 2017 年，拉美总体失业率上涨为 8.2%，此时世界总体失业率上涨为 5.5%；展望 2018 年，拉美及世界失业率可能会进一步上升。同时，拉丁美洲境内第一大经济体巴西在 2016 年、2017 年、2018 年的失业率分别为 11.3%、12.8%、11.9%，展望 2019 年，其国内失业率或可降为 10.7%；

拉丁美洲境内第二大经济体墨西哥在 2016 年、2017 年、2018 年的失业率分别为 3.9%、3.1%、3.5%，展望 2019 年，其国内失业率或可与 2018 年相持平。

从宏观层面上来看：一方面，拉美总体仍然处于高失业率状态，2016 年、2017 年拉美地区失业率均明显高于世界总体失业率；另一方面，拉美总体失业率或有继续上涨的风险，相较于 2016 年，2017 年拉美总体失业率上涨 0.5 个百分点之多。从微观层面上来说：一方面，拉美境内第一大经济体巴西的失业率得以持续下降，相较于 2016 年，2017 年巴西的失业率下降 1.5 个百分点，相较于 2017 年，2018 年的巴西失业率下降 0.9 个百分点，展望 2019 年，巴西失业率或可进一步下降 0.2 个百分点；另一方面，拉美境内第二大经济体墨西哥的失业率在逐年递增，相较于 2016 年，2017 年墨西哥的失业率下降 0.8 个百分点，较于 2017 年，2018 年墨西哥的失业率上升 0.4 个百分点，展望 2019 年，墨西哥的失业率或可与 2018 年失业率持平。总的来看，一方面，近年来拉美总体的失业率仍呈居高不下且持续增长的状态；另一方面，由于国情不同，拉美地区各国的失业率发展态势也不尽相同（见表 4）。

综上四点，可得出以下结论：得益于大宗商品价格回升对资源出口国经济增长的支撑、全球经济从底部逐渐回升、发达经济体经济增速超预期以及中国"一带一路"倡议的开展等外部环境改善所带来的积极效应，拉美国家经济总体缓慢回升[①]。受损于 2008 年次贷危机的持续风波、产业结构表面合理而内在失衡、国际贸易及投资结构失衡、拉美地区各国政府腐败盛行、特朗普新政的开展所带来的消极效应，拉美国家经济总体仍然面临着通货膨胀率高、外债风险大、失业率居高不下等危机。在世界经济仍然处于弱复苏的长周期之中的今天，在众多国际大事件的影响之下，拉美国家能否抓住经济整体缓增长的"稻草"，从而进一步逃离其过往十余年来所跌入的经济衰退深渊，将取决于未来拉美地区各国政府以及世界各国各界学者和决策者们的目光与努力。

---

① 田栋. 拉美经济形势分析与展望 [A]. 国际经济分析与展望（2017~2018）[C]. 中国国际经济交流中心，2018：18.

表 3　IMF 预测的拉美地区外债总额所占 GDP 百分比

单位：%

年份＼地区	墨西哥	阿根廷	巴西	智利	玻利维亚	哥伦比亚	厄瓜多尔	巴拉圭	秘鲁	乌拉圭	委内瑞拉	哥斯达黎加	拉美总体
2016	56.8	55	78.4	21	44.9	49.8	43.2	18.9	24.5	61.6	31.3	44.9	57.8
2017	54.3	57.6	84	23.6	49	49.4	45.4	19.5	25.4	65.7	38.9	48.9	61.1
2018	53.8	62.7	88.4	24.8	50.6	48.7	48.4	20.4	26.4	68.1	159	53.7	65
2019	53.7	58.2	90.5	26	52.5	47.8	50.2	20.1	27.4	67.3	162.4	57.6	65.1

资料来源：IMF，World Economic Outlook，October 2018.

表 4　拉美地区失业率

单位：%

年份＼地区	巴西	阿根廷	墨西哥	智利	玻利维亚	哥伦比亚	厄瓜多尔	巴拉圭	秘鲁	乌拉圭	委内瑞拉	哥斯达黎加	拉美总体	世界
2016	11.3	8.5	3.9	6.5	4	9.2	5.2	6	6.7	7.9	20.6	9.5	7.7	5.4
2017	12.8	8.4	3.1	6.7	4	9.3	4.6	5.7	6.9	7.6	27.1	8.1	8.2	5.5
2018	11.9	8.9	3.5	6.9	4	9.2	4.8	5.7	6.9	7.9	34.3	7.9	…	…
2019	10.7	9.4	3.5	6.5	4	9.1	5.2	5.7	6.8	7.6	38	7.6	…	…

注：…为暂无数据。

资料来源：IMF，World Economic Outlook，October；World Bank Open Data；世界劳工组织数据库。

二、中拉经贸关系发展新阶段概述

21 世纪以来，中国与拉美开启了高速发展的经贸合作，如今已经迈入了一个新阶段。中国对世界的影响正在加深，尤其是"一带一路"倡议提出以来，中国与拉美国家的联系更加密切，"一带一路"在拉美地区的推进使中拉经贸关系更加活跃和生动。新阶段的中拉经贸合作，正推动着中拉命运共同体的构建。

（一）"一带一路"倡议下的中拉关系

2017 年全球经济形势向好，中国的"一带一路"倡议为中国与拉美国家的经济合作发展带来了新的契机。中国与拉美地区在 2017 年开始对接"一带一路"建设①，在政策制定和经贸合作领域取得了实质性的进展。典型地，中国与巴拿马建交，签署了 19 份合作文件，其中 11 份集中在贸易领域。截至 2017 年 12 月，已有巴西、阿根廷、智利、秘鲁、厄瓜多尔、委内瑞拉和玻利维亚共 7 个拉美国家成为亚洲基础设施投资银行（以下简称"亚投行"）的准创始成员或准成员。"五通"是"一带一路"倡议的重要内容，具体包括政策沟通、设施联通、贸易畅通、资金融通、民心相通。在贸易畅通方面，中国与拉美关系重点推动贸易和投资的便利化，努力扩大贸易额，促进投资合作。与中国签订了自由贸易协定的拉美国家有智利、秘鲁、哥斯达黎加。在投资合作上，中国在 30 个拉美国家开展了基础设施建设合作，其中部分包括能源等领域的投资合作。《中国与拉美和加勒比国家合作规划（2015—2019）》［以下简称"中拉合作规划（2015—2019）"］和《中国对拉美和加勒比政策文件》（以下简称"中拉政策文件"）是专门指导中拉整体合作的文件，属于"一带一路"的"五通"范畴。"中拉合作规划（2015—2019）"强调了"力争 10 年内双方贸易额达到 5000 亿美元，双方投资存量达到至少 2500 亿美元"的经济和贸易合作的目标，两个文件均强调了加强服务贸易和电子商务的合作，以及自由贸易协定等贸易便利化的安排。

（二）中拉政治互动更加频繁，为经济合作带来机遇

拉美国家作为发展中国家，属于新兴经济体的重要组成部分，在世界和平和经济发展中发挥着十分重要的作用。中国对拉美国家一直秉持真诚互信的政治态度和合作共赢的外交理念，积极探索着中国同拉美国家共同发展的道路。因此，

---

① 谢文泽．共建"一带一路"开启中拉关系新时代［R］．拉丁美洲和加勒比发展报告（2017～2018），2018：6.

中拉关系在新时代下取得了可喜的进展——中国对拉美提出了一系列重大倡议和举措，赋予中拉关系新的发展目标和发展动力①，而拉美与中国的互动更加频繁。2008 年，中国政府颁布了第一份对拉美政策文件——《中国对拉丁美洲贸易与投资政策文件》。时隔 8 年后，中国政府于 2016 年 11 月 24 日又发布了第二份对拉美政策文件——《中国对拉美和加勒比政策文件》。中拉关系可谓在合作中不断发展，在发展中不断提升。2017 年 5 月，智利总统巴切莱特和阿根廷总统马克里出席了"一带一路"国际合作高峰论坛，表达了合作的意愿以及未来投资的方向。2017 年 9 月，巴西总统特梅尔到访中国，参加了在厦门举行的第 9 届金砖国家峰会并对中国进行国事访问，双方签署了 14 项合作协议。中国和拉美国家的高层领导互动频繁，为中拉关系打开了新的局面，也为中拉经济合作创造了新的机遇。

（三）中拉经贸关系发展概况

在贸易方面，拉美丰富的自然资源和中国发达的制造业形成了互补优势，有利于中拉贸易的互利互惠。拉美从中国进口的产品以工业制成品为主，而中国从拉美进口的主要是原生材料等初级产品，贸易结构存在较大的差异性。此外，中国对拉美的进出口贸易增长迅速，为中国对外贸易增长之最。根据拉美的统计数据，相比于拉美对欧洲和日本的下降趋势，拉美对中国的贸易额所占比重正逐年上升，中国已经成为许多拉美国家的重要贸易伙伴。比如，中国是巴西的第一大出口国，也是其第二大进口来源地，同时也是阿根廷等拉美国家重要的进出口贸易国。根据拉美经委会（CEPAL）预测，拉美对中国的贸易出口额占其出口总额比重将在 2020 年上升到 19.3%。双方的贸易合作将带动中拉国际关系的发展。

在投资合作方面，中拉的投资量在上升的同时，投资领域和投资主体向多元化的方向发展。根据拉美经委会的统计，2017 年，拉美受到来自中国的投资存量达 2000 亿美元，即中国在拉美的投资量仅次于美国，排在第二。中拉投资合作的领域也不断拓宽，在通信、能源和跨境电商行业的投资正在兴起，未来将发展至制造业、基础设施和服务业，投资多元化的局面正在形成。基于此，中方提出了中拉"1+3+6"合作框架，为中拉经贸合作领域的拓展指引了方向。近年来，中国在拉美的投资主体也从单一的中央企业向私营企业延伸，比如阿里巴巴、华为和中兴通讯已经参与到了拉美的投资当中。在投资方式上，中国对拉美的投资主要以并购为主，这与我国"走出去"战略的初级阶段密切相关②，但随着经验的积累以及对外投资的不断成熟，中国企业的谈判、经营以及风险控制能

---

① 江时学. 构建中国与拉美命运共同体路径思考 [J]. 国际问题研究，2018（2）：30-42，131-132.

② 王萍. 走向开放的地区主义——拉丁美洲一体化研究 [M]. 北京：人民出版社，2005：105-107.

力能够胜任绿地投资，中国对拉美的创建投资将会逐步出现。

（四）全球秩序和力量格局演进，推动中拉关系的提升

随着世界经济重心向亚太地区转移和中国经济实力的增强，表现突出的中国已成为世界经济增长的重要力量，更成为拉美地区不可忽视的经贸合作对象。相对于美国的独特立场和态度，中国对拉美一直秉持"真实亲诚"的理念，希望与拉美构建平等互利的新型国际关系。因此，中国对拉美地区的影响力和吸引力正在不断加大，拉美国家与中国的贸易、投资和金融合作也不断发展。中拉经贸合作项目主要集中于农矿产品和能源贸易，产业涉及制造业和基础设施等，在务实合作的基础上建立了一系列中国与拉美国家的战略合作伙伴关系。中拉在经贸合作的基础上，也在进一步提升中拉友好关系。2018年1月，中拉论坛第二届部长级会议在智利圣地亚哥举行，会议通过了《圣地亚哥宣言》《中国与拉共体成员国优先领域合作共同行动计划（2019—2021）》和《中国—拉共体论坛第二届部长级会议关于"一带一路"倡议的特别声明》3份文件[①]，这些成果将进一步加强中拉合作关系，推动中拉经贸合作。

三、挑战和对策

（一）中拉关系的挑战

1. 中国与拉美贸易关系发展中的挑战

中拉经贸关系存在贸易结构方面的挑战。首先，中拉贸易结构存在失衡，具体而言，中国对拉美出口以工业制成品为主，进口以初级产品为主，导致了双方产品结构发展失衡。虽然中拉贸易实现了经济全球化下的资源互补优势，但也面临着中国与拉美国家产业发展不平衡带来的矛盾。拉美国家政府官员和学者对中国进口其初级产品和资源心存芥蒂，将其产业结构得不到优化的原因归咎于此，称中国的进口阻碍了拉美经济的工业化进程。因此，拉美国家要求中国的经贸往来应该"超越互补性"。此外，中拉经贸关系发展迅速，但同时也伴随着许多贸易争端和摩擦。WTO统计显示，在1995~2016年，拉美国家对中国商品采取了208项反倾销措施，占世界对华反倾销措施总数的25%。巴西、阿根廷和秘鲁等拉美国家似乎只是象征性地承认中国的市场经济地位，自中国加入WTO以来这些拉美国家对中国采取的反倾销措施有增无减。在2008年金融危机后的经济复

---

① 张凡. 2017-2018年拉美对外关系：应对变乱，超越困局［R］. 拉丁美洲和加勒比发展报告（2017~2018），2018：6.

苏中,中国遭到的反倾销措施更是猛然增多①。拉美国家对中国采取了临时性和长期性的措施,对中国产品启动反倾销调查以及反补贴、特保等反倾销措施。因此,我们在建立与拉美经贸关系的同时,更需要注意贸易中的实际因素,辨别反倾销行为的真正性质,增强自身的防御能力和贸易行为规范。

2. 拉美对中国政策的理解有待加强

拉美对中国"一带一路"倡议的看法不甚明确,时而激动,时而彷徨。例如,不少拉美学者因认为"一带一路"倡议是"国家主导"的而深表担忧,而中国人口多,经济总量大于该地区的 2 倍,因此拉美人还存在"中国威胁论"的忧虑。这些都表明了拉美对中国政策的理解有限。双边关系需要双方做出具有战略性意义的顶层设计,而拉美国家尚无进一步推进中拉关系的战略性思考,不少拉美学者认为,拉美国家缺乏明确的国家战略,更无法开展中拉关系的政策沟通和战略对接。也有拉美学者认为,中拉合作状况尚不明确,需要先评估而不是进行"一带一路"建设。事实上,中国与拉美在地理位置上相去甚远,语言、文化和历史等方面也存在较大的差异,这些因素均不利于中国与拉美相互了解,加之西方媒体对拉美的影响力巨大而对中国冠以"中国帝国主义"和"新殖民主义"的称号,更是扭曲了中国的外交形象,使"一带一路"倡议在拉美面临缺乏信任的风险。

3. 拉美的国家风险不容忽视

拉美国家在政治、经济和社会方面存在不确定性风险,中国企业在开拓拉美市场时不可忽视拉美国家因素带来的各方面风险。2017 年,尽管拉美经济总体稳定复苏,但政治形势较为严峻。2017～2018 年是拉美国家的大选年:厄瓜多尔、智利、巴哈马、洪都拉斯四个国家于 2017 年举行大选②,哥斯达黎加、巴拉圭、哥伦比亚、墨西哥、巴西和委内瑞拉六个国家于 2018 年举行大选。这将从根本上改变拉美区域的政治格局。政治结构的变化会带来政策的不确定性,对中国在拉美投资带来了巨大风险障碍。与此同时,腐败问题在拉美国家泛滥并充斥着 2018 年的选举,在巴西,影响政治稳定的腐败案也在一定程度上给投资带来了风险。此外,拉美经济的发展是不平衡的,收入差距拉大以及社会贫困和失业率的加剧,导致拉美地区社会治安每况愈下,使中国在开拓拉美市场过程中面临着较大的风险。因此,中国企业在投资拉美的市场风险和非市场风险防范方面还

① ECLAC. People's Republic of China and Latin America and the Caribbean [J]. Ushering in A New Era in the Economic and Trade Relationship, 2011 (6): 129.
② 杨健民 .2017～2018 年拉美政治形势:迎接大选年 [R]. 拉丁美洲和加勒比发展报告 (2017～2018),2018:6.

有很多工作要做，任重道远①。

4. "美国因素"对中拉的影响

自 19 世纪推行门罗主义以来，美国通过排斥西半球以外的势力对拉美国家施加影响②。中国的快速崛起正面临着来自美国和其他西方发达国家的多重压力和遏制，中拉关系的发展正遭遇美国在中间干预。在现实世界中，中国和拉美都无法回避"美国因素"。美国一贯警惕中拉关系的发展，并试图促使拉美"远中国而亲美国"。2018 年 2 月，美国国务卿蒂勒森访问拉美五国前便宣称，中国利用自身的经济实力在拉美"插了一脚"，把拉美纳入其经济发展的轨道，甚至要求拉美不要过多依赖中国，而要与美国发展关系。美国向来视拉美为自己的"后院"，而对中拉关系的发展心生芥蒂，认知偏激多于理性。美国政界、军界和媒体多持"中国威胁论"，将中国与拉美关系的发展视作对美国现实利益构成的威胁。由此观之，美国在中国和拉美关系中倾向于扮演负面角色，尤其是特朗普任职美国总统以来，美国政治的不确定因素进一步增强，在一定程度上对全球化和世界的经济发展产生了阻碍，因此，中国和拉美国家在各自发展和双方关系的联系中均要考虑"美国因素"带来的挑战。

（二）中拉关系发展的对策

中拉关系的发展正面临着来自各方的挑战，中国与拉美要突破历史因素、文化因素、国内环境因素以及国际因素的不利影响，才能在世界经济不确定的环境中得以发展。

1. 中国在经济转型下实现中拉经贸的发展

中国在与拉美经济合作中要落实十八大提出的转变经济发展方式的构想，尽快实现产业升级，调整国内的结构。对拉美贸易往来着重解决结构失衡的问题，中国可考虑渐进式放弃低附加值的产品出口，增加高质量的中国产品出口，并尝试与拉美国家进行产业内贸易的可能，从而减少贸易摩擦。对于贸易摩擦的出现，我国应利用多边体制积极应对。此外，随着"一带一路"倡议的推进，中国与拉美已在基础设施、能源装配、制造业生产等领域展开合作，中国加快推进对拉美投资的多元化，有利于实现拉美经贸关系的新发展。由于拉美基础设施较差已成为中对拉投资面临的重要问题之一，而中国企业在基础设施建设方面具有显著优势，中方可以在基础设施建设项目上加强与拉美国家合作，促进投资便利化，有利于中国与拉美贸易的深化。

---

① Manuel R. Jaramillo. Growing Pains，Binding Constraints to Productive Investment in Latin America ［J］. Inter-American Development Bank，2009（9）：33-34.

② 罗会钧，许名健. 中拉关系的新发展及其对中美关系的影响 ［J］. 湘潭大学学报（哲学社会科学版），2018，42（1）：136-140.

服务贸易是中拉经贸合作的薄弱环节，积极拓展服务贸易的发展，包括加强金融、保险、航空客运、旅游、电子商务、物流等新兴产业的合作，将为中拉经贸关系的发展注入新的动力，成为解决中拉经贸关系中的结构性问题以及中拉贸易转型升级的突破口。

在微观层面，中国企业在拉美投资前应做好可行性研究，做好预案和应对措施，加强市场风险和非市场风险的防范。比如，对拉美基础设施、融资环境、税收政策、劳工法规以及政府效能等方面进行调查和分析研究，以明确中国企业在拉美的经营成本，同时为规避风险，及时处理风险做好充分的准备和对策。此外，企业在"走出去"的过程中，应该加强市场信息的沟通，取得拉美国家的理解，促进经济合作实效。

2. 中国政治外交视角下的中拉关系发展

中国应继续推动中拉合作中的政府间合作，开展富有成效的交往以消除偏见，让拉美地区更广泛地融入全球化进程中，以实现中拉发展战略的有效对接。在中拉政治关系中，拉美国家尚难发挥主导性作用，中方应该发挥更多的主动性，在"十三五"规划开放理念的引导下，把"一带一路"等重要举措联系起来，促进与拉美对接方的互联互通，扩大双方的共同利益。中国在制定对拉美的外交政策中，要识别拉美地缘政治环境的变化，消除其低政府效能的现实约束。在政治层面，拉美左翼政党逐渐失去了政治主导地位，"左退右进"已成为基本事实。与此同时，拉美经济自 2014 年以来一直处于衰退之中，一些拉丁美洲国家经历了严重的经济衰退，因而经济恢复和产业升级成为许多拉美国家的迫切需求。中国应识别在不同时期拉美的政治经济格局，采取相应的对外政策以实现中拉关系的稳步提升。

3. 增强中拉命运共同体的人文交流，促进相互理解与认知

与中国与拉美经贸的快速发展相比，中拉两国在相互认识和政治互信方面仍存在不足[1]。加强人文交流，特别是多渠道的文化交流，可以增进双方相互了解，加强中拉合作的基础。中拉可从语言、文化、媒体以及学术等方面进行多方面的交流，实现相互理解、尊重和包容的良好局面。在语言方面，语言作为交流的工具，西语、葡语和汉语在中拉双方经贸合作中发挥着基础性作用，一方面要加强各方语言的交互传播，另一方面也要通过文化交流促进相互认知和理解。中国可以利用"一带一路"倡议提升拉美"汉语热"的机会，发挥孔子学院的"窗口"作用，可以考虑在日常教学中增加中国国情的内容，普及拉美对中国国情的认知。此外，要利用客观公正的媒体报道改变拉美对华的负面印象。2017

① 周志伟，岳云霞. 中拉整体合作：机遇、挑战与政策思路 [J]. 世界经济与政治论坛，2016（5）：122-135.

年 5 月，中拉新闻交流中心在北京正式成立，来自拉美 9 国的 11 名记者成为第一期学员，通过中拉新闻交流中心项目，拉美记者了解和报道客观、真实、多元的中国，改变其过去报道路径，中拉媒体交流取得了切实效果。

在学术方面，中国对拉美的研究日渐增多，拉美对中国的研究也方兴未艾，但两地的学术研究并没有形成中拉学术交流系统。中拉学术论坛和中拉智库论坛等学术品牌大多还集中于会议层次。中拉学术有待于形成更广泛的交流机制，利用高校的作用发展中拉研究机构，促进学术深度整合与协作，努力为构建中拉命运共同体发挥凝合剂作用。

四、结　论

得益于世界经济的复苏，拉美经济迎来了经济衰退后的反弹，2017 年是拉美总体经济发展跨度较大的一年，2018 年正呈现出缓慢的增长态势，并有望在 2019 年再创新高。一些国家例如巴西和墨西哥的 GDP 增长率已从前年的负增长恢复为正向增长趋势。拉美总体通货膨胀率上涨幅度有回落趋势，但通货膨胀率仍高于世界总体水平，不同拉美国家的通货膨胀率增减趋势不尽相同。相对而言，拉美总体外债总额所占 GDP 百分比仍然居高不下，面临着外债水平高、增长快的危险。无独有偶，拉美总体失业率也未脱离上涨势头。总之，拉美经济总体复苏但仍面临缺乏激励和风险承受能力的挑战。与此同时，中国在 2017 年与拉美国家开始对接"一带一路"建设，使中拉经贸关系进入一个新的阶段，中拉在贸易和投资合作上呈现出增量提质和多元化发展的良好态势，并提出"1+3+6"合作框架，为中拉经贸合作领域的拓展指引了方向。另外，中拉高层互动更加频繁，为经济合作带来了机遇，全球格局演进正在推动中拉关系向更深层次迈进。不置可否的是，在充满不确定性的世界经济中，中拉关系也面临着来自各方面的挑战因素，具体包括中拉贸易的结构失衡与贸易摩擦，拉美对中国的认知存在局限导致中国政策面临信任缺失风险，拉美国家存在政局动荡、腐败问题、社会治安等方面的风险，以及以美国为主导的西方发达国家对中国、拉美的打压和遏制等不利因素。基于此，本文提出了在经济、政治、外交以及人文交流方面的重要性，以促进中拉关系的提升，为实现"中拉命运共同体"的目标提供具有针对性的对策。通过对 2017~2018 年中拉经济形势以及中拉关系的分析，显然，在未来经济趋势向好的环境下，中国与拉美可利用好资源优势互补的有利性，同时重视并处理好结构性矛盾，克服国内和国际环境的不确定性带来的挑战，通过双方沟通交流提高政治互信和文化互鉴，将中拉经贸关系提高到一个新台阶。

参考文献

[1] 朱楠楠，苏聪. 中国与拉美经贸合作的现状与发展前景 [J]. 经济研究导刊，2018（24）：166-168，199.

[2] 吴振方. 2016-2017 年拉美经济形势分析 [J]. 西南科技大学学报（哲学社会科学版），2017，34（1）：8-16.

[3] 孙岩峰. 拉美：经济面临四重考验 [J]. 经济，2018（1）：49-51.

[4] 田栋. 拉美经济形势分析与展望 [A]. 国际经济分析与展望（2017~2018），中国国际经济交流中心，2018：18.

[5] 谢文泽. 共建"一带一路"开启中拉关系新时代 [R]. 拉丁美洲和加勒比发展报告（2017~2018），2018：6.

[6] 江时学. 构建中国与拉美命运共同体路径思考 [J]. 国际问题研究，2018（2）：30-42，131-132.

[7] 王萍. 走向开放的地区主义——拉丁美洲一体化研究 [M]. 北京：人民出版社，2005：105-107.

[8] 张凡. 2017-2018 年拉美对外关系：应对变乱，超越困局 [R]. 拉丁美洲和加勒比发展报告（2017~2018），2018：6.

[9] ECLAC. People's Republic of China and Latin America and the Caribbean [J]. Ushering in A New Era in the Economic and Trade Relationship, 2011（6）：129.

[10] 杨健民. 2017-2018 年拉美政治形势：迎接大选年 [R]. 拉丁美洲和加勒比发展报告（2017~2018），2018：6.

[11] Manuel R. Jaramillo. Growing Pains，Binding Constraints to Productive Investment in Latin America [J]. Inter-American Development Bank, 2009（9）：33-34.

[12] 罗会钧，许名健. 中拉关系的新发展及其对中美关系的影响 [J]. 湘潭大学学报（哲学社会科学版），2018，42（1）：136-140.

[13] 周志伟，岳云霞. 中拉整体合作：机遇、挑战与政策思路 [J]. 世界经济与政治论坛，2016（5）：122-135.

第二部分

区域与领域合作趋势

"一带一路"背景下中拉能源
合作风险与对策

朱文忠　　陆毅超[*]

摘　要：随着经济全球化程度不断加深，世界各国之间的利益交融日趋紧密。自1978年改革开放以来，中国经济实现高速发展，中国对发展中国家，特别是对拉美的投资也在不断增加。本文阐述了"一带一路"研究的现状，然后在论述能源合作风险及中拉能源合作风险研究的基础上，从能源合作现状、能源合作存在问题、能源合作风险PEST分析（政治、经济、社会、技术环境）多个角度对中国对拉美能源的直接投资风险进行分析，其中以委内瑞拉为例，得出拉美政治环境复杂、风险与机遇并存，中拉油气合作潜力巨大的结论。针对以上分析，本文提出对策建议如下：抓住机遇，深化中拉能源资源合作层次；拓展中拉能源投资合作的融资渠道；防范风险，采取灵活谨慎的应对策略。

关键词：中国；拉美；能源合作；风险与对策

一、绪　论

（一）研究背景

21世纪初以来，随着经济全球化程度的加深，国际贸易格局正在发生深刻的变化。亚洲经济占世界经济总量已经上升至1/3，活力蓬勃、潜力巨大。但因建设资金不足，部分国家基础设施建设落后，让自身的经济发展受阻。因此在2014年，由中国牵头，联合巴基斯坦、科威特等首批意向创始成员国一同成立

---

* 朱文忠，广东外语外贸大学商学院院长，教授，博士生导师；陆毅超，广东外语外贸大学商学院校友。

亚洲基础设施投资银行，意在完善周边不发达国家的基建，共同促进亚洲经济的进步。与此同时，为与世界各国分享经济发展红利，中国实施了"一带一路"倡议（The Belt and Road，B&R，即"21世纪海上丝绸之路"与"丝绸之路经济带"的统称）。这是中国提出的国际区域经济合作新模式，旨在促进经济全球化稳步发展，实现互利共赢。

在宽泛概念的"一带一路"背景下，尤其在当今中美贸易战的影响下，我国对外投资日益朝多元化方向展开，其中对拉美地区的投资逐渐增多。拉美地区油气、矿产资源丰富，人口众多，市场潜力巨大，尽管近年来深陷经济危机，世界经济地位有所下降，但仍不能忽视其特有的区域优势。中国油气资源相对贫乏而拉美具备丰富的油气资源，资源的互补性让双方的能源合作大有可为，双方经贸关系日益密切，促进资源上实现互利共赢。

（二）研究意义

拉美是一块投资的沃土，当地盛产资源，却缺乏产品、资金及技术，而中国恰恰能提供这些并构成互补。可是，有机遇也就会有风险。作为一个多维整体，拉美身处一个独立的大陆，无论是政治制度、文化生活，还是法律法规、人文风俗，都与中国大不相同。

就经济合作而言，中拉之间可以通过能源实现互补。拉美资源国普遍重视对华能源的出口，把中国当作其重要的国际合作伙伴。虽然如今中国主要从沙特、安哥拉等地进口能源，但在中国能源进口多元化战略上，拉美扮演的角色不可忽视，且中国常通过其深入了解国际能源市场的变向。

随着中拉之间日益亲密的贸易合作关系，国内企业渐渐青睐于到拉美进行能源投资，但要想在拉美立足和发展，就需要把握好当地的政治、社会环境因素。考虑到近期世界经济仍处于低迷状态，国际油价下降导致的拉美经济增长乏力，国内政治动荡增多、社会问题突出等问题，本文的研究对中国企业有效降低拉美的经济、社会、政治等因素带来的合作风险有一定借鉴意义。

（三）研究内容和方法

1. 研究内容

本文的分析框架按三步展开，即提出问题、分析问题和提出对策：首先本文论述了"一带一路"的研究现状及在这个背景下能源合作的现状。其次是本文的研究重点，分别从中拉能源合作存在问题角度和PEST分析（政治、经济、社会、技术环境）角度分析中拉能源合作风险，辅以中拉能源合作风险的实证数据，加强说服力。最后针对相关问题，逐一提出建议。

2. 研究方法

本文研究方法如下：

（1）文献研究法。收集前沿的文献以获得最新的研究成果，有助于了解中拉能源合作的过往与现状。

（2）定性分析。本文对中拉能源投资合作现状进行分析，并通过表格列举大量翔实数据，指明可能存在的风险，增强定性分析的说服力度。

3. 可能创新点

以往学者对"一带一路"的研究、能源合作风险的研究或中拉的能源合作风险分析，大多是单独进行的，很少把"一带一路"与能源合作风险结合起来。而本文探索在"一带一路"背景下，结合现状综合分析中拉企业能源合作的风险，得出结论并提出相应的建议，具有一定的创新和应用价值。

二、文献综述

（一）"一带一路"研究现状

自"一带一路"倡议实施以来，相关研究越来越多，涉及国际、国家和社会领域的方方面面。在经济方面，"一带一路"的建设能有效促进经济要素有序流动、有效配置资源及市场深度融合，有利于推进沿线各国区域经济一体化加深，对成员国产生深远的影响。陈虹等（2015）运用 CGE 模型构建社会核算矩阵，模拟不同自由贸易情境，实证分析表明，中国自实施"一带一路"倡议后，参与各国的 GDP 增长率、进出口贸易额均将不同程度提高。邹嘉龄等（2015）运用 HM 指数分析中国与"一带一路"沿线国家的贸易格局，得出中国与沿路国家贸易依赖程度普遍加深。宋国友（2015）提出，"一带一路"需要实现双平衡：一是中国自身的经济发展、承受能力要和沿路国家的市场宽度、政治容纳实现平衡；二是中国要在吸引外资和前沿技术与对沿线国家技术转移和资金之间实现平衡。

在"一带一路"这个背景下，关于国家未来战略方面，翟崑（2015）提出，中国需要进一步优化"一带一路"的目标层次和推进策略，包括设定与实力地位上升相符的目标层次，以及推进策略上全球通用做法与中国特色的结合。李晓（2015）提出，中国需通过地缘政治经济战略的重构，实现中国"一带一路"倡议的目标。也就是说，为了使中国能顺利和平崛起，必须建立一个区域性乃至全球性的新的资本控制体系。

（二）能源合作风险研究现状

海外能源投资饱受政治、经济、文化、法律等多方面潜在威胁，若在投资前忽略对项目风险的评估及经营时风险的控制，就可能蒙受意想不到的损失。针对这个问题，如今在国内外已有相当多关于能源合作风险的研究，并且随着经济环境的变化不断更新，力图让企业认识能源合作的风险。政治风险方面，许勤华（2017）根据人大能源风险指数评估方法，得出的趋势是呈现较高风险国家增多、较低风险国家减少。在法律风险方面，高岩芳（2015）认为，海外投资行为由于跨越了投资者所在国与投资行为所在国，两个不同国家具有两种不同的法律制度可能会带来一定冲突，一旦对当地法律不熟悉致使适用法律错误，可能会带来法律风险。而在环境风险方面，石莹（2015）认为，能源合作环境风险增加的主要原因是政府间技术合作保障制度不够健全。在社会文化风险方面，刘斌（2017）认为，企业因为缺乏跨国运营经验，缺乏对当地文化和法规的认知，很容易与当地社区产生冲突。最后是在技术风险方面，高岩芳（2015）认为，随着资源开发活动日益扩张，大型跨国公司基本掌控海外能源中储量高、开采难度小的区域，现阶段的项目主要集中在新资源或开采难度较大的区域，技术风险较高。

（三）中拉能源合作风险研究现状

自上次金融危机以来，在这十年间，我国企业加紧了海外能源投资的步伐，但是仍处于起步阶段，无论是经验、技术还是对环境的熟悉度等相对于发达国家企业仍有一定差距。

我国企业到拉丁美洲进行能源投资具有较大风险。在宏观层面上，中拉关系的突变、拉美国家的政治动荡及重大的自然灾害等，都会影响我国企业在当地的投资经营；在微观层面上，由于思维方式、文化、行事规则的区别以及意识形态的不同，双方也容易出现沟通交流上的障碍，从而使投资经营的潜在风险升高。

整体上看，张译元（2015）提出，中拉能源合作前景广阔，但由于拉丁美洲地理位置特殊，受政治经济环境不稳定、地缘政治风险高以及运输成本高等因素影响，中拉能源合作的风险依然很大。

段英文（2017）认为，拉美政局出现"右转"，政治风险将至，加上频发的腐败现象，双边油气合作阻碍巨大。针对中拉合作存在的风险，崔守军（2017）提出，拉美盛行"资源民族主义"，政府频频通过行政手段强化国家对资源的勘探开发，干预资源的归属，保证国家对油气等稀缺资源的控制权。他还认为，拉美的当地居民与非政府组织常常组织游行示威，社会冲突时有发生。

受国际油价下跌影响，如今拉美的经济非常不景气，严重影响了中拉油气合资企业的正常运营，油气产量下降造成企业收益持续走低，对中拉未来的油气投资与合作形成极大的制约。

（四）小结

随着全球能源秩序的不断变动，当前拉美地区的投资环境更加复杂，经济复苏遥遥无期，债务危机加深。但换个角度看，中国近年来对能源的需求迅速增长，已超越美国成为世界能源需求最大的国家。考虑到中拉能源合作的可行性和持续性，双方的投资合作将越走越深，为此中国有可能成为拉美市场最具实力的合作伙伴。

对美国来说，拉美虽是"后院"，但当前美国的重心不在拉美。与此同时，在北美开始的页岩气革命使美国开始转变为能源出口大国，又因为拉美各国近年来与美国关系日益紧张，对美国石油的出口量逐年下降。因此，中国企业在拉美进行能源投资或大有可为，机遇大增，但同时面临风险。

三、中拉能源合作风险分析

（一）中拉能源合作现状

目前，我国学者主要集中于中国对美国、日本、欧洲和东盟直接投资的研究，而在中拉的能源合作方面研究成果较少，无论是数据支持力度还是研究深度都略显不足，以下是据此得出的部分分析：

拉美方面，自20世纪80年代初的"去工业化"导致制造业竞争力下降以来，中拉双方的贸易开始表现出"中国出口商品，拉美出口原料（能源矿产）"的特征。同时，中国与拉美地区数国达成了"贷款换石油"协议。中国经济规模庞大、外汇储备充足，在国际金融领域的地位日益上升，有力地缓解了拉美的贸易融资衰落、基建资金不足等难题。如今，中拉能源合作主要呈现以下三个特征：

（1）对石油的投资集中。截至目前，我国在拉美地区95%的石油产业主要集中于委内瑞拉、巴西和墨西哥。

（2）投资合作的范畴逐步拓宽，由传统油气的勘探与生产延伸至油气资源的整个产业链，由原有的单一油气勘探发展到现时的技术开发与金融合作等。

（3）能源合作前景向好。受近期拉美经济危机乃至政治危机的持续发酵影响，中拉能源在推动新的合作方面暂时陷入低潮，但预计今后的情况将有所改善。

（二）中拉能源合作存在问题

拉丁美洲位于地缘政治冲突的热点地带，各国主要政治力量在此较量和纠缠。这就意味着，中国与拉美各国进行的能源合作将在政治、法律、经济、社会文化、金融汇率、投资经营等领域面临诸多风险，背后的原因涉及中拉能源合作中双方的优劣势。

拉美地区的劣势有：

（1）基础设施薄弱。这是很普遍的现象，由于道路、港口、通信和水电等建设十分落后，难以发挥区位优势，拉美地区产品的国际竞争力也难以加强。正是意识到这一点，拉美各国正不断改善自身基建。

（2）政府工作效率低，腐败状况严重。20世纪90年代以来，拉美各国政府接连爆发腐败丑闻，其中不乏政府各级官员，甚至上层高官都深陷其中，引起各界群众的不满，导致社会动荡不安。

（3）中拉文化差异较大。双方缺乏在文化领域的交流，致使中国投资者、拉美地区民众都不能深入地了解彼此的文化价值观、消费习惯，严重阻碍了中国与拉美地区的投资合作。引用中国社会科学院拉美研究所所做的调查，"数据显示，为北美、欧洲和中国公司工作的500名拉丁美洲的管理人员中，为中国公司工作的管理者有45%在一年之内选择离职，相比其他国家公司，其人员流动率高出68%。"

中国对拉美地区直接投资的劣势有：

（1）投资主体不合理。中国对拉美地区直接投资的主体为大型国有企业，仅有一小部分为中小企业，经济活力难以有效释放。首先，中小企业资本实力较弱，信用等级不够高，难以向银行贷款。其次，中小企业在最新信息获取、各种资源利用等方面的能力明显不及大企业。

（2）相关人才缺乏，本土化程度较低。综合性人才缺乏问题阻碍了中国企业在拉美投资经营的扩大。企业需要熟悉当地的法律，处理当地的劳资关系，了解东道国的文化等。此外，人才流失现象也是一个大问题，如何利用好拉美本土人才实现本土化管理和经营是所有中国企业需解决的难题。

（3）企业形象不佳，风险意识薄弱。一些中国企业的社会责任感缺乏，导致形象不佳，招致地方政府和群众的不满，认为其没有为拉美创造效益，从而产生抵触情绪。另外，中国在拉美地区投资的企业往往只着眼前机会而忽略其他因素，轻视投资风险。

总而言之，近年来中国与拉美各国能源投资合作面临不少障碍。一是拉美的腐败依旧严重。二是拉丁美洲的经济衰退严重，油气资源产量不升反降，能源合作收益降低。三是区域债务危机的加重，增加了中拉油气投资合作的风险。四是拉美国家的税收高，政策变动频繁，极大地抑制了我国对拉美能源投资的热情。

（三）中拉能源合作风险 PEST 分析及实证数据分析

目前，我国企业在国际能源合作方面取得了很大的成果，如合作伙伴越来多、合作领域不断扩展、合作力度不断加深、合作模式日益丰富等。但是，近年来拉美政府政策的可持续性正面临着右派的挑战，游行示威运动增加，阶层矛盾尖锐突出。以下是对中拉能源合作风险的 PEST（政治、经济、社会、技术环境）分析及实证数据分析。

1. 政治分析

20 世纪 80 年代至今，国际竞争的巨大压力不减，拉美各国的政府为保护本国企业，长期以来都实施干预市场竞争的政治措施。

首先，历史上立场较为激进的左派政党在委内瑞拉、厄瓜多尔、玻利维亚、阿根廷等国赢得执政权，并对既有发展模式做出较大幅度的修正，倾向于实施慷慨的收入再分配政策，以便获得中下层民众的支持（如委内瑞拉）。但近年来随着经济下行，右派势力抬头，政府有扩大资源国有化的倾向，存在既有利益格局重新配置的风险。

其次，资源民族主义情绪的高涨使拉美国家至今仍存在很多不稳定因素，如政府控制能力弱、腐败盛行、政策连续性差、社会对立和冲突加剧等政治问题。以委内瑞拉为例，自 1998 年查韦斯执政后，该国社会开始步入持续动荡之中，执政党与反对党斗争不休。虽然马杜罗继任后，于 2014 年初实施了一系列政策，以期压抑通货膨胀、改善民生，然而效果并不明显。另外，多年来，阿根廷经济危机常态化发展，政府执政水平差，民怨沸腾。

总体而言，20 世纪拉美对外开放能源产业以来，一直享受着能源产业迅速发展带来的"资源红利"，然而，同时也加深了其对初级产品（油气）出口的依赖，从而陷入产业转型升级缓慢、经济增长方式转型受阻的困境中。政府凭借政治特权，使用了大量财政工具获得收入，例如向资源开采企业征收特许权使用费，采取各类差别化所得税方法等（见表1）。

表1 拉美部分国家对油气、矿产资源实施的税收制度

国家和产品	特许权使用费（率）	所得税（一般税率）	其他所得税（税率）	其他税费	公共部门参与情况
阿根廷（石油矿产）	12%（石油）0%~3%（矿产）	公司所得税（35%）	—	（1）对液体燃料、天然气、汽油、液化气、压缩天然气征税（2）开采税	国有 YPF 公司：油气

续表

国家 和产品	特许权 使用费（率）	所得税 （一般税率）	其他所得税 （税率）	其他税费	公共部门 参与情况
玻利维亚 （油气 行业）	部门特许权使用费：11% 国家补偿费：1% 国家特许权使用费（国库）：6%	公司所得税（IUE）：25%	对国外受益人收益征税：12.5%	（1）对油气征收直接税（IDH）：32% （2）对油气及其衍生品征收特别税（IEHD）	玻利维亚国家油气公司（YP-FB）：油气
巴西 （油气 行业）	按产值10%征收（可根据地质风险和其他因素减少至5%的低水平）	所得税为15%，如果年利润超过24万雷亚尔，则再收10%附加费	特殊利益共享：10%~40%，对国外受益人收益征税：15%（或向避税港支付25%）	（1）向净收益征收社会费9% （2）经济领域干预附加费（CIDE）：10%	巴西国家石油公司：油气
委内瑞拉 （石油）	采掘价值的30%	石油所得税：50%	—	特殊价格税：开采税；出口创税	委内瑞拉国家石油公司（PD-VSA）：油气
哥伦比亚 （石油 矿业）	石油：8%~25% 矿业：1%~12%	企业所得税：25%，公平税（CREE）：2015年后为8%	—	（1）石油管道运输税 （2）对汽油和柴油征收国家税 （3）国家油气管理局（AMD）收取的费用	哥伦比亚国家石油公司（ECO-PETROL）：油气
墨西哥 （石油 矿业）	—	石油收入税：30%，所得税（某些子公司）：30%	对某些子公司征收商业单一税率税（IETU）：17.5%	矿业税；油气税；生产和服务特别税；汽油商品进口税	墨西哥国家石油公司（PE-MEX）：油气

资料来源：CEPAL. Natural Resources: Status and Trends Towards a Regional Development Agenda in Latin America and the Caribbean, Contribution of the Economic Commission for Latin America and the Caribbean to the Community of Latin American and Caribbean States, retrieved in May, 2018.

这种传统高税负的做法使拉美各国对能源资源出口创收的依赖较大，但这却是政府财政的重要来源，是推动经济发展的动力。如玻利维亚、智利的矿产出口占总出口比重 30%~60%；玻利维亚的油气出口占其总出口收入超过 50%；委内瑞拉的石油产业甚至占整个国家经济 80% 以上。一旦新兴市场对大宗商品的需求下降，国际初级产品价格便会随之下跌，拉美地区就会爆发地域性经济危机进而导致政治危机。此时若不能提早做准备，中国企业在拉美的能源投资就会损失严重。

此外，不能忽略美国在拉美国家的存在感。自 2016 年特朗普当选美国总统以来，采取的贸易保护主义和反移民政策使拉美的局势更加不明朗。且美国作为当地的既得利益者，阻挠、破坏中国企业的投资已成惯例。这迫使中国企业在投资拉美时，需事先估计受美国因素影响可能存在的政治风险。

2. 经济分析

当前，新兴市场国家面临上升的通货膨胀压力，经济环境瞬息万变，不可预测因素难以估量。而美国开始兴起贸易保护主义，动辄启动反倾销调查、发起价格战或贸易战以及制裁反对的国家，其中与美国政见不合的拉美各国更是深受其害。

20 世纪 80 年代以来，"去工业化"危机使拉美的工业遭受冲击，至今发展缓慢。在这种背景下，拉美各国偏好对自身利益采取特殊保护等隐蔽的做法。大部分鼓吹贸易保护主义的官员（实则代表背后的利益集团）常以保护民族利益的名义行事，往往能够通过政府达成目的，从而直接损害当地外资企业的投资利益。

2015 年 2 月开始，国际油价较半年前下跌近一半，渐渐让委内瑞拉这个石油富国成为经济危机最严重的地方，近年来的各项经济指标危在旦夕（见表 2），经济剧烈波动、通货膨胀全面失控、国家信用濒临崩盘，经济前景不容乐观。

表 2　IMF 对委内瑞拉经济的统计和预测

年份	2017	2018	2019	2020	2021	2022
经济增长率（%）	-7.4	-4.1	-1.3	-1.4	-1.4	-1.3
GDP 总量统计和预测（亿美元）	1080	1036	1022	1008	994	981

资料来源：国际货币基金组织（IMF）。从 2014 年下半年起，委内瑞拉官方停止公布美元现价计价 GDP 数据，IMF 只能估算委内瑞拉的 GDP 数据。

据预测，委内瑞拉 2018 年的失业率将达到 30%，位居全球榜首。2018 年 1

月，IMF 预估委内瑞拉的通货膨胀水平将飙升至 13000%。美国的经济制裁更是雪上加霜，大量资本的加速外逃重创了本国的石油业，至今仍未恢复。现时中国企业对委内瑞拉的通货膨胀问题需谨慎考虑再下决定是否投资。

随着近几年来委内瑞拉的经济危机愈演愈烈，为了筹集资金，让国家渡过难关，马杜罗寄希望于加密货币。2017 年 12 月马杜罗宣布发行"石油币"的构想，并在 2018 年 2 月 20 日开始预售加密数字货币"Petro"（石油币），但这能否挽救委内瑞拉现有的经济局面，我们仍未可知。

现实是，近年来委内瑞拉的石油产量不涨反跌，已出现债务违约，若产量再不提高，即使有"石油币"撑腰，结果也未必乐观。因此，在能源方面，马杜罗政府或会考虑对外放宽合作的限制。由于中国与委内瑞拉之间长期保持良好的合作关系，对于我国企业来说机遇难得，或有较大机会以优惠成本投资委内瑞拉的能源。

3. 社会分析

拉美地区的公共安全问题长期存在，再加上近年爆发的政治和经济危机，贫困人口的数量进一步上涨，社会治安形势不容乐观。诸如委内瑞拉、墨西哥这类国家的治安问题十分突出。

受双方的风俗习惯、价值观与宗教信仰等方面的差异影响，企业直接投资充满不确定性。此外，非政府组织和工会势力是中国企业的投资项目能否顺利进行的关键。自拉美各国取得独立以来，国家为实现"福利赶超"导致如今外企的劳工问题尾大不掉：强大的工会力量、复杂的劳工法规和苛刻的用工制度阻碍了拉美劳动力效率继续提升，为中拉能源的合作带来不可预料的风险。

在劳工方面，拉美国家的劳工制度非常严格甚至达到苛刻的程度，例如委内瑞拉在 2012 年批准并施行至今的新《劳动法》。其中第二章第二十七条规定，"在雇主雇用 10 名或 10 名以上劳动者时，包括白领雇员及工人在内，至少 90% 的劳动者为委内瑞拉人。外籍员工，包括工人及白领雇员，其工资额不能超过全体劳动者工资额的 20%。"

该法的第五章、第六章、第七章分别对劳动关系的中止、解除及工作的稳定性做出了苛刻且繁复的要求，目标是保障就业者的工作岗位绝对稳定。该《劳动法》的颁布意味着辞退雇员不再只是雇主单方面决定。实际上，委内瑞拉的工会对劳工保护到位，工人几乎能享受齐全的社会福利，但工人工效低，管理费用高，增加了中拉能源合资企业的财务负担和风险。

4. 技术分析

传统能源方面，为弥补国内技术缺口，拉美资源国家除了加大科研力度，还积极引进跨国企业的资金及先进技术。由于委内瑞拉、阿根廷、秘鲁等国内的大油田长期开采，如今油气产量开始衰退，为恢复油气产量，迫切需要大量的资金与先进技术。

而因为政府政策性保险机构的缺乏，中拉能源合作开发过程中遭遇技术性风险的可能性不小，如今我国尚未完善海外油气投资保险的业务，一旦遇上不能解决的技术性难题，就不能利用保险降低损失。另外，由于缺乏高水平油气地质科学研究成果，油气勘察开发设备不够先进以及财政支持力度不足，这些不利因素共同加大了境外石油勘探开发的技术性风险。

新能源方面，拉美各国为吸引新能源投资，实施与传统能源截然不同的良好的政策框架。Climatescope 2017 的数据显示，政策框架得分排名中，巴西、智利和洪都拉斯等国在全球名列前茅，位列前 20 名。

极佳的环境条件、丰富的可再生资源、美好的展望共同构成了拉美地区吸引可再生能源发展的动力（见表 3），新能源投资前景诱人。例如，巴西有充足的生物燃料，生物质能技术全球领先，一直是拉美地区可再生能源方面的"领头羊"。全世界最好的日照资源就位于智利北部。

表 3　2017 年拉美新能源展望报告

	目前	2040 年的展望
拉美地区	太阳能、风能占总发电量约 4%	太阳能、风能占总发电量预计达 37%约 90% 的电力来自新能源（含水电、核能、风能和太阳能）
墨西哥		发电量增长超 300%，达 223GW，风能和太阳能占 86%
巴西	太阳能刚刚起步	太阳能达 104GW
智利	产能 24GW	可再生能源占能源结构 58%，光伏占新增产能 2/3，达 19GW

资料来源：彭博新能源财经。

因为过高的债务水平、沉重的财政压力，拉美的政府愿意对外开放基础设施领域，某些实行公私合营，由此在清洁能源领域吸引了我国大批投资（见表 4）。举个例子，像智利、秘鲁的电力项目就常常对外公开招标，市场化程度非常高。但值得注意的是，秘鲁如今面临电力供应过剩、电价过低、政策支持有限等问题，可再生能源在秘鲁增长潜力不大。

表 4　对拉美的跨境清洁能源投资

国家	排名	投资额（亿美元）
意大利	第一	79.2

续表

国家	排名	投资额（亿美元）
西班牙	第二	61.1
多边国家组织	第三	57.7
美国	第四	40.8
法国	第五	35.4
中国	第六	32

资料来源：Climatescope 2017，2008 年至 2017 年 7 月。

中国的光伏产品价格实惠、技术领先，在拉美优势明显，中国企业应利用自身优点及当地良好的市场条件，加强在这一区域能源市场的影响力。

（四）小结

尽管拉美近年来政治与经济波折不断，但仍保持资源产业开放的政策，各国依然实施对外合作多元化的战略。虽然拉美的能源环境复杂、条件苛刻，但与巴西、墨西哥、委内瑞拉等国的合作前景依然受到中国企业的青睐，特别是新能源合作项目，潜力巨大。

机遇总是与风险并存。拉美政坛的变动往往带来一国政策的剧烈变动，乃至于在对外开放的经济环境中仍然有将产业国有化等严重损害外来投资者利益的措施。尽管中国企业受到拉美国家政府的欢迎，却要在日常运营、劳工纠纷的过程中面对工会、非政府组织的干扰。

进入 21 世纪以来，随着中国经济的迅速发展，对华能源资源出口越来越成为拉美国家实现经济增长的一个重要支柱。中国和拉美国家良好发展的双边关系使中国企业初期得以规避重大政治风险进入拉美市场，但站在中长期发展的角度，中国企业仍然需以战略眼光看待拉美市场，增强自身应对风险的力量，积极实施本土化经营，紧密联系拉美的经济发展，由此降低能源合作的风险。

基于以上存在的问题，在这里一一提出相应的对策建议：由于中拉之间合作层次不高，企业与地方政府、地区民众合作仍未够深入，所以建议深化中拉能源资源的合作层次；基于 PEST 分析，中拉能源合作中面临政治上的风险、经济上的风险、社会文化的风险，所以建议企业为了防范风险，采取灵活谨慎的应对策略；至于技术的风险，应拓宽中拉能源投资合作的融资渠道，加强与国际能源公司的技术交流，降低技术风险。

四、对策建议

（一）抓住机遇，深化中拉能源资源合作层次

首先，应抓住能源价格处于低位的时期，积极开展储备能源资源工作。CEIC 数据库关于初级产品价格指数变化趋势显示，在经历十余年的繁荣期后，金属、原油及天然气的价格将在未来数年保持相对稳定，这是我国进行能源资源储备的良好时期。一方面，随着中国城镇化的加速、消费模式的升级，对能源的需求逐年上升；另一方面是效益，毕竟在低价位可以储备更多的能源资源。因为近年来能源价格下跌，能源资源企业动力不足，产能下降，进而使高度依赖能源资源出口的拉美经济受挫。此时正是中国向拉美各国企业伸出援手的好时候，能进一步深化双方的能源资源合作。

其次，让能源资源参与到拉美一体化的进程中，与基建、金融、产业链有效整合，符合拉美国家未来经济发展的进程。一是良好的基础设施建设对推动中拉物流网建设、提升能源生产—运输一体化和物流效率具有良好效应。二是拉美的金融一体化有利于提升该区域对抗各种风险的能力。三是价值链延长有利于将双方产业合作逐渐转移至下游精炼阶段，提高双方的利益。

（二）拓宽中拉能源投资合作的融资渠道

结合我国能源企业的资金需求和拉美各国的经济、技术状况，若开放众多融资平台来全面拓宽融资渠道，可有效推进双方能源的投资和合作。我国应以政府牵头，支持和鼓励我国金融业参与开设境外能源勘察基金，为企业在拉美的能源勘探提供资金、技术支持。同时，中国的能源企业要遵循市场原则，通过与国际能源公司开展人才合作、技术交流、设立合作基金等多种方式，拓宽中拉能源领域的境外融资渠道，为能源开发提供技术支持。

（三）防范风险，采取灵活谨慎的应对策略

1. 政治风险

对拉美能源投资政治风险的应对需要考虑政府和企业两个方面。

（1）政府方面：应促成企业尽可能完善规避风险的制度，并在风险预估、咨询、应急处置、补救等方面给予支持。①预先评估投资的政治风险，升级预警机制。政府的职责就是要为"走出去"的企业提供投资国政治风险的评估和预警信息，在对拉美投资环境的信息进行收集、分析、评价的基础上，进一步发展成为企业投资信息交流平台、投资风险信息平台等。另外，加快咨询公司、智库

等权威机构的建立，亦可降低企业投资的风险。②完善适用于拉美的投资保险制度，降低企业因政治因素导致的投资失利的损失。中国可一边摸索，一边参考他国的成功经验，使投资保险制度适合当地情况。

（2）企业方面：①未雨绸缪。应具备大局观和战略的眼光，对项目做好充分评估，加深对当地政治局势、政治体制、政策法规等方面的了解，以此主动降低能源投资的政治风险。②利益共享，运用本土化经营策略。企业可选择灵活的合资形式，捆绑双方利益，以此降低风险。③事先控制风险，有效运用各种避险工具，如投保"海外投资险"以降低损失。

2. 经济和社会风险

近年来，在拉美经济刚呈现复苏的姿态时，国际油价开始了阶梯式下跌。受此影响，陷入通货膨胀的国家增多，拉美各国的政府常面临赤字和由此产生的债务违约问题。但2018年形势似乎正朝乐观方向转变，据 IMF 与 World Bank 的最新预测，"2017年拉美地区经济增幅百分比将在0.9%～1.4%。"2018年，国际货币基金组织预测："拉美和加勒比地区经济在2018年将全面复苏。"所以，我国企业要密切留意当地经济环境变化，避免错过投资的良机。

3. 汇率变化风险

投资拉美能源资源产业需要庞大的资金，而汇率会对投资金额造成影响。如今人民币国际化进程进展顺畅，企业应积极使用人民币或采取外汇套期保值手段进行能源投资，以便有效降低汇率风险。

4. 环保要求及文化因素

拉美国家民众非常注重对环境的保护，具备很强的环保意识，当地也活跃着各种各样的非政府组织。投资项目一旦不被非政府环保组织认可，即使得到政府的批准，也将充满波折，甚至中断。另外，中国企业应尊重当地的文化和风俗习惯，履行企业社会责任，处理好与地方政府、当地社区的关系，与相关非政府组织保持联系。

五、结　论

（一）主要发现

1. 风险存在是常态

拉美环境复杂，与其他地区比较，投资条件更苛刻。特种税、频繁变化的资源国有化政策是企业经营面临的最大风险。除此之外，经济和社会等因素也容易对投资造成不确定的影响，这些都难以预测，超出了我国企业商业层面上的能力。

2. 合作方式是关键，提高自身硬实力

根据拉美各国的各种风险和信用等级，为确保企业承受得住风险，合作方式便是关键。其中，双方政府对金融合作的支持、对金融合作机制的创新，有利于捆绑双方的利益，更容易扩充产业链条，达成全面合作。为规避通货膨胀风险、满足融资需要，我国企业可搭乘人民币国际化的"东风"，尝试以人民币贷款换取能源资源。另外，"打铁还需自身硬"，中国企业必须通过提高硬实力以高标准完成工程项目，来打响知名度，赢得美誉。

3. 能源合作与中拉关系可相互促进

中拉关系经历了时间的考验，如今的能源合作更是大大促进了双边的关系。企业在当地的投资不仅确保了我国的能源供应安全，而且加强了我国与拉美各国的政治和经贸的关系。可以说，中拉的能源与外交、经贸关系的合作，能显著提升我国外交在能源方面的战略布局。

(二) 启示

1. 为减少合作阻碍，应重视地区的多样性，做好评估

中国在拉美地区与当地展开能源合作时，以为与一个拉美国家接触成功，就可以凭"标准化"将此经验"复制"到其他拉美国家，这样往往是忽视了每个国家和地区独有的人文生态、政治经济环境，很难开展深度合作。因此，准确了解与把握当地的国情、政治体系的运作以及民生是保证我国企业投资项目顺利进行的前提。

2. 需重视拉美当地民间的声音，做好有效宣传

长期以来，对外国"上层路线"的热衷与重视，令中国在海外投资的进程中忽视了包括非政府组织、工会、媒体等"潜伏"在民间的力量，常认为只要有上层建筑支持，项目就能顺利落地。然而，拉美国家复杂的政治生态，表明了能对决策施加影响的不仅仅是政府。事实上，中资企业近年来也通过向民众积极宣传与当地合作可以带来的利益、增加信息透明度、与当地媒体建立良好关系等做法减弱民间反对的声音，树立企业真诚、积极的形象。

3. 深化合作，推进企业本土化经营是关键

当前，应拉美国家要求，中国企业在拉美经营必须优先大量雇用当地人，这也和企业本土化的经营策略不谋而合。中拉之间存在的各种客观差异决定了适应当地环境才能实现双方的互利共赢。为深化企业的合作，除人力资源以外，也要考虑投资和管理文化本土化。同时，在投资项目的审批方面，中国企业在前期应做好充分的预测，适应"拉美速度"，切不可为了求快而采取"自以为合适"的

做法。

（三）局限性

本文提出的对策建议在针对性、适用性方面可能仍存在不足；因为国内学者近年来对中拉合作的研究较少，关于中拉能源合作的实证数据较难收集，且拉美局势变化迅速，由此做出的风险评估也存在一定的时效性问题；近几年拉美陷入经济危机，但数据只重点采集了情况最严重的委内瑞拉，对中拉能源合作风险的分析可能有所欠妥。

参考文献

[1] 陈虹，杨成玉. "一带一路"国家战略的国际经济效应研究——基于CGE模型的分析 [J]. 国际贸易问题，2015（10）：4-13.

[2] 崔守军. 中巴能源合作前景展望 [J]. 海外投资与出口信贷，2017（4）：15-19.

[3] 崔守军. 中国与巴西能源合作：现状、挑战与对策 [J]. 拉丁美洲研究，2015，37（6）：46-55，80.

[4] 段英文. 中国对拉美油气投资合作面临的障碍及推进对策 [J]. 对外经贸实务，2017（1）：16-19.

[5] 高岩芳. 丝路经济带背景下海外能源投资风险评估方法探析——基于模糊综合评价模型 [J]. 经济研究参考，2015（55）：62-66.

[6] 金晓文. 理解中拉能源合作中的抗议事件 [J]. 战略决策研究，2015，6（5）：55-69，107.

[7] 李晓，李俊久. "一带一路"与中国地缘政治经济战略的重构 [J]. 世界经济与政治，2015（10）.

[8] 刘斌. "一带一路"战略下我国企业能源国际合作的风险控制研究 [J]. 当代经济，2017（22）：56-58.

[9] 刘卫东. "一带一路"战略的科学内涵与科学问题 [J]. 地理科学进展，2015，34（5）：538-544.

[10] 申现杰，肖金成. 国际区域经济合作新形势与我国"一带一路"合作战略 [J]. 宏观经济研究，2014（11）：30-38.

[11] 宋国友. "一带一路"战略构想与中国经济外交新发展 [J]. 国际观察，2015（4）.

[12] 隋广军，朱文忠，李永宁. 2017年拉丁美洲蓝皮书 [M]. 北京：经济管理出版社，2017.

[13] 孙洪波. 拉美油气投资环境：政策、市场及风险 [J]. 国际石油经济，

2014，22（Z1）：117-124，223.

［14］谭畅．"一带一路"战略下中国企业海外投资风险及对策［J］．中国流通经济，2015，29（7）：114-118.

［15］王立云．中国对拉美地区直接投资的优劣势分析［D］．河北经贸大学硕士学位论文，2014.

［16］王鹏，魏然．拉美国家治理模式与政治风险［J］．拉丁美洲研究，2013，35（5）：29-35，79-80.

［17］王平．中国企业海外投资的政治风险识别与管理［J］．唯实，2012（10）：53-57.

［18］王双，周云亨．世界能源秩序转型背景下的中拉能源合作——新秩序、新角色与新篇章［J］．国际观察，2016（6）：58-72.

［19］武红波．基于丝绸之路经济带视角的能源合作、环境风险与政府预算行为［J］．绿色财会，2017（5）：45-49.

［20］许勤华，蔡林，刘旭．"一带一路"能源投资政治风险评估［J］．国际石油经济，2017，25（4）：11-21.

［21］尤立杰，李莉，张晔．中国企业海外能源合作问题研究——以哈萨克斯坦为例［J］．资源与产业，2014，16（4）：29-34.

［22］翟崑．"一带一路"建设的战略思考［J］．国际观察，2015（4）：49-60.

［23］张译元．中拉能源合作的机遇与挑战［J］．中国市场，2015（4）：47-48，54.

［24］张勇．拉美能源资源产业发展及中拉合作建议［J］．国际经济合作，2015（8）：89-95.

［25］邹嘉龄，刘春腊，尹国庆，唐志鹏．中国与"一带一路"沿线国家贸易格局及其经济贡献［J］．地理科学进展，2015，34（5）：598-605.

拉丁美洲国家的财政空间研究

李翠兰*

摘　要：财政空间作为可利用的财政资源大小对于国家的发展具有重要的作用与意义。拉丁美洲国家在世界经济复苏的大背景下，经济增长速度较为缓慢，公共债务规模仍在继续扩大，这阻碍着未来拉丁美洲国家财政空间的建立，将不利于推动社会公平与经济增长，因此各国政府需要努力寻求建立财政空间的方法与途径。本文从财政空间的概念及其基本模型出发，在分析拉丁美洲国家的财政空间的基本现状基础上，找到影响拉丁美洲国家财政空间的主要因素是经济动力不足、税收制度与征管不完善、社会性支出超前以及公共债务负担重，由此从努力发展经济、优化财政收支结构和加强债务管理三个方面提出促进财政空间增加的政策建议与措施。

关键词：拉丁美洲国家；财政空间；财政平衡

一、引　言

在经历了全球金融危机之后，各个国家都意识到政府所实施的有效财政刺激对经济活动产生了积极的支持与促进作用。政府所实施的财政政策需要有充足的财政资源作为保障，财政空间的大小就是财政资源可利用程度的反映。财政空间近年来成为公共政策中各个领域深入分析和探讨的主题。特别是在世界银行提出为人类发展进行融资的议程后，结合设立的千年发展目标，使更多的国家对财政空间产生兴趣，思考如何建立为政策执行提供资金的财政空间，从而更好地使千

---

* 李翠兰，广东外语外贸大学经贸学院讲师，博士。

年发展目标得以实现。随着世界经济的复苏，拉美国家的经济也有所回暖，这使一些拉美国家的财政状况自 2013 年以来有了显著改善。其中，南美国家平均原始赤字占国内生产总值（GDP）比重从 2016 年的 1.9% 降至 1.5%；加勒比地区国家继续保持财政盈余，平均财政盈余占 GDP 比重稳定在 1%。① 但是从总体上来看，拉美地区的公共债务规模仍在继续扩大，这阻碍着未来拉美地区财政空间的建立，不利于推动更公平经济增长，更不利于实现联合国 2030 年可持续发展目标。因此，无论是拉美国家还是其他发达国家和发展中国家都正在努力寻求建立财政空间的方法与途径。

如何寻求更大的财政空间，首先需要了解这个概念，但是至今为止学者们还没有对此有一个明确而统一的定义，它包含有多个维度的内容。Heller（2005）把财政空间定义为在不影响财政状况可持续性的前提下，为了某种目的而创造和分配资金的空间，是政府运用财政资源的自由程度和大小的体现。Ley（2009）认为，财政空间是不损害政府财政状况和经济的可持续性的前提下，允许政府为了特定目的而提供财政资源的可利用的预算空间。Ostry（2010）将财政空间界定为当前实际的债务水平与政府财政可负担的债务限额之间的差。正是由于各位学者对财政空间进行多维度的定义才让我们对这一概念有了更清晰与全面的认识（Perotti，2007）。对财政空间的不同定义，反映出学者们不同的理解与逻辑。部分学者认为，财政空间的建立可以通过放宽财政约束以适应基础设施项目的额外借款来实现，因为这些项目实质上是可以用来创造未来长期收益的生产性资产投入，它可以创造出政府所需要的财政空间。另一部分学者则认为，财政空间的建立可以通过增加卫生、教育与社会保障性支出来实现，因为这些支出最终会通过增加人力资本的回报来得以实现。还有部分学者认为，财政空间需要对税收进行改革与调整。无论用何种途径，各国政府都希望财政空间得以扩大，以实现政府利用更多资源的目的。因此，我们可以看出，财政空间不仅为财政的可持续性提供可信度，同时还能通过运用财政资源有效地促进经济的增长和社会的进步。财政空间实质上是政府的一种调控能力的体现，同时也是一项至关重要的国家资产，如果失去财政空间，将会直接或间接地影响金融的稳定、经济的发展和社会的稳定。而如何建立财政空间不仅是学者们的研究重点，也成为判断全球经济发展态势的重要内容之一。本文主要从财政可持续性角度对拉美地区的财政空间进行分析，旨在通过拉美地区财政可持续的发展演变来反映未来可能为政府所提供利用的财政资源，化解财政风险，提高财政可持续能力，维持经济稳定与社会发展。

---

① 拉加经委. 2018 拉丁美洲和加勒比财政概览［R］. 联合国，2018：8.

二、财政空间的基本模型

（一）基于预算平衡的财政空间模型

财政空间实质上是财政可持续性的体现。财政空间大小是基于财政可持续而言的，因此需要通过财政预算平衡式来衡量。财政预算平衡是政府财政预算收支相等。在考虑到财政可持续的债务规模时，可将年度财政支出分为预算财政支出与国债支出。如果增加考虑赤字率和增长率对财政预算的影响，年度财政收入可分为税收与非税收收入、发行国债筹资的收入。假如年度财政预算支出规模大于财政预算收入规模（即税收与非税收收入总和）时，政府需要通过发行国债来弥补差额，以保持财政预算均衡。相反，假如财政收入规模（税收与非税收收入总和）大于年度财政支出时，盈额所得则可用于偿还到期国债。因此，财政空间可以表达在财政预算平衡基础上的空间大小，表达如下：

$$FS = (T_t + nT_t) - (E_t + R \cdot B_t) \tag{1}$$

上式等号左边 FS 表示财政空间，右边分别表示政府的财政收入与财政支出。其中，T_t、nT_t 分别为政府在第 t 年的税收收入和非税收收入。T_t 和 nT_t 之和表示政府在第 t 年的财政预算收入。E_t 表示政府第 t 年的财政支出（除国债本利支出以外的财政支出）；B_t 表示某国政府第 t 年的债务余额；R 表示某国政府第 t 年到期国债的名义利率；R 与 B_t 的积表示政府在第 t 年支付到期的国债利息总额。E_t 与 $R \cdot B_t$ 的和表示政府第 t 年的政府财政预算支出。从式（1）可以看出，财政空间的大小主要依赖于财政的预算平衡程度，即该政府财政收支的多少决定着政府拥有可供利用的资源的多少，以及是否可能达到可持续状态。因此，财政空间需要政府从财政收入与财政支出两个方面进行深入的分析。

（二）基于经济增长与负债规模的财政空间模型

从财政空间的定义来看，政府能利用的财政资源大小是由财政收入与财政支出所决定，但是由于这两者并非是静态的和固定不变的，它们具有动态的时间效应，因此，财政空间的经济分析需要从存量指标和增量指标两方面进行判断，以探索公共财政可持续的实现方式（匡小平，2004）。财政空间的存量问题表现为财政收入与财政支出，更重要的增量问题则是在考虑时间因素的基础上所形成，即经济的增长速度与债务规模。如果经济能保持持续稳定的增长，政府可能获得的固定、可持续的税收规模就会增加，财政收入就会增加，从而增加财政空间；如果债务支出的成本过高，则会使财政支出规模增加，减少财政资源的利用，使财政空间有所减少。借鉴 Kose 的研究模型，引入类似可比国家的平均债务水平，因此可以在财政平衡的基础上增加经济发展与债务规模的变量对财政空间进行描述，表达式如下：

$$FS = b - \left(\frac{-\gamma}{1+\gamma} \right) d^* \tag{2}$$

式（2）中，b 代表了财政赤字率（债务余额占 GDP 比重），γ 表示名义经济增长速度，d^* 表示目标债务。名义经济增长速度可以通过多年平均的名义经济增长速度来表示。目标债务则可以用同类国家债务规模的中值表式。等式所表达的财政空间可以通过财政资源的存量与增量共同来体现，前者是用财政赤字来表示，而后者则通过经济增量与债务规模来体现。这种表达方式更能体现财政空间的动态效应。财政空间不仅需要着眼于当前的财政预算平衡，更重要的是提高经济的增长速度和控制好政府的债务规模，后者是财政可持续的关键所在，也是财政是否具有可持续的根本所在。

（三）财政空间的经济学分析

结合上面两个模型分析，我们可以将债务的变化量作为财政空间经济分析的出发点进行研究。债务规模变大，意味着财政未来可利用资源小，财政空间狭窄。假定政府财政预算周期为 1 年，财政预算收入与支出都将在下一年度得以实现，那么政府的债务余额就是上一年度的债务余额与为弥补赤字而发行的新债务之和。因此，第 t+1 期的政府债务变化可表示为：

$$B_{t+1} = B_t + \Delta B_t \tag{3}$$

若用 ΔB_t 表示债务变动量，即新增债务余额，则可将式（3）改写为：

$$\Delta B_t = B_{t+1} - B = E_t - T_t - nT_t + R \cdot B_t \tag{4}$$

式（4）中，$E_t - T_t - nT_t$ 表示第 t 年政府的财政赤字，与式（2）中的 b 相一致，即除国债本金与利息支出以外的财政支出与税收收入及非税收收入之差。式（4）反映了政府在上年与本年度间的财政预算年度内的债务余额规模变化。

我们引入政府债务率的概念来描述政府的债务负担，用某国的政府债务余额占国内生产总值的比率来表示，因此，将式（4）中的各项与第 t 年的国内生产总值相除，得到第 t 年到第 t+1 年政府债务的变化情况，可得到以下表达式：

$$\Delta b = \frac{e_t - t_t - nt_t + (R - \gamma) b_t}{1 + \gamma} \tag{5}$$

式（5）中，Δb 为第 t 年到第 t+1 年政府的国债余额占国内生总值比率的变化值；e_t 为除债务本金与利息支出以外的财政支出占 GDP 的比值；t_t 为税收收入占 GDP 的比值；nt_t 为非税收收入占 GDP 的比值；R 为国债的名义利率；γ 为 GDP 的名义增长率。式（5）右边的分子中，$e_t - t_t - nt_t$ 表示政府在上一年的国债余额上新增的财政赤字。如果 $e_t-t_t-nt_t$ 为零，政府的债务余额占 GDP 的比值仍然可能会发生变化。其原因为，债务利息支出会改变上式右边部分，而经济增长则会使分母的值发生变化。那么，政府的债务负担率（即债务余额占 GDP 的比率变化量）就取决于债务的名义利率与经济（GDP）的增长率。综合式（2）和式（5）可以看出，财政空间的大小主要取决于财政赤字、经济增长、税收水平和债务规模四个变量。

第一，财政赤字。政府财政赤字表示不计算债务本金与利息支出的财政支出与包括税收与非税收收入的总和之间的差值。这一结果直接导致政府本年度的债务额度的增加。换言之，财政赤字的大小决定财政空间的大小，而财政赤字是基于财政支出与财政收入之间的差额，控制财政支出、增加财政收入将有利于减少财政赤字的形成。

第二，经济增长。国内生产总值增长速度越快，政府的财政收入越多，同时可以使国家的负债率（国家债务余额占 GDP 的比值）降低。国债名义利率和经济增长率是影响国债余额占 GDP 比值的重要变量。如式（5）所示，国债名义利率超过经济增长率，国家的债务率（债务余额占 GDP 比重）将上升，反之则会下降。因此，财政空间的大小关键在于经济水平的增长速度快慢。此外，从式（2）中也可以看出，财政空间大小与经济增长呈正相关性，经济增长速度越快，财政空间也就会越大。

第三，税收水平。由于税收具有固定性与无偿性，各国的财政收入中税收起着重要的作用。从式（5）中可以看出，税收收入作用于财政收入的贡献率大，对财政空间所产生的影响也较大，它是影响财政空间大小的一个重要变量。因此，财政空间的建立必须要有相应的可持续税收水平来做保证。若假设 Δb 为零，即债务不发生变化的情况下，计算可持续的税收水平如下所示：

$$t_t^* = e_t - nt_t + (R-\gamma)b_t \tag{6}$$

从式（6）中可以看出，国家财政空间的建立，首先是要保持财政的可持续，即税收收入应等于除债务本金与利息支出的财政支出与非税收收入的差值与债务利息支出的总和。为了能创建更大的财政空间，t_t^* 的值越大，越有利于财政资源的拥有和利用。税收收入主要依赖于经济的增长速度（e_t），非税收收入也是影响其财政是否持续因素之一。非税收收入与税收收入则存在负相关性，非税收收入项目越多，非税收收入的规模越大，将不利于维持财政可持续，这将导致需要有更高的税率才能有更大的财政空间。

第四，债务规模。从式（6）可以得出，债务发行规模越多，债务偿还成本越高，将导致需要保持财政可持续的税率也更高。国债名义利率的变化将影响年度国债利息支出的额度，在经济增长速度一定的情况下，如果国债名义利率上升，国债利息支出额会增长。政府的债务规模越大，国债名义利率越高，就需要有越大的税收收入保证财政的可持续，而这样将不利于财政空间的建立。

三、拉丁美洲国家财政空间的现状分析

（一）财政收支的变化

首先从财政收入来看，这类收入占 GDP 的比重从 2000 年的 23.95%增长到 2017 年的 26.82%，其中在 2011 年财政收入的比重达到最高值 29.8%，但在随后的几年内都出现了逐渐减少的变化。这表明尽管拉丁美洲国家多年来财政收入总体在增加，但是最近五六年财政收入呈现明显下降趋势，这对拉丁美洲国家未来财政空间的扩大具有较大的负面影响作用。再从财政支出来看，它的总体表现与财政收入相同，趋势线都呈增长态势，但是与财政收入不同的是，其增长的幅度明显更大。2000～2017 年拉丁美洲国家的财政支出比重从 26.65%增加到 33.11%，共增长了 6.46 个百分点。此外，我们还看到自 2015 年以后，这一比重有所回落，但降幅的比重并不大。再看财政收支最终所表现出的财政赤字，表现为明显的波动性，2004～2008 年赤字率并不大，并趋于-1%的水平，但是自 2008 年以后，赤字率出现了大幅的下降，2015 年到达最高的财政赤字率（-6.98%）。因此，如图 1 所示，自 2000 年以来拉丁美洲国家的财政收入与支出都在逐年增加，但是财政支出的增长速度明显快于财政收入的增长速度，这使拉丁美洲国家的财政收入不平衡趋势更为加剧，财政可利用的资源越来越少，财政空间的范围更为狭窄。但是与此同时还应看到，自 2015 年后，拉丁美洲国家已经意识到这一趋势将给各国带来危害，并采取了相应的政策以改变财政支出的持续增加，财政支出明显减少，使最近两年的财政赤字率有所减少。

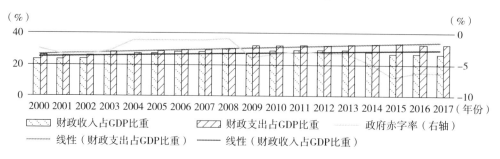

图 1　拉丁美洲国家财政收支与赤字变化

资料来源：世界银行数据库。

从上面的分析我们看到，拉丁美洲国家的财政赤字最近两年是有所改善的，但是拉丁美洲国家的财政赤字率是否处于较良好的水平，需要与其他经济体进行比较。我们可以通过对全世界两大经济体的对比分析看出。如图2所示，全世界如若分为发达经济体与新兴市场和发展中经济体，前者的赤字率明显高于后者，同时它们呈现相同的波动频率。这些变化说明发达国家的财政收支不平衡程度更大，且波动幅度也更为剧烈。将拉丁美洲国家纳入观测的范围后可以看出，在2014年以前，拉丁美洲国家的财政赤字率基本上处于两类经济体的中间位置，但是自2015年开始，则出现了明显的增加，其波动的趋势与新兴市场和发展中经济体变化相似，都呈现赤字率的增加，其幅度变化显著地大于后者，2016年的财政赤字率为绝对值最大值，明显偏离平衡状况。与此同时，发达经济体的财政赤字率在这一时期却一直有所改善，到2016年财政收支已趋于逐渐平衡。从这些变化可以看出，世界各国政府均采用了赤字财政的政策在运行，尽管多年来发达经济体的财政赤字较大，但是其对财政的掌控与管理能力表现更强，随着经济的波动而相机抉择。值得一提的是，拉丁美洲国家在2010年前都表现为较好的财政平衡能力，但是2014年后财政收支状况有明显的恶化，这在全世界国家中较为突出，需要警惕与注意，同时政府也应根据这一变化采用相应的政策措施改变这一现状。

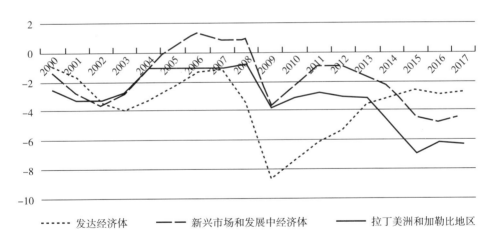

图2　世界主要经济体（地区）财政赤字率

资料来源：世界银行数据库。

（二）公共债务水平的变化

　　由前面的模型分析可知，财政空间的大小不仅受财政赤字率的影响，还受到国家或地区的债务规模与水平的影响，可以用政府债务率与政府外债率来体现。

政府债务率是衡量经济总规模对政府债务的承载能力或经济增长对政府举债依赖程度的指标，一般可以用年末债务余额与当年 GDP 的比率来表示，国际上通常以《马斯特里赫特条约》规定的负债率 60% 作为政府债务风险控制标准参考值。政府外债率是衡量经济增长对政府外债依赖程度的指标，通过用年末政府外债余额与当年 GDP 的比值来体现，国际通常使用的控制标准参考值为 20%。

如图 3 所示，政府债务占 GDP 比重尽管在 2002 年与 2003 年已接近 60% 的警戒线，但这之后则有较好的管理与控制，特别是在 2007 年与 2008 年达到了近20 年最低的负债水平。但是从 2013 年后，债务率在逐年增加，在 2017 年时拉丁美洲国家的债务率水平已超过国际上所规定的债务风险控制指标的参考值，这说明近年来拉丁美洲国家的财政收支的平衡以及政府所实行的相关政策使各国的债务规模有明显的增加，债务负担也在逐年加剧，财政空间在缩小，使国家在未来更好地利用财政资源进行宏观调控的能力在减弱。针对政府的债务负担，真正对国家起着重要影响的是外债的规模。因此，从政府的外债来看，它表现出与政府债务规模相同的变化规模，但是变化的幅度更大。如果根据国际公认的政府外债率的标准来看，自 2000 年来，拉丁美洲国家的外债率一直处于较高的水平，均高于 25%，在 2003 年与 2016 年分别达到较高的外债水平，分别为 43.48% 和42.73%。这些数据都说明，一直以来拉丁美洲国家的经济增长对政府外债的依赖程度较高，高额的负债意味着高额的利息，这不仅不利于当前各国经济增长，也影响着未来经济的可持续发展。

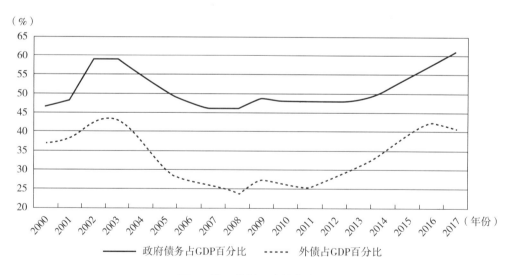

图 3　拉丁美洲国家债务水平

资料来源：国际货币基金组织数据库，https：//www.imf.org/external/index.htm。

为了更好地了解当前拉丁美洲国家的债务负担情况，我们又将其放置于全世界的范围内来进行比较分析。从世界银行的数据可以看出，就世界各地区近十年来政府的外债绝对规模来看，全世界大致可以分为两大类：一类是外债规模较大的地区（欧洲与中亚地区和拉丁美洲与加勒比地区）；另一类是相对规模较小的地区（中亚与太平洋地区、中东北非地区、南亚地区和撒哈拉以南非洲地区）。从图4可以看出，拉丁美洲地区的外债规模一直都处于较高的水平，且与外债规模最大的欧洲与中亚地区的国家之间的差距在缩小。这说明欧洲与中亚地区国家的债务水平已得到一定的缓解，但拉丁美洲国家的外债却还在持续增加。再从增长的速度来看，拉丁美洲在2009～2014年外债的增长速度非常快，明显高于大部分地区，而在2014年后至今，快速增长得到了控制，增长速度明显降低，外债增长的趋势得到了控制，这说明拉丁美洲国家政府已将外债规模置于重点管理与控制的视野，并在最近几年取得了较好的成效。但是由于绝对规模依然很大，所以拉丁美洲国家的债务负担仍旧很大，财政空间拓展存在较大的阻力。

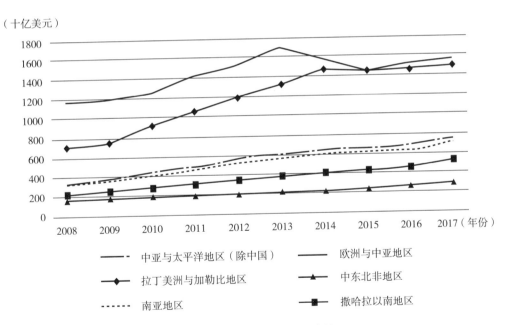

图4　世界各地区外债变化趋势

资料来源：世界银行数据库。

四、影响拉丁美洲财政空间的因素分析

（一）经济增长动力不足①

财政空间的大小，从根本上来说，首先要建立在国家经济发展的基础上，如果国家的经济增长速度快，国家的财政收入会明显增加，国家可利用的财政资源会增多，财政空间将增大。如图 5 所示，近年来拉丁美洲国家的经济增速较慢，经济发展状况并不乐观。在 2013 年以前，拉丁美洲国家的经济发展已处于全世界较低的水平，而到 2013 年后变得更为明显，显著低于其他地区和世界各国的平均水平。结合图 6 可以看出，在主要的拉丁美洲国家中，首先是委内瑞拉超低的增长速度拉低了整体拉丁美洲的经济发展速度，其次是巴西与阿根廷经济的不景气对整个拉丁美洲的经济也有较大的影响。到 2017 年，各国的经济逐渐趋于转好，但是增长速度仍旧较低，阿根廷的经济增长速度最快，仅为 2.85%。据拉加委预测，2018 年与 2019 年该地区经济将分别增长 2% 和 2.8%，因此，从拉丁美洲低速的经济增长来看，由于经济动力不足，未来拉丁美洲国家的财政空间大小存在较大的阻力，如何更好地配置好经济资源，促进经济的增长，逐渐增大财政空间，将是各国政府所面临的重大问题。

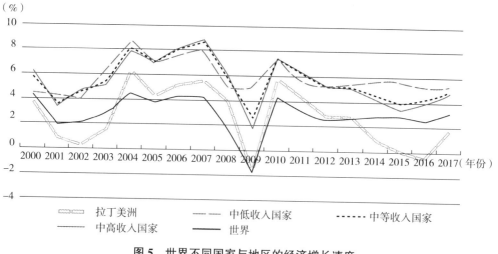

图 5　世界不同国家与地区的经济增长速度

资料来源：世界银行数据库。

---

①　2017 年为预测数据。

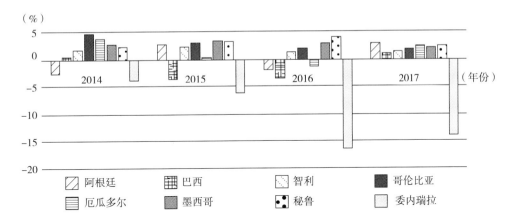

图6　拉丁美洲主要国家的经济增长速度

资料来源：世界银行数据库。

（二）税收制度与征管不完善

在经济内在驱动力本身不足的情况下，如何增加财政收入还需要从当前的税收制度与征管效率入手。税收作为国家主要的财政收入来源，税收制度的完善与征管能力的大小将对财政收入起到重要的作用。同时，税收作为国家调节收入分配的重要手段与方式，能对社会经济资源进行更有效的配置，有利于经济更好的发展、财政空间的扩大。拉丁美洲与加勒比经济委员会在《2018拉丁美洲和加勒比财政概览》中指出，2015年拉美国家所得税和增值税逃税总额高达3400亿美元，占当年拉美地区国内生产总值的6.7%。这部分的税收缺口大大降低了政府能利用的财政资源，对国家财政收入造成了较大的损失，同时也表明拉美国家的财政空间还可以扩大。拉丁美洲与加勒比经济委员会还指出，拉美国家在税收方面存在较大缺陷，税收体系的再分配并未能很好地体现，能力较弱，这不仅使财政收入不足，同时也使拉丁美洲成为世界上最不平等的地区。由于拉丁美洲国家收入存在不对称分布，比如在巴西、智利、哥伦比亚和哥斯达黎加等国家中有接近90%的人口收入水平低于个人所得税应纳税额的最低标准，这些国家的一定收入等级内，应纳税等级的劳动者较少。关键是如何增加应纳税的收入，这就需要将非正规经济中的工人和雇主纳入纳税覆盖面，不仅可以减少财政净损失，还可以增加公平。同时，在多数的拉美国家中有严重的逃税现象。此外，就税收制度而言，个人所得税是一种不易转嫁且对经济负面影响较小的税种，但这类税在拉美国家中所占比例并不高，在2015年拉美地区平均个人所得税占国内生产总值仅为1.8%。与之相应的发达国家的个人所得税占国内生产总值的比重则为

8.4%。因此，逐渐提高个人所得税的比重，不仅更有利于提高税收的征管效率，有利于拉美国家税收增加，同时也是拉丁美洲国家税收制度的方向。①

（三）社会性支出超前

在一定的财政支出规模中，为了获取更多的财政资源，更好地发挥财政的资源配置作用，应根据各国的经济社会发展阶段，合理地安排财政支出结构。在拉丁美洲国家的财政支出中，社会性支出的比重较大，如表 1 所示，拉丁美洲国家的社会支出占 GDP 的比重最低的一组占比为 11%，而最高的一组的比例超过 20%，由此使政府需要支付大量的社会保障支出，导致政府赤字加剧，债务负担重。任何一个国家的财政支出结构应该与其经济发展水平相一致，而拉丁美洲国家却存在明显的社会支出超前的现象，同时由于福利制度的刚性，使这部分支出不能下降，只能增多，因此将增加政府的债务负担，形成"财政黑洞"。比如，2010~2016 年，巴西政府的财政开支占 GDP 的比重为 27%，其中用于社会福利支出占 55%，这些刚性支出已超出该国的财政支付能力。财政支出刚性与社会福利负担的增加，使财政空间变小，政府财力不足，严重制约了政府推行反周期的调节政策，同时经济的衰退造成失业现象严重、收入差距拉大、社会财富分配两极分化等一系列社会公平问题，从而在公平和效益两方面都形成严重的失衡。因此，社会性支出的超前不利于政府财政空间的扩大，有必要对这部分支出进行控制与改革。

表 1　2010~2014 年拉丁美洲国家社会支出规模

组别	第一组	第二组	第三组
国家	阿根廷、巴西、智利、哥斯达黎加、巴拿马、乌拉圭	哥伦比亚、墨西哥、委内瑞拉	玻利维亚、多米尼加、厄瓜多尔、萨尔瓦多、洪都拉斯、尼加拉瓜、巴拉圭、秘鲁
人均公共支出（美元）	2132	1166	366
其中：社会保障（美元）	966	456	111
各项社会支出占 GDP 的比重（%）	20.2	14	11

资料来源：ECLAC, 2016. Social Panorama of Latin America, 2015：155, Table N. 5.

（四）债务负担较重

从前面的分析可以看出，无论是从债务的绝对量还是相对量来看，拉丁美洲

---

① 拉加经委. 2018 拉丁美洲和加勒比财政概览［R］. 联合国，2018：8.

国家的公共债务都较重。2017 年拉美国家的债务率和外债率均处于较高的水平。其中，巴西和阿根廷的负债率最高，分别达到 78.6% 和 61.1%，均超过国际通行的 60% 的警戒线。还有不少国家的负债率也接近预警线，比如哥伦比亚的负债率为 53%。政府债务过高可能引发投资者对偿债能力和通货膨胀风险的担忧。而从外债占 GDP 比重看，2018 年拉美国家的外债负债率预计均超过 20% 的国际标准安全线。其中，尼加拉瓜、乌拉圭、智利、多米尼加、阿根廷的外债负债率都较高，分别为 83.5%、65.16%、65.38%、54.53%、42.8%。外债负债率过高可能引发偿债违约风险与主权债务危机，进而使资本外逃等连锁反应产生，这将不利于未来各国经济的可持续发展。

表 2 主要拉丁美洲国家的外债率 单位：%

年份	智利	阿根廷	巴西	墨西哥	秘鲁	哥伦比亚	多米尼加	乌拉圭	尼加拉瓜	拉丁美洲
2000	46.59	50.31	36.01	21.00	54.08	36.52	45.81	69.59	130.34	34.36
2001	52.95	57.07	40.68	19.10	52.25	40.26	52.26	82.32	119.10	35.55
2002	56.74	141.81	45.13	17.45	49.56	38.52	61.43	100.36	121.80	39.22
2003	55.07	117.33	42.62	18.14	48.39	40.60	64.82	113.22	123.93	40.02
2004	43.04	103.33	33.28	16.70	44.89	34.06	56.80	101.96	93.05	34.42
2005	37.01	56.95	21.61	14.55	37.25	26.52	60.66	79.00	84.59	25.36
2006	31.33	58.49	19.65	12.28	32.02	24.88	57.56	66.28	66.93	22.94
2007	30.88	52.94	18.73	11.87	32.52	21.66	57.24	63.49	45.59	21.96
2008	35.20	42.14	17.08	11.14	29.02	19.21	51.15	50.80	41.33	20.11
2009	42.03	44.40	20.01	17.82	29.09	23.22	45.38	56.76	78.72	24.24
2010	39.61	33.92	20.50	18.41	29.60	22.65	46.92	45.74	83.18	24.22
2011	40.07	29.48	19.72	17.85	27.93	22.61	47.43	38.25	83.14	23.12
2012	46.03	26.91	23.15	18.86	30.82	21.26	54.06	70.43	85.05	25.25
2013	48.98	25.35	25.13	20.40	30.23	24.11	54.78	65.65	88.11	26.72
2014	58.38	27.99	29.02	21.80	34.42	26.61	54.87	71.46	85.29	29.17
2015	65.94	25.96	36.90	25.49	38.58	38.14	52.72	81.30	83.60	30.28
2016	66.78	32.65	37.73	29.34	38.95	42.57	46.96	75.63	83.62	37.19
2017	65.38	42.80	32.57	28.93	36.28	39.67	54.53	65.16	83.50	35.35

资料来源：CEPALSTAT，http：//websie. eclac. cl/infest/ajax/cepalstat. asp？idioma＝i.

五、提升拉丁美洲国家财政空间的政策建议

拉丁美洲国家政府债务负担与外债负债率均高于国际安全线标准，公共财政的赤字率处于世界较高水平，这将使公共财政支出弹性逐年下降，不仅使公共财政的可持续性面临严峻的挑战，同时也不利于财政空间的扩张。面对这种情况，拉丁美洲国家应根据国内外经济变化局势，努力保障宏观经济的稳定持续发展，通过优化公共财政收支结构，加强政府债务管理，增加财政空间，从而保障公共财政的可持续，使实现千年目标成为可能。

（一）努力发展经济

经济增长是改善财政空间的根本途径，但是当前拉丁美洲国家最大的问题就是经济发展。经济的增长不仅可以增加各国的公共财政收入，同时也是解决公共财政支出刚性的根本之策。国际货币基金组织对 2018 年和 2019 年全球增长率的预测都为 3.9%，经济减速并非短期现象，而是呈现全球化的疲软常态趋势，世界各国的财政政策空间已经显著缩窄，拉美经济复苏的步调相比世界其他国家仍相对缓慢。面对拉丁美洲国家当前经济增长速度慢的现状，各国政府根据具体实际情况进行合理的宏观调控。从拉丁美洲国家的发展来看，当前应借助外部需求疲软的契机从推进产业结构调整和加强基础设施建设两个方面来发展经济，这是拉丁美洲国家通过结构性改革产生内生动力的主要手段，这一举措将超过外部市场改善所带来的拉动力。尽管当前拉丁美洲国家已改变了进口替代政策，但是产业结构比较单一，初级产品出口仍是经济增长的主要支柱。而初级产品出口的盈利水平取决于国际贸易变化情况，当国际贸易条件改善，国内经济会出现短暂繁荣，与之相反的是，贸易条件一旦恶化，经济就会进入衰退。无论是经济的繁荣还是衰退，所能吸纳和排斥的都是一部分劳动力，而大量劳动力被排斥在产业结构之外。为了建立适合拉丁美洲国家发展的产业结构，各国政府需要重视服务业的发展，为劳动密集型性质的中小企业发展提供有利条件，引导技术含量高的产业发展，这将有利于避免"荷兰病"的发生，更重要的是可以在出口需求不振的情况下，将投资与消费作为经济发展的助推器（张盈华，2018）。此外，拉丁美洲地区的基础设施还不尽如人意，这也成为阻碍经济发展的重要因素。尽管近年来，部分拉美国家增加对基础设施投资，并且这些措施已取得了不小的成就，但由于政府的制度与引导机制等原因，使大部分的拉丁美洲国家的基础设施投入还不足，需要对此进行大量投资，才能为地区经济长期发展奠定良好基础。

（二）优化公共收支结构

财政空间的打造需要有可持续的财政作为支撑，这就需要有合理的公共财政收入与支出结构。第一，优化公共财政支出结构。与 OECD 国家财政收支结构相比，拉丁美洲国家的财政支出结构不够合理。各国政府应根据政府的资源配置职能与收入分配职能做好合理的财政支出安排，同时更应该根据本国的经济发展阶段进行相应的合理安排。从前面的分析可以看出，拉丁美洲国家大多存在社会福利支出超前的问题，尽管这样做保证了"民生"项目的支出，从而可以提高民众生活水平，但是高福利政策的非全民性与刚性的社会性支出使政府财政负担加重，这不仅不利于社会的公平、全体居民的生活质量，同时政府因困于财政空间的狭小不能更好地进行宏观资源的配置，如交通运输、电力信息、科技创新及产品研发等基础型项目支出欠缺，使经济发展环境欠佳，宏观经济增长乏力，公共财政收入增加困难。过高的社会福利开支，最终将通过各种税收转为生产成本，这就使雇主尽量减少雇佣人数，致使社会中就业机会减少，随之而来的是失业保障费用的增加，并形成失业保障和就业之间的恶性循环。因此，有序地大量削减社会性支出是拉丁美洲国家财政空间扩大的主要手段。同时，政府需要通过鼓励企业家的投资和创新保障和改善民生，根据国家经济发展水平和国情国力实际情况，循序渐进地解决和改善社会保障等福利制度。只有这样，才能取得有效成果，避免落入"举债谋福利"的陷阱。具体而言，重点是加大人力资本形成，切实提高公共教育质量以优化财政支出结构的重要一环。面对义务教育普及率高和义务教育质量低的现状，政府把重点放在提高义务教育的质量上。智利已经从提高师资质量入手，对现有师资进行重新考核，有资格的教师才能上岗，用这种办法来改善基础教育的质量。阿根廷也准备采取类似的措施。教育的公平是社会公平的根本标志，提高教育质量是社会政策的核心，同时也是经济与社会发展的根本动力。

第二，加快财政收入制度改革。从拉丁美洲的公共财政收入来看，税收中的流转税占公共财政收入与所得税占公共财政收入的比重与发达国家迥然不同，前者远大于发达国家，而后者则远小于发达国家，这表明拉丁美洲国家的公共财政收入过于依赖流转税，不利于优化公共收入结构。对此，各国政府应该加强财政收入的结构改革。首先是改革所得税制度，按照经济增长趋势和收入分布状况，适时扩宽所得税的覆盖面，提高所得税税率。其次是增加税收征管力度，加强税收制度的完善，通过减少逃税和制度漏洞的弥补，力争使税收收入有所增加，使财政经常项目的盈余占国内生产总值的比重有所提高，从而增加财政空间。

（三）强化债务管理

财政空间的大小还取决于债务水平的高低，公共财政要实现可持续，必须加强债务管理。首先是控制债务规模。当前拉丁美洲国家的外债负担率均已超过20%的国际警戒线，不仅增加了公共财政风险，也影响了公共财政的可持续，因此控制外债规模显得非常重要。各国政府应结合国民经济发展趋势，合理安排公共财政收支结构，发掘公共财政存量资源潜力，减少债务规模。同时，建立规范的、透明的和法制化的债务管理体系，加强控制，减少财政资金的浪费和不当使用，继续削减行政运作方面的支出，提高预算执行的运作效率，缓解政府的债务压力和财政压力，以保持政府债务的弹性管理（朱军，2014）。债务管理体制中最重要的内容之一是预算制度，因此加快预算改革是拉丁美洲国家政府应着手的重点之一。尽管部分拉丁美洲国家已做得较好，并建立了中期支出框架，但是还有多数国家还需要加大这方面的投入力度，在建立中期支出框架的基础上，将总额控制机制融于其中，将中期成本和风险都呈现于预算过程。此外，实行绩效预算，可以将有限的财政资金配置用到最关键的领域中，并实现其支出绩效。最后是严肃财政纪律。各国政府在意识到未来所面临的财政压力越来越大时，更应加强财政纪律的实施（或财政总额控制）。国家财政空间的打造需要有良好健康的财政环境，这一财政环境则需要结合财政纪律、预算管理、绩效评估等制度的联合。通过财政总额控制，强化财政纪律，并推行绩效预算，引入权责发生制会计，最后编制权责发生制预算，可以提高公共预算对政府经济活动的约束性，降低国家的债务风险，增加财政空间。

参考文献

［1］陈宝东，邓晓兰. 中国地方债务扩张对地方财政可持续性的影响分析［J］. 经济学家，2018（10）：47-55.

［2］陈建奇. 发达经济体财政政策空间研究［J］. 世界经济研究，2014（1）：22-28.

［3］匡小平. 论地方财政可持续性的分析方法［J］. 财经理论与实践，2004（6）：77-80.

［4］马骏. 中国公共预算面临的最大挑战：财政可持续［J］. 国家行政学院学报，2013（5）：19-30.

［5］马骏. 从财政危机走向财政可持续：智利是如何做到的？［J］. 公共行政评论，2014，7（1）：23-51，178-179.

［6］杨靖三. 宏观经济中国财政可持续的经济学分析［J］. 云南财经大学学报，2016（5）：31-38.

［7］张盈华. 拉美"福利赶超"与社会支出的结构性矛盾［J］. 经济社会体制比较，2018（4）：139-147.

［8］朱军，聂群. 跨期预算约束条件下中国财政可持续性研究［J］. 中南财经政法大学学报，2014（5）：51-58.

［9］Carranza L., Daude C., Melguizo A. Public Infrastructure Investment and Fiscal Sustainability in Latin America：Incompatible Goals？［R］. OECD Development Centre Working Paper, No. 301, 2011.

［10］Clavijo S., Vera A. Public Sector Deficits in Latin America：An Assessment of Relative Fiscal Risks［R］. Asoc. Nat. Instituciones Financieras, Bogot. Colombia Working Paper, 2010.

［11］Jonathan D. Ostry, Atish R. Ghosh, Jun I. Kim, Mahvash S. Qureshi. IMF STAFF POSSION NOTE：Fiscal Space［R］. Research Department, 2010.

［12］Jordi Paniagua, Juan Sapena, Cecilio Tamarit. Fiscal Sustainability in EMU Countries：A Continued Fiscal Commitment？［J］. Journal of International Financial Markets, Institutions & Money, 2017.

［13］Ley E. Fiscal Policy for Growth［R］. PREM Note 131, World Bank, Washington, D. C., 2009.

［14］Meltzer A. H., Richard S. A Rational Theory of the Size of Government［J］. Journal of Political Economy, 1981, 89（5）：914-927.

［15］Musgrave R. Principles of Budget Determination. Public Finance：Selected Readings［M］. New York：Random House, 1966.

［16］Perotti. Fiscal Policy in Developing Countries：A Framework and Some Questions［R］. Policy Research Working Paper 4365, World Bank, Washington D. C., 2007.

［17］Peter Heller. Back to Basics. Fiscal Space：What It Is and How to Get It［J］. Search Finance & Development, 2005.

［18］Victor Echevarria Icaza. Fiscal Fatigue and Debt Sustainability：Empirical Evidence from the Eurozone 1980－2013［J］. Cuadernos de Economía, 2018, 41（115）.

新时期中拉农业合作机遇与对策

朱文忠　　陈智恒*

摘　要：在"一带一路"背景下，尤其在当今中美贸易战直接影响中美农业进出口的新形势下，中国与拉丁美洲迎来难得的发展机遇期，中拉农业合作潜力巨大、提升空间巨大。本文通过深入分析拉丁美洲农业状况、中拉农业合作现状以及发展机遇，总体认为中拉农业合作存在产品结构简单、运输效率低、机械化程度低等问题，为抓住新时代难得的发展机遇，建议通过提高运输效率、强化科技合作、优化投资模式、转变政府职能等措施，提升中拉农业合作水平。

关键词：中拉；农业合作；机遇；问题；对策

一、引　言

（一）研究背景及研究意义

21 世纪以来，世界的形势发生了重大的改变，随着经济全球化、科技信息化的深入发展，国家与国家之间的交往越来越密切，经济、政治的合作也越来越频繁。

2015 年 3 月 28 日，国家发展改革委、外交部、商务部联合发布了《推动共建丝绸之路经济带和 21 世纪海上丝绸之路的愿景与行动》。"一带一路"不仅包括了西汉时期所开辟的陆上丝绸之路，也包括了海上丝绸之路。"一带一路"的建设，致力于将亚洲、欧洲与非洲等地区及附近海洋联系起来，使沿线各国能够

---

*　朱文忠，广东外语外贸大学商学院院长，教授，博士生导师；陈智恒，广东外语外贸大学商学院校友。

加强相互的联系，增强合作伙伴关系，致力于进行互联互通网络模式的全方位、多层次和复合型的建设，促进沿线各国实现自主、平衡、多元和可持续的发展。

农业一直以来是国家发展的基础，国家发展离不开农业发展的推动。从经济角度看，农业是国民经济的基础，是经济发展的基础。因为，农业是人民衣食之源、赖以生存的根本所在，农业的发展是国民经济发展之基，推动并制约着国民经济全局的发展速度。从社会发展角度看，农业关乎社会稳定，是人民安居乐业的根本。农业经济发展的稳定，关系到人民生活水平的逐渐提高和社会的安定。加强国与国之间的农业合作有利于增强粮食安全和社会稳定。

中国和拉丁美洲的农业合作可谓源远流长。中国与拉丁美洲的贸易合作可追溯至20世纪90年代中期，中国与拉丁美洲许多国家建立了战略合作关系和全面战略合作伙伴关系。

新时期，在"一带一路"背景下，尤其是在中美贸易摩擦不断升级的新环境下，中国大量减少了从美国的农产品进口，如大豆、玉米等作物，而拉丁美洲又是相关农业资源极大丰富的地区，如巴西、阿根廷、墨西哥等国家，中国与拉丁美洲的农业合作前景光明、潜力巨大，进一步加强中拉农业合作是新时期重大的发展机遇。

（二）国内外研究现状

1. 国内研究现状

21世纪以来，随着经济全球化、科技信息化的深入发展，拉丁美洲在世界格局上越来越重要，学者们对拉丁美洲经济发展的关注度也不断增加，近些年来，中国与拉丁美洲的交往越来越密切，中国学者在贸易方面的研究也逐渐增加，在两国农业发展合作上也有较多的研究成果。

在国内，中国学者普遍认为中国和拉丁美洲农业贸易存在很大的发展空间，赵丽红（2010）在《土地资源、粮食危机与中拉农业合作》中讲述了中拉农业合作能有效解决土地资源减少和粮食危机所带来的危害[①]。张勇（2014）提出，农业经贸合作是推动经济发展的重要引擎，中国和拉美双方农业在市场需求、资源禀赋、产品结构等方面各有优势，互补性较强[②]。

此外，李晶等（2016）在种植业、畜牧业和渔业各个宏观层面上分析了拉丁美洲的农业情况，对两国经济合作前景做出了分析[③]。

2. 国外研究现状

国外学者对于中拉学术研究主要在经贸方面，对中拉农业方面的研究较少，

---

①　赵丽红. 土地资源、粮食危机与中拉农业合作 [J]. 拉丁美洲研究，2010（3）.

②　张勇. 中拉农业贸易与投资发展趋势 [J]. 拉丁美洲研究，2014（8）.

③　李晶，李海燕，王立，庆李斌. 拉丁美洲及加勒比地区农业发展现状与中拉农业合作前景分析 [J]. 拉丁美洲研究，2016（8）.

也缺乏较为系统、综合的研究。马里亚诺·图尔兹（2016）在《中拉农业合作的国际政治经济学分析——以大豆产业链为例》中以例子展开对中国与拉丁美洲农业如何进行合作和合作中存在怎样的问题，以学术方法展开较为详细的分析。[①] 其他学者的研究都比较分散，或者与其他经济贸易合作方面共同分析。可以说，在国外较为缺乏关于中国与拉丁美洲在农业合作方面详细的学术或实证研究。

（三）研究方法

1. 文献研究法

文献研究法是较为基础的、常用的论文研究方法，主要通过对文献的收集、整理与分析，并对文献进行研究形成对事实的科学认识的方法。本文主要通过研究文献总结中国农业与拉丁美洲农业的现状，即时跟进最新的研究成果并发现研究的不足之处，在此基础上，能够为论文提供有力的依据，使研究更加严谨。

2. 定性分析法

定性分析法主要通过对大量资料和实例的解释、分析和归纳，深入了解中拉农业各个层次的关系，并分析合作的重要程度，对中国农业发展的重要性进行分析。

3. 定量分析法

定量分析法主要通过对所搜集的数据进行分析，分析数据中所存在的数量特征、数量关系等变化，从各个自变量中找出科学依据，进行分析，通过使用充分的数据能使文章更加具有严谨性、更具有依据。

（四）研究重点、难点和创新点

本文的重点在于对拉丁美洲农业状况和中拉农业合作现状和问题进行分析，如种植业与畜牧业，较为详细地分析这两个产业方面所存在的问题与发展前景，并对在未来如何进行发展提出较为详细的建议。

本文的难点在于中国与拉丁美洲虽然交往较早，但由于各个层面的因素，有关中拉农业合作文献较少，当前主要的研究和文献多集中于其他方面的经济贸易问题，从逐年状况进行分析所需要的农业合作数据较少，需要用大量的时间从不同的地方寻找数据资料。

本文的创新点在于详细地从需求方面分析中拉农业合作的发展前景，致力于从更深层面分析中拉农业合作机遇，以互补性原则提出中国与拉丁美洲的农业合作对策。

---

① 马里亚诺·图尔兹. 中拉农业合作的国际政治经济学分析——以大豆产业链为例 [J]. 拉丁美洲研究，2016（8）.

二、拉丁美洲农业状况

（一）种植业

拉丁美洲气候适宜，降水丰富，土地肥沃，是世界上最具有农产品生产潜力的地区之一。拉丁美洲以夏雨型气候为主，温暖湿润，在生产主要粮食作物——玉米、小麦、水稻和经济作物——大豆、甘蔗、咖啡、香蕉、棉花、剑麻等方面具有较强的优势。其中，玉米生产占世界总量的 15.7%；大豆占世界总量的50.7%，其中巴西、阿根廷产量位于世界第二、第三，整个拉丁美洲是世界上出口大豆最多的地区。此外，拉丁美洲咖啡产量占世界产量的 44.58%，远远超过非洲，亦是世界上咖啡出口最多的地区之一。拉丁美洲也是香蕉的主要生产地区，占 14.81%，出口量占世界 60% 左右，也是最大的剑麻生产基地，生产总量占据了世界的 3/5 以上（见表1）。

表1　2016 年拉丁美洲地区农作物产量世界占比

	水稻	玉米	小麦	大豆	甘蔗	棉花	咖啡	香蕉	剑麻
生产总量（万吨）	2312.63	13942.83	2857.18	16980.97	86595.82	440.38	411.10	1678.24	18.23
拉美占世界总产量比重（%）	3.12	15.70	3.95	50.70	45.80	6.73	44.58	14.81	61.08

资料来源：FAO 数据库（2016）。

（二）畜牧业

畜牧业在拉丁美洲的农业生产中占重要地位，其中牛肉占据世界产量的 1/4以上，为 27%，牛肉的出口总量位于世界前列；此外，禽肉的生产总量占世界总产量的 21.81%，其中巴西是拉丁美洲最大的禽肉出口国，也是世界上最大的禽肉出口国。拉丁美洲奶业在最近几年发展较快，鲜奶产量已经达到世界总产量的13.27%，是世界上鲜奶主要产地之一（见表2）。

表2　拉丁美洲地区肉类产量世界占比

	肉类产量				鲜奶量
	牛肉	禽肉	羊肉	猪肉	
拉美占世界总产量比重（%）	27.00	21.81	4.41	6.26	13.27

资料来源：FAO 数据库。

（三）农业发展存在的问题

1. 产品结构简单，对外依赖度较高

拉丁美洲农产品增长较快，但从主要粮食作物与经济作物总产量来看，经济作物产量要高于粮食作物产量，这个方面可以说明，拉丁美洲地区主要靠生产经济作物用于出口，而粮食作物主要是靠进口来满足日常所需。这种模式有较高的对外依赖度，一旦主要粮食作物因为天气等原因出现减产的话，就需要更高的进口数量，容易造成进口困难，从而危害国家的安全。

2. 劳动力水平低下，机械化程度低，运输存在问题

拉丁美洲除巴西外，农业生产机械化程度低，难以满足日常的生产需求，加上劳动力水平低下，造成的问题是，当生产达到一定水平，会进入增长的停滞期，此外，还会造成加工水平不高，难以加工更多的农产品，使销售额无法提升。而运输问题更是阻碍拉丁美洲农产品出口的问题，运输效率低，严重的话还会造成农产品的浪费和错过销售期。

3. 土地利用率低

拉丁美洲大多数国家在 20 世纪 90 年代由于地广人稀，许多耕地无法耕种，大多国家实行了耕地可以自由买卖，并享有保障权利。例如：

（1）巴西。巴西土地资源十分丰富，耕地面积占总土地面积的 62%，然而巴西土地价格却十分便宜，在偏远地区 1 平方米只需要几十元人民币，由此，20 世纪 90 年代许多发达国家都在巴西购买了大量的耕地。2010 年，据统计巴西约 30% 的土地被外国企业所拥有，此外，土地的购买仍然继续，2011 年外国企业已经拥有约 430 万公顷的土地。

（2）墨西哥。墨西哥地广人稀，耕地面积占总面积的 13.1%，耕地大多无人耕种。墨西哥政府为提高耕地利用率，实行土地私有制，允许农民买卖土地。此外，墨西哥政府更是以土地价格低廉、土地买卖免付所得税等奖励措施吸引外商进行投资。

（3）阿根廷。阿根廷是拉丁美洲国土面积第二大的国家，它的耕地面积占总面积的 72%，人口密度只有 16 人/平方公里，大量耕地被浪费。根据阿根廷的法律，外商可以在阿根廷自由买卖土地，并享有终身使用的权利。

从上述三个拉丁美洲大国的情况可以看出，拉丁美洲国家土地大多无人耕种，需要引进大量的外商才能充分利用土地耕地资源。拉丁美洲各国都期待外来的资金投资和技术资源，进行耕地的开发。

三、中拉农业合作现状

(一) 中国农产品进出口状况

中国农产品进出口贸易是经济贸易支柱之一,更是国民赖以生存的命脉。近五年的农产品出口状况为:2013年1~12月,中国农产品出口金额为671亿美元,同比增长7.2%;2014年1~12月,农产品出口金额为713.4亿美元,同比增长6.3%;2015年1~12月,农产品出口金额为701.8亿美元,同比下降1.6%;2016年1~12月,农产品出口金额为726.1亿美元,同比增长3.5%;2017年1~7月,农产品出口金额为408.7亿美元,同比增长2.6%。农产品的出口状况虽在不同月份都有不同幅度的变化,但从总体来说,除2015年出现出口金额下降外,都呈上升趋势,从2013年1月至2017年7月总体来说,农产品出口状况呈较慢速的平缓增长。

近五年的农产品进口状况为:2013年1~12月,中国农产品进口金额为1179.1亿美元,同比增长5.8%;2014年1~12月,农产品进口金额为1214.8亿美元,同比增长3%;2015年1~12月,农产品进口金额为1159.2亿美元,同比下降4.6%;2016年1~12月,农产品进口金额为1106.1亿美元,同比下降4.6%;2017年1~7月,农产品进口金额为717.7亿美元,同比增长14.8%。农产品进口状况在2013~2014年与2017年呈增长趋势,又在2015~2016年呈下降趋势,从2013~2017年来看总体趋势较为平缓,农产品进口需求仍然很大(见图1、图2)。

中国农产品2017年1~7月出口地区占比为:亚洲占64.28%,欧洲占14.62%,北美洲占11.81%,非洲占4.13%,南美洲占3.37%,大洋洲占1.79%(见图3)。

中国农产品2017年1~7月进口地区占比为:南美洲占27.67%,北美洲占25.61%,亚洲占17.45%,欧洲占14.14%,大洋洲占12.13%,非洲占2.9%(见图4)。

中国虽然为农业大国,拥有辽阔的耕地面积,但在农产品的需求上还是需要巨量的补足。从上述数据看,中国农产品进口金额为出口金额的两倍,需要从国外进口较大的数额才能维持市场的稳定。虽然中国出口南美洲的数额较小,但是进口量非常大。拉丁美洲对中国出口量居世界第一,已经成为中国农产品进口必不可少的供应地之一。

（百万美元）

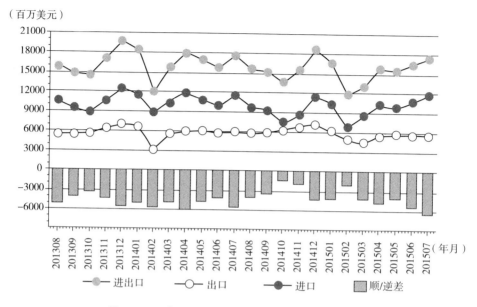

图 1　2013 年 8 月至 2015 年 7 月各月进出口金额

资料来源：中华人民共和国商务部对外贸易司。

（百万美元）

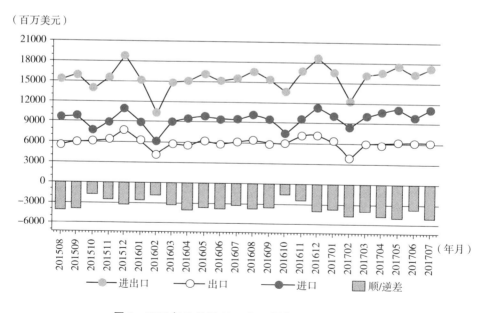

图 2　2015 年 8 月至 2017 年 7 月各月进出口金额

资料来源：中华人民共和国商务部对外贸易司。

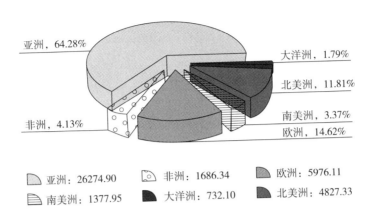

亚洲，64.28%

大洋洲，1.79%

北美洲，11.81%

非洲，4.13%

南美洲，3.37%

欧洲，14.62%

亚洲：26274.90　　非洲：1686.34　　欧洲：5976.11

南美洲：1377.95　　大洋洲：732.10　　北美洲：4827.33

图3　2017年1~7月出口各地区占比

资料来源：中华人民共和国商务部对外贸易司。

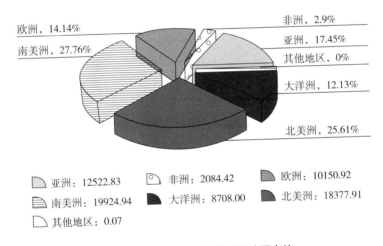

欧洲，14.14%

非洲，2.9%

南美洲，27.76%

亚洲，17.45%

其他地区，0%

大洋洲，12.13%

北美洲，25.61%

亚洲：12522.83　　非洲：2084.42　　欧洲：10150.92

南美洲：19924.94　　大洋洲：8708.00　　北美洲：18377.91

其他地区：0.07

图4　2017年1~7月进口各地区占比

资料来源：中华人民共和国商务部对外贸易司。

一直以来，中国是世界第二大玉米生产国和消费国，玉米的消费量90%靠国内生产，自我供给；但10年来，中国玉米进口呈快速增长趋势，在2012年达到玉米进口总额的最大值，近年来有所减少，但是需求量仍然是巨大的。除此之外，在经济作物中，中国对大豆的需求量是所有农产品之最，进口数额达5486万吨，总金额达229.4亿美元。牛肉及其副产品、棉花和糖类也是中国主要进口的农产品。其中，大豆、牛肉和糖类等农产品，巴西是中国最大的商品进口国（见表3）。

表3 2017年1~7月重大大宗进口商品前三大进口市场

单位：吨，万美元

商品名称及前三大市场	2017 年 1~7 月		2016 年 1~7 月		同期比（%）	
	数量	金额	数量	金额	数量	金额
玉米	1635027.6	34160.7	2897771.7	56377.9	-43.6	-39.4
1 乌克兰	1192377.6	24194.7	2617430.2	50027.4	-54.4	-51.6
2 美国	386619.8	8210.2	197634.4	4496.3	95.6	82.6
3 老挝	31692.5	927.3	7285.0	221.9	335.0	317.8
糖	1468982.4	72950.2	1751243.9	63846.6	-16.1	14.3
1 巴西	692123.6	33152.8	1091023.6	36580.1	-36.6	-9.4
2 古巴	339290.0	18054.7	303481.2	11959.6	11.8	51.0
3 泰国	196088.0	9875.2	120842.5	5503.5	62.3	79.4
棉花	728626.6	136926.0	525947.8	89303.8	38.5	53.3
1 美国	383989.6	74000.6	145245.0	28122.3	164.4	163.1
2 澳大利亚	96677.4	18318.9	112473.0	19225.3	-14.0	-4.7
3 印度	89075.4	15331.1	55676.0	8292.3	60.0	84.9
大豆	54858375.2	2293598.8	46322658.7	1807682.6	18.4	26.9
1 巴西	30832284.6	1.269801.1	26832691.8	1064171.4	14.9	19.3
2 美国	19562229.5	841163.0	15778274.9	600953.7	24.0	40.0
3 阿根廷	2387854.7	96873.1	2493661.0	96260.8	-4.2	0.6
牛肉及其副产品	404026.6	175149.4	360527.0	156194.5	12.1	12.1
1 巴西	109424.4	47299.4	107386.8	47814.4	1.9	-1.1
2 澳大利亚	69375.1	38775.4	71978.8	33636.3	-3.6	15.3
3 乌拉圭	120108.4	38649.0	91282.6	32020.3	31.6	20.7

资料来源：中华人民共和国商务部对外贸易司。

从上述的数据可知，中国与拉丁美洲的农业进出口合作中，中国需求量较大的大豆、糖类和牛肉及其附属品都与拉丁美洲有较深层次的合作，这三种农产品从拉丁美洲进口率均超过50%。

上述农产品中，除玉米外，进口数额均呈上涨趋势，在未来可能需要更高数额的农产品，为了稳定进口市场，中国与拉丁美洲的合作会更加频繁。拉丁美洲在这类农产品中占据较大的生产数额，除了已合作的拉丁美洲国家外，其他的国家也具有较大的合作潜力。

(二) 中拉农业合作现状与趋势

1. 中拉农业合作不断深化

中拉五年合作规划显示，农业是双方重点推进的六大合作领域之一。目前，中国和拉美 16 个国家签署了双边合作备忘录，和其中的 13 个国家在合作协议下建立了联委会或工作组来推动合作的具体落实。双边合作模式提高了中国与拉丁美洲相互的进出口数量，互补双方所需农产品。以巴西为例，中国需要从巴西大量进口鸡肉和牛肉，而巴西则需要从中国进口加工鸡肉和加工猪肉，以维持相互稳定的市场需求（见表 4）。

表 4　中国与拉丁美洲国家双边合作

国家	名称
巴西	《巴西农业部与中国农业部签署谅解备忘录》
	《关于中国向巴西出口热加工鸡肉的动植物检疫和条件协定》
	《关于巴西向中国出口鸡肉的动植物检疫和条件协定》
	《关于中国向巴西出口热加工猪肉的动植物检疫和条件协定》
	《关于巴西向中国出口玉米的植物检疫要求协定》
	《卫生和植物检疫实施谅解备忘录》
	《关于巴西向中国出口牛肉的检疫协定》
	《卫生和植物检疫实施谅解备忘录》
	《植物检疫协定》
	《检疫材料和动物卫生合作协议》
秘鲁	《中秘农村经济发展合作谅解备忘录》
	《中秘植物检疫合作协定》
	《中秘关于水产养殖科技合作的意向书》
墨西哥	《中国政府和墨西哥政府关于植物检疫的合作协定》
	《中墨农牧业合作协定》
	《中国农业部和墨西哥渔业部渔业合作谅解备忘录》

资料来源：农业部对外经济合作中心。

2. 农业科技不断深入合作

近几年来，中国与拉丁美洲国家开展多项领域的农业科技合作。以巴西为代表的拉丁美洲国家在培育优质高产作物、农业生物技术、作物病虫害防治等方面加强科技研发，并取得了丰硕成果。中国也希望通过合作将这些技术引入中国，并进行实验推广运用到农产品的生产中去。此外，墨西哥艾特尔现代农业发展公司连续 16 次创造了墨西哥玉米高产的纪录，在 2013 年，这项玉米种植技术作为中国与墨西哥的合作典范进行推广，经过选取试验区进行实验，该项技术已经被运用于黑龙江、吉林大面积种植中。中国与拉丁美洲多个国家相互派遣学习交流团队，进行了多次相互技术的交流，促进了中国农业各项技术的发展与国家间的合作。

3. 进出口贸易日益增加

近 10 年来，中国与拉丁美洲的农业贸易额不断增长，从 2007 年的 124 亿美元增长至 2016 年的 313 亿美元，贸易额增长近 2.5 倍；中国从拉美进口贸易额从 2007 年的 115 亿美元增长至 2016 年的 288 亿美元，出口贸易额从 2007 年的 8 亿美元增长至 2016 年的 24 亿美元。

拉丁美洲已经成为中国最重要的农产品供给地区之一，通过不断加强双边合作，拉丁美洲地区对中国农产品的出口数量不断增加，这是中国与拉丁美洲贸易额增长的主要原因，中国也越来越成为拉丁美洲主要的出口市场。据悉，中国正在和拉丁美洲多个国家探讨自由贸易区的建设，自由贸易区建设成功将会进一步促进中拉农产品的贸易规模（见表 5、图 5）。

表 5 中国与拉丁美洲进出口贸易额

年份	中国从拉美进口总额（百万美元）	中国对拉美出口总额（百万美元）	总计（百万美元）
2007	11534.68	892.87	12427.55
2008	14948.62	1314.1	16262.72
2009	14215.81	1076.71	15292.52
2010	19485.47	1626.35	21111.82
2011	25121.7	2100.98	27222.68
2012	28542.05	2062.4	30604.45
2013	32948.39	2386.45	35334.84
2014	32026.86	2208.34	34235.2
2015	31235.84	2188.91	33424.75
2016	28815.81	2437.07	31252.88

资料来源：中华人民共和国商务部对外贸易司。

（百万美元）

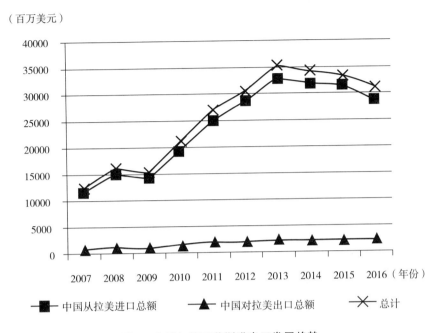

图5　中国与拉丁美洲进出口发展趋势

资料来源：中华人民共和国商务部对外贸易司。

4. 企业逐渐加大投资，但农业投资规模仍然较小

在近10年，企业逐渐加强对拉丁美洲投资，但投资大多数集中于油气和矿业等行业，对农业投资规模仍然较小，投入力度也不够大。从拉丁美洲农业投资情况来看，投资者主要来自美国和欧洲地区，其他地区的投资相对较少，拉丁美洲的农业投资空间仍然巨大。

（三）中拉农业合作面临难得机遇期

在中国实行"一带一路"背景下，中国与拉丁美洲迎来难得的发展机遇期。在最近几年，高层互相访问频繁，更是在双方合作中注入了强大的政治动力，中国更是与拉丁美洲16个国家签署了农业合作备忘录。近年来，由于习近平主席两次访问拉丁美洲巴西、阿根廷、智利等国家，农业部正在与巴西、阿根廷、智利等国探讨建设有关示范园区或中心。

在新时期，基础行业的地位越来越突出，中国更是迎来关键的时期，农业变得越来越重要。中国与拉丁美洲都更加注重农业的发展，中国与拉丁美洲在农业合作上，更能在资源、技术等方面形成优势互补。拉丁美洲具有大量的农业所需的土地和生产中国大量所需求农产品的能力，而中国具有拉丁美洲农业发展所必要的资金、技术、市场等，此外，拉丁美洲在国际地位上越来越重要，与拉丁美

洲的合作是中国更进一步的必要选择。2012 年，时任国家总理温家宝宣布中国政府将注资 5000 万美元推进中拉农业产业对接，推动中拉农业互利合作深入发展。

（四）小结

中国在农产品贸易中，进口需求与拉丁美洲的农业密切相关，拉丁美洲农产品供给关乎我国农业产业的稳定，中拉农业更加深入的合作，能帮助我国农业及其附属行业得到更快速的发展。在"一带一路"背景下，中拉双方高层频繁的访问，给予了中拉农业更进一步合作的可能，中拉农业合作除了在豆类和糖类等农产品方面深入开展外，无论是科技合作还是企业投资都处于开始合作阶段，也说明在这些方面合作有更进一步的空间。

四、中拉农业未来合作对策建议

（一）投资合作

拉丁美洲具有大量的耕地，大多国家实行土地私有化，可自由买卖。并且，拉丁美洲适合生产中国所大量需要的大豆、棉花、咖啡、玉米等需要加工的原材料，许多中国企业都需要用到此类原材料进行加工生产。拉丁美洲的耕地允许自由买卖，价格便宜，可以让中国企业以较低的成本在拉丁美洲拿下大量的私有耕地，充分利用拉丁美洲的资源，建立原材料的基地，为企业日常生产提供充足的原材料。

此外，中国企业可以以合作或合资的方式在拉丁美洲建立农产品加工基地，以互利共赢的思想推广和运用先进的农业加工技术和设备，以此来解决拉丁美洲劳动力低下所带来的农产品加工困难的问题，建立农产品的生产、加工、储存、转运基地，逐步在拉丁美洲形成农产品（大豆、玉米、小麦、水稻、棉花、油籽、甘蔗）的加工产业链。中国企业也可以仿照美国等国家在南美洲开展的投资模式，但这种模式的问题在于运输，美国距离拉丁美洲近。而中国距离拉丁美洲过于遥远，只有从根本上解决运输的问题，才能仿照美国企业的投资模式，更重要的是，运输问题也是我国企业是否有能力投资拉丁美洲农业的根本问题之一。

（二）物流合作

中国物流在最近几年发展速度快，基础设施日益完善，技术装备条件明显改善。国家统计局相关统计显示，全国铁路、道路营运里程分别超过了 11.2 万公里和 446.39 万公里，内河航道通航里程达 12.63 万公里，全国港口万吨级及以上泊位有 2100 多个，民用运输机场 200 多个，虽然依旧存在一些问题，但已经满足日常所需的物流运输。而在拉丁美洲，物流问题是拉美农业经济发展一大问题，特别在拉丁美洲的跨洲物流方面，除巴西外的国家大多无法保证物流的运输量与稳定性。

中国与拉丁美洲开展物流合作，通过技术援助建立海港，建立与拉丁美洲运输的船队，以此保证双方在农产品上运输的稳定性。中国提供物流的运输合作，可以加强与拉丁美洲国家的合作，更加强国与国之间的联系，使两国的交往更加密切，为中国提供稳定的农产品进口渠道，以保证中国发展对大豆、棉花、糖类等农作物日益增大的需求。

（三）科技合作

加强中国与拉丁美洲的科技合作，进一步围绕中拉双方农业产业升级转型为重点。中国的杂交水稻在国际上拥有绝对优势，在玉米、小麦、棉花等农作物的种植方面也具有技术优势，水稻、玉米、小麦、棉花等农作物可以通过与拉丁美洲国家进行合作，推广种植，以增大这些农作物的产量，以达成合作的方式来保证增大产能的农作物能大量销售于中国。此外，加强优质植物育种选种合作，中国在杂交水稻育种、棉花育种和油菜育种等方面相比拉丁美洲国家具有绝对的优势，而拉丁美洲具有不同的气候环境，物种多样性丰富，能为育种选种提供多样性的资源，进一步加强合作，能加快培育出新一批优质、具有突破性的新品种，更快地进行农业产业的升级，对于农产品的产量提高、质量改善有重大意义。

中国是一个水资源短缺的农业灌溉大国，节水灌溉技术与工程的发展为中国农业生产和粮食安全发挥了重要作用。在灌溉技术方面是优于拉丁美洲国家，进行水利技术援助能改善拉丁美洲的农业生产条件，加强双方的合作关系，使双方合作更加密切。

（四）外交合作

在与拉丁美洲国家的合作中，可以根据不同地区的国家，根据该国家的发展现状来制定合作规划。例如，在一些小岛屿国家，应该从外交的角度出发，而不是经济的合作，把农业合作作为外交政策的一种方式，通过农业援助项目，帮助这些国家增加农业生产的产量，提高农业劳动生产率，进而扩大中国在拉丁美洲地区的国际影响力。另外，通过这种项目帮助先进的农业生产技术"走出去"，以获得与更多国家合作的机会，进而在合作中进一步提升我国的农业生产技术。而对于拉丁美洲比较发达的国家，如巴西、阿根廷、墨西哥等，着重于经济的合作，通过建立长期的农业贸易合作关系，充分利用合作国家的自然资源，对于我国农业科技具有很大的帮助。

（五）进出口互补合作

中国在拉丁美洲需求大量经济作物（大豆、棉花、糖类等），而拉丁美洲需求大量的粮食作物（水稻、小麦），双方可以通过签订合作条约等方式，实现经济作物和粮食作物的互相购买，以此来稳定双方进口需求。这样的模式对于中国来说，能保证生产所需经济作物的需求量，而对于拉丁美洲来说，可以在粮食作物歉收时能保证进口数量，满足拉丁美洲人民日常所需，保证了国家的安全发展。

（六）政府职能转变

中国与拉丁美洲的农业合作，关键也要靠政府职能转变。政府作为政策的制定者和监督者，应该多倾听农业行业和企业的意见，及时完善双方合作的关键事宜和合作的运行机制，政府通过更多与拉丁美洲国家进行交流和探讨相关事宜，保证企业在拉丁美洲的农业项目投资与贸易发展。

五、结　语

新时期，在"一带一路"背景下，尤其是在中美贸易摩擦不断升级的新环境下，中国大量减少了从美国的农产品进口，而拉丁美洲又是农业资源丰富的地区，中国与拉丁美洲的农业合作前景光明、潜力巨大，进一步加强中拉农业合作是新时期重大的发展机遇。

近年来，中拉农业合作不断深化，进出口贸易日益增加，但是中拉农业合作存在产品结构简单、运输效率低、机械化程度低等问题，为抓住新时代难得的发展机遇，建议通过提高运输效率、强化科技合作、优化投资模式、转变政府职能等措施，提升中拉农业合作水平。

此外，双方因社会制度的不同，也应注重法律法规、金融制度、道德规范等方面的制度差异，消除因投资政策、劳工制度和政府支持方面差异给双方农业合作项目带来的不利影响。

参考文献

［1］赵丽红. 土地资源、粮食危机与中拉农业合作［J］. 拉丁美洲研究，2010（3）.

［2］张勇. 中拉农业贸易与投资发展趋势［J］. 拉丁美洲研究，2014（8）.

［3］李晶，李海燕，王立，庆李斌. 拉丁美洲及加勒比地区农业发展现状与中拉农业合作前景分析［J］. 拉丁美洲研究，2016（8）.

［4］马里亚诺·图尔兹. 中拉农业合作的国际政治经济学分析——以大豆产业链为例［J］. 拉丁美洲研究，2016（8）.

［5］张勇. 从农业补贴视角浅析拉美粮食安全与农业改革［J］. 拉丁美洲研究，2011（3）.

［6］贾焰，李先德. 中国与拉丁美洲及加勒比地区的农业贸易形势及农业合作前景展望［J］. 世界农业，2010（7）.

［7］吕立才，熊启泉. 拉丁美洲农业利用外国直接投资的实践及启示［J］. 拉丁美洲研究，2007（3）.

［8］章金罗. 拉丁美洲的农业生产［J］. 拉丁美洲研究，2002（5）.

［9］吕立才，黄慧玲，余建斌. 拉丁美洲农业利用外资中的土地政策及启示［J］. 拉丁美洲研究，2016（3）.

［10］尤·奥努弗里耶夫. 拉丁美洲农业经济的特点和粮食问题［J］. 国际经济评论，1985（11）.

［11］王亚红. 农业合作经济组织发展中的政府行为研究［J］. 西北农林科技大学硕士学位论文，2004（10）.

［12］曾勰婷. 中国农业产能国际合作展望［J］. 农业展望，2017（11）.

［13］王德娟. 中国目前的农产品进出口贸易［J］. 林区教学，2005（4）.

［14］王建明. 发达国家农业科研与推广模式及启示［J］. 农业科技管理，2010（1）.

［15］宋秀琚. 国外农业科学技术推广模式及借鉴［J］. 社会主义研究，2006（6）.

［16］Adrian H. Hearn. The Changing Dynamics of China-Latin America Agriculture Relation. Springer，2016.

［17］Cui Shoujun. Introduction：Sino-Latin American Relations in Strategic Transition. Springer，2016.

［18］Luis C. Rodríguez. Integrated Pest Management，Semiochemicals and Microbial Pest-control Agents in Latin American Agriculture. Palgrave Macmillan US，2004.

［19］Alain de Janvry. Land and Labour in Latin American Agriculture from the 1950s to the 1980s. Taylor Journal，1989.

［20］John Weeks. Modernization and Stagnation：Latin American Agriculture into the 1990s. 剑桥大学出版社期刊，1992.

［21］Henry Rempel. China's Agriculture Sector：Emerging Trends and New Challenges. Taylor Journal，1997.

［22］Shuquan He. Modeling China's Agriculture Support Policy Effects. Emerald Journal，2016.

拉丁美洲贸易选择及其相关领域
中拉合作前景

李永宁　崔　跃　陈　艺*

摘　要：本文以中美贸易摩擦和拉丁美洲对内对外贸易的发展趋势作为背景，比较系统地考察了近年拉丁美洲主要国家的区域内贸易发展、拉丁美洲国家与北美国家的贸易发展，以及中国与拉丁美洲之间可期的经贸合作发展趋势。研究发现，拉丁美洲9个主要国家相互间贸易势头良好，占其对全球贸易的三成左右；同时，尽管美国贸易保护主义抬头，拉丁美洲与其贸易往来不但并未减弱反而有所上升；最后，研究还对中国与拉丁美洲经贸合作的前景做出了新形势下的条件分析和较为乐观的展望。

关键词：贸易摩擦；区域内贸；美拉贸易；中拉经贸合作

一、引　言

2018年见证的中国与美国比较激烈的贸易摩擦，以及美国与诸多国家有关贸易保护主义问题的较量，集中地体现了作者2017年蓝皮书中对于美国主导的"逆全球化"和"反全球化"潮流的后果的预判①。作为贸易摩擦的受损者和经历者，中国对此开展了全面的反思，采取了有效的应对，牵动了中国学界、政

---

* 李永宁，广东外语外贸大学商学院教授，广东国际战略研究院研究员，广外拉美研究中心副主任；崔跃、陈艺，广外西语学院研究生。

① 李永宁，崔跃. 全球化新趋势与中拉命运共同体的构建［A］. 2017年拉丁美洲蓝皮书［C］. 北京：经济管理出版社，2017.

策决策方和众多参与全球贸易的商务代表的万千思绪。其中比较有代表性的是中国官方权威媒体《人民日报》从 2018 年 7 月 6 日至 7 月 15 日连续向全世界发布了中美贸易战十评，理性地表述了中国的应对态度并进行了客观的分析论证。

按照代表中国主流观点的人民日报评论员的解析，中美贸易战（后来更多场合被称为中美贸易摩擦）可以比较细致、系统地从美国贸易吃亏论、美国贸易霸凌主义、美国贸易零和论、美国贸易不平衡论、美国单边保护主义设下的冷战陷阱、美国反契约陷阱给世界经济带来的失序风险、美国恐怖陷阱冲击全球产业链和价值链等方面展开讨论①。虽然报刊的评论文章并不是严谨的学术和政策探讨，但是这种"连珠炮"的舆论效应的确对于企业家和学者起到了很有效的聚焦问题的导向效应。

诚如著名学者拉尔夫·戈里曼所言："参与全球贸易的国家既有内在冲突，也能共同获利，冲突和共同获利的可能性遵循一个系统的模式。在发达国家之间，使其中某个国家受益的变化很可能使另一个国家的利益受损。但从某种角度看，欠发达国家真实收入的提高和其发达贸易伙伴真实收入的提高之间也存在着真正的共生关系。"② 在 2018 年底 G20 布宜诺斯艾利斯峰会期间，通过反复磋商，中美还是达成了双方都接受的所谓"休战"的贸易协定。然而，这次较大的贸易摩擦还是擦亮许多研究者的眼睛，影响了未来许多区域或国家对于国际贸易发展的重新思考。也正是基于这种对贸易关系的再审视，本文试图对同处于发展中国家水平的拉美地区内外贸易问题进行探讨，研究的构架拟从拉美区域内贸，到拉美和美国的贸易关系，再到中国与拉丁美洲的经贸前景逐次展开。

二、拉美区域内贸易状况

作为拉丁美洲一体化进程的参与者，拉美和加勒比各国并未对这个提出多年的倡议给予统一的看法和行动。北美的墨西哥一直有着自己的步伐，南美洲则是大国林立，拉美地区几个大型的经济体都分布在南美，相互之间却各不相同，对经济和社会发展似乎有着不同的诉求，对国家政府自身也有不同的要求。

---

① 人民日报评论员. 中美贸易战十评［M］. 北京：人民出版社，2018.
② 拉尔夫·戈里曼，威廉·鲍莫尔. 全球贸易和国家利益冲突［M］. 北京：中信出版社，2018.

《2017 年拉丁美洲和加勒比经济体初步概况》[1] 对拉美地区各国在 2017 年的经济表现进行了初步汇总和分析。一个非常有趣的数据是，在该年度内经济增长率最高的五个国家中，有四个来自中美洲。另外，委内瑞拉仍然是表现最糟糕的经济体，也是唯一一个 GDP 指数呈负值的国家。总体来说，拉丁美洲作为一个多样色彩的整体，经济发展的速度和趋势较前一年相比都稍显回稳。

同样在该报告中，另一处值得我们关注的是该地区国家的出口量与其贸易伙伴（包括区域内的和区域外的）的活动水平高度相关，这一活动水平构成了该地区各个国家面临的出口需求的近似值。报告中同时计算了该地区各国贸易伙伴的 GDP 增长加权率，与该地区的出口量相关，其在 2000~2017 年的系数为 0.9。具体如图 1 所示。

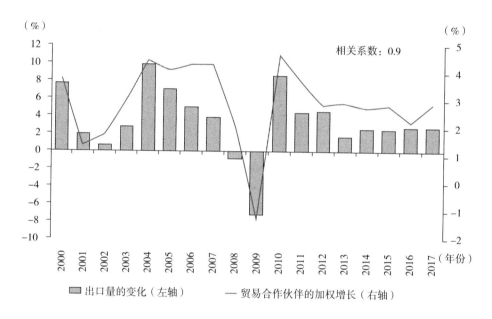

图 1　拉丁美洲：贸易增长和出口量变化的指标（年际变化率）

资料来源：拉丁美洲和加勒比经济委员会（CEPAL）。

鉴于上述情况，在基本产品价格稳定的假设下，可以预见 2018 年拉丁美洲地区对外销售将增长。原材料的更优价格、世界贸易的活动和数量的恢复，以及区域内贸易的复苏，都反映在了拉丁美洲的出口增加上，实现了过去四年以来的首次增长。比如在墨西哥方面，对美国和拉丁美洲其他国家的制成品出口的复苏

① 拉丁美洲和加勒比经济委员会 Comisión Económica para América Latina y el Caribe（CEPLA）. *Balance Preliminar de las Economías de América Latina y el Caribe en 2017*, 2018.

以及高油价最后使其在出口方面增长了 9%①。

从 2017 年第三季度的数据来看，在拉丁美洲内部的次区域层面上，一直存在差异化的表现，尤其是 2013 年以来南美地区组成的群体和由中美洲、多米尼加共和国和墨西哥组成的群体之间存在明显的趋势对比，但从 2017 年第三季度起这种明显的对比开始减弱。南美洲地区以 2016 年第二季度作为一个转折点，启动了一波有活力的复苏，与此同时，中美洲、多米尼加共和国和墨西哥的群体在最近几年也有稳定的发挥和走势。

目前，南方共同市场（Mercosur）正处于不断变化的外部背景下，这种情况直接影响了其区域内与区域外的交易。除此之外，每个缔约国的政治振荡都会产生一定程度的不平衡，但这些国家的目光也都一直聚焦在实现一体化的未来上。其中在 2016～2017 年，巴西和墨西哥已经达成协议将扩大经济互补协议（Acuerdo de Complementación Económica），以进一步加强它们的关系；乌拉圭与智利签署了一项创新的自由贸易协定（Tratado de Libre Comercio）；巴拉圭和智利与高级委员会举行了第一次会议，在安托法加斯塔设立了佛朗哥存款（Deposito Franco）和自由贸易区；阿根廷和墨西哥已经同意深化经济互补协议的第六条并签署了 17 项关于各种主题的协议，它们的目标是在未来几年内实现双边自由贸易。

南美洲地区各经济体通过南方共同市场的推动，加快和加大了对墨西哥的开放速度和力度，这对墨西哥来说无疑是雪中送炭的好势头，南美洲国家不仅为它提供向外出口方向的替代方案，更丰富了它出口的多样性。

2017 年拉丁美洲区域内贸易值的数据显示，中美洲作为一个相对集中、发展稳定的次区域，与南美洲国家及处在北美的墨西哥相比，对拉美区域内的贸易依赖程度更高一些，其中对外贸易总值较大的三个国家——危地马拉、巴拿马、墨西哥，它们在拉美区域内的贸易总值均占各自在全世界范围内贸易总值的 30% 以上，危地马拉和巴拿马甚至占比超过 40%（分别为 42.7% 和 46.7%）。与之相比，身处北美且一直与美国和加拿大有着自由贸易协定的墨西哥，与拉美区域内各国的贸易值仅占其对外贸易总值的 5.2%，其中与它合作相对紧密的巴西、智利等国，占比也都未超过 1%。而南美洲相对来说多样化一些，如图 2 所示，智利占 16.6%、阿根廷占 32.1%、哥伦比亚占 35.2%、巴西占 20%、秘鲁占 15.4%。

① 拉丁美洲和加勒比经济委员会 Comisión Económica para América Latina y el Caribe（CEPLA）. *Balance Preliminar de las Economías de América Latina y el Caribe en 2017*，2018.

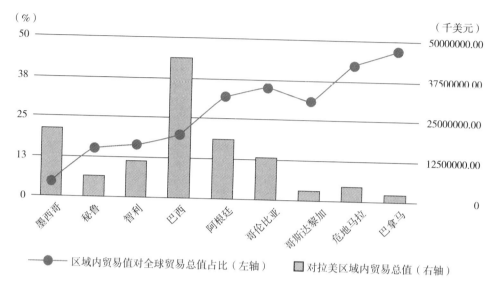

图 2 拉丁美洲国家与区域内各国贸易值及其与世界范围内对外贸易总值占比

资料来源：作者由联合国商品贸易统计数据库（UN Comtrade）提供的数据绘制而成。

拉美区域内部贸易相对强劲的具体数值如表 1 所示。

表 1 拉丁美洲国家与区域内各国贸易值及其与世界范围内对外贸易总值占比

国家	区域内贸易值对全球贸易总值占比（％）	对拉美区域内贸易总值（千美元）
墨西哥	5.2	21466774.00
秘鲁	15.4	6771157.00
智利	16.6	11503807.00
巴西	20	43650675.00
阿根廷	32.1	18715377.00
哥伦比亚	35.2	13284912.00
哥斯达黎加	31	3285479.00
危地马拉	42.7	4697262.00
巴拿马	46.7	2547155.00

资料来源：联合国商品贸易统计数据库（UN Comtrade）。

从图2与表1中可以看出，虽然巴西和墨西哥的贸易总值，无论是区域内还是区域外，都是数额巨大的，但就其对拉丁美洲内部的贡献率来说，相对于中美洲国家显得比例偏小。中美洲国家由于经济体小，次区域间合作频繁，对邻国的需求和供应都相对丰富，这使它们在对区域内各国经济发展和需求的状况上有一定的依赖。而相对更开放一些的巴西、智利等国，则对全球的贸易量分配更多样化。而墨西哥5.2%的比例则是由于其主要依赖于与北美国家的贸易造成的，此处我们将在第三部分再次讨论。

三、拉美国家与美国的贸易往来

在贸易紧张局势恶化、金融条件限制更加严格以及商品市场更具波动的情况下，拉丁美洲和加勒比地区的复苏已经放缓速度并且变得更加不均衡。该地区一些主要经济体如巴西和墨西哥的复苏已经放缓，而在阿根廷则已经停滞，出现这些现象的原因主要是这些国家经济和金融的脆弱性加剧了外部力量对它们的影响。同时，油价上涨以及更大的政治不确定性使一些中美洲经济体的短期前景蒙上了阴影。委内瑞拉方面的经济和人道主义危机仍然没有结束。与此同时，2017年贸易条件的改善以及消费者和商业信心的反弹刺激了一些安第斯经济体（哥伦比亚、秘鲁、智利）的增长前景，加勒比地区也由于美国和世界经济的稳固增长及其旅游业的增长而得以刺激，从而焕发了一些活力。

拉丁美洲和加勒比地区经济前景中有可能面临的风险有所下降，但也有令人意外的方面是，这些似乎也表现出平缓下降的趋势。鉴于该区域许多经济体的主要货币正在急剧贬值，并且债务水平仍然相对较高，短期内应用反周期支持的政策还非常具有局限性。由于对该地区某些国家来说外部融资需求比较重要，且它们的资本流动一直在下降，因此该地区的政府们也面临着准备应对新的资本外流压力。从这个意义上讲，汇率的灵活性仍然是关键，尽管在市场过度波动和中断的情况下，外汇市场的干预可能是合理的①。

拉丁美洲地区的财政和贸易无疑是与美国有极其重要的关系的。新一任美国总统特朗普上台后，对拉丁美洲甚至是全世界的贸易局面都有所质疑并提出要重新洗牌，重新对现有的联盟和合作通过解体再联合。而面对拉丁美洲，尤其是墨西哥，这个与之比邻的、对它格外依赖的国家更是从经济、社会各个方面加以为

---

① 国际货币基金组织（IMF）. 西半球：不均衡的复苏［J］. 区域经济展望，2018（10）.

难，除了有制定新规则的诉求外，更是想从中赚取更多的权益，于是特朗普上台后没多久，除了加紧对美国国内和边境的移民和管制政策，更是提出要重新修改包含墨西哥在内的北美自由贸易协定，甚至是消除这一协定，而重新订立一个对美国更有利的协定。经过多轮谈判，2018 年 9 月 30 日，美国、加拿大和墨西哥达成三方贸易协议，使北美自由贸易协定现代化，该协议被称为"USMCA"（美墨加三国协议）①。

墨西哥方面在其政府官方网站上发布了 2017 年的对外贸易总额，而这一数据与近五年的数据相对比，墨西哥的贸易不仅没有像媒体发布的美国对其刁难以致数额降低，反而是比 2013 年以来的增长都明显，单单是与美国的贸易增长额就已超过了这一年其对拉丁美洲地区其他所有国家的贸易额的总和，如表 2 所示。

表 2　墨西哥出口总额

国家 ＼ 年份	2013	2014	2015	2016	2017
总额	380015.0	396911.7	380549.6	373946.7	409401.1
北美	309891.8	329079.7	319409.0	313007.6	338226.1
美国	299439.1	318365.5	308864.4	302575.3	326866.3
加拿大	10452.7	10714.2	10544.7	10432.3	11359.8
拉美一体化协会	20024.7	18160.6	15083.8	12476.3	14254.6
阿根廷	1965.9	1301.9	1497.1	1408.7	1504.1
玻利维亚	199.5	226.4	172.0	156.3	186.8
巴西	5386.4	4739.6	3798.9	3055.9	3680.9
哥伦比亚	4735.2	4733.9	3668.0	3066.5	3163.8
智利	2084.7	2148.0	1861.4	1745.0	1804.1
中美洲	4826.7	4875.9	5041.9	4865.3	5093.3

资料来源：由墨西哥经济部–对外贸易副部（Secretaría de Economía Subsecretaría de Comercio exterior）提供的数据汇总。https://www.gob.mx/cms/uploads/attachment/file/412346/Anual-Exporta-dic2017.pdf.

---

① 墨西哥政府网（www.gob.mx），北美自由贸易协定（Tratado de Libre Comercio de América del Norte），更新于 2018 年 11 月 23 日。

从表 2 提供的数据可以看到，墨西哥与美国的贸易量仍成巨大的比例，近80%，并还在持续增长。尽管与美国达成了初步贸易协议，但最终协议的不确定性和紧缩的金融状况也表明其经济的复苏会是较为缓慢的过程。

与此同时，中美洲巴拿马和多米尼加共和国的经济前景受到外部和国内复杂多变的力量的影响。虽然美国的强劲增长有利于该地区的经济，但政治和政策的不确定性也在制约着增长。由于贸易条件恶化和国内需求疲软，这些地区和国家的增长自 2018 年初以来出现减速迹象①。

在中美洲内部，由于陆路运输中断增加了进出口的物流成本，以及尼加拉瓜发生政治动荡导致整个中美洲区域内贸易受到影响，加之油价上涨和咖啡价格下跌，危地马拉、萨尔瓦多和洪都拉斯的贸易逆差在 2018 年上半年扩大。在这一年第二季度，美国的强劲增长为该地区抵消了贸易逆差的恶化部分，使出口有所增长②。

自 2018 年 4 月以来，由于外部环境的变化，该地区财政状况相比以前变得严峻了一些，但总体来说仍然算是保持宽松的，并且总体上仍能利于增长。美国经济增长的最大推动力导致美元走强，拉丁美洲地区许多国家的货币因美元升值而贬值（见图 3）。

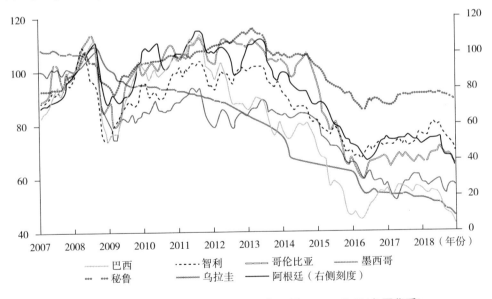

图 3 与美元双边汇率（指数：2008 年 1 月＝100，美元/各国货币）

资料来源：国际货币基金组织（IMF）.西半球：不均衡的复苏［J］.区域经济展望，2018（10）.

①② 国际货币基金组织（IMF）.西半球：不均衡的复苏［J］.区域经济展望，2018（10）.

此外，净资本流入该地区的投资组合在最近几个月已经变得不那么乐观了，甚至对各国的汇率造成了更大的压力，尤其是在那些经济基本面薄弱且对外部融资有强烈需求的国家。

整体来说，拉丁美洲除了巴西和一些近些年与中国合作密切的中美洲国家，该地区仍保持着在经济上与美国休戚与共的状态。未来几年除却自身政治和金融环境的不稳定，美国政府的每一次新政策都仍将持续影响着这一地区的命运。

四、拉美与中国大陆、台湾相关领域的合作前景

综上所述，拉丁美洲和加勒比国家近年的对内对外贸易处在持续增长的势头，为了保证工业化的发展和对国际市场的竞争力，拉美国家近年加大了对外需求投资的合作战略，这给了中国大陆及台湾地区开拓相关领域，包括经贸和投资方面合作的新机遇。

美国总统特朗普上台后，重新调整对拉丁美洲政策，主要以负面消极为主。因此，为应对复杂国际形势变化，拉丁美洲国家推出多元外交政策，积极加强与欧洲、亚洲国家合作。亚太地区作为全球最具发展活力和潜力的地区，而中国大陆作为亚太地区排名第五的最具竞争力经济体①，理所应当受到拉美国家重视。

2017 年 5 月，在北京召开的"一带一路"国际合作高峰论坛上，29 位外国元首和政府首脑在内的来自 130 多个国家和 70 多个国际组织约 1500 名代表出席此次高峰论坛，其中包括智利总统巴切莱特与阿根廷总统马克里与其他拉美国家近 20 位主要官员，南美洲区域基础设施一体化倡议正式列入《"一带一路"国际合作高峰论坛圆桌峰会联合公报》。虽然"一带一路"倡议此前并未正式将拉美包括在内，习近平在同阿根廷总统马克里举行会谈时强调，拉美是 21 世纪海上丝绸之路的自然延伸。中方愿同拉美加强合作，包括在"一带一路"建设框架内实现中拉发展战略对接，促进共同发展，打造中拉命运共同体。

近年来，在全球经济缓慢复苏的大环境下，中国与拉丁美洲双边贸易额在连续 4 年下滑后重新上涨。根据中国海关统计，2017 年中拉贸易额近 2600 亿美元，同比增长 18.8%。中国对拉美主要出口产品为机电和高科技产品，拉美对中国出口产品多元化进一步加强，从出口原材料发展到出口特色农业产品等。中拉贸易结构基本平衡，仍处于不断优化之中，以便达到互利互惠目的。

① 2018 年世界经济论坛（WEF）发布的《全球竞争力报告》。

中国对外投资增速放缓，市场主体更为成熟与理性（见表3）。相比去年，2018年流向拉丁美洲地区的投资为140.8亿美元，同比下降48.3%，占对外直接投资流量的8.9%。主要流向英属维尔京群岛（193亿美元）、巴西（4.3亿美元）、委内瑞拉（2.7亿美元）、阿根廷（2.1亿美元）等。中国对外直接投资存量分布在全球的189个国家（地区），占全球国家（地区）总数的80.8%，拉丁美洲3868.9亿美元，占21.4%，主要分布在开曼群岛、英属维尔京群岛、委内瑞拉、巴西、阿根廷、牙买加、厄瓜多尔、墨西哥、秘鲁、特立尼达和多巴哥、智利等。其中，开曼群岛和英属维尔京群岛累计存量3717.4亿美元，占对拉美地区投资存量的96.1%。

表3　2017年末中国对拉丁美洲直接投资存量前五位的行业

行业名称	存量（亿美元）	占比（%）
信息传输、软件和信息技术服务业	1865.7	48.2
租赁和商务服务业	765.7	19.8
批发和零售业	594.5	15.4
金融业	251.3	6.5
采矿业	87.7	2.3
小计	3564.9	92.2

资料来源：《2017年度中国对外直接投资统计公报》。

与此同时，中国向拉丁美洲地区融资有明显回落，从2016年的210亿美元降至2017年的90亿美元（见图4）。尽管如此，中国在该地区的贷款记录继续超过其他主要贷款机构。2005~2016年，委内瑞拉（620亿美元）为贷款最大接收国，其次为巴西（368亿美元），厄瓜多尔（174亿美元）与阿根廷（153亿美元）紧随其后。

由于历史原因，拉丁美洲基础设施建设经历了高潮与低谷，现成为制约拉美发展的短板之一。根据联合国的数据，2011~2040年，拉美地区基础设施投资总需求将高达13.2万亿美元。其中，铁路、公路、电力、港口建设等领域缺口最大。中国和拉美在基础设施领域开展的合作完全体现出我国致力于以对接促进与拉美国家的产业合作。[①] 此外，拉丁美洲是世界上自然资源最富饶的地区之一。中拉能源合作是中拉经济合作的重要环节。在2015年1月8~9日举办的首届中拉论坛上，能源合作被列为中拉经贸合作的优先领域。因此，中国向拉丁美洲的

---

① 国家开发银行与中国水电建设集团国际工程有限公司联合课题组. "一带一路"与中拉基础设施合作的战略对接 [J]. 拉丁美洲研究，2018，40（3）：20-30.

（十亿美元）

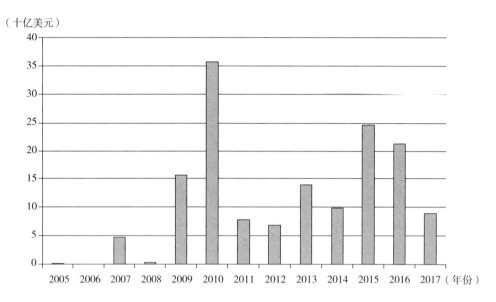

图 4　2005~2017 年中国向拉丁美洲及加勒比地区融资规模

资料来源：Gallagher，Kevin P.，Margaret Myers. 中国—拉丁美洲金融数据库. 华盛顿：美洲国家对话组织，2017.

贷款主要集中于基础设施建设，包括能源部门（见图 5）。

由于政治原因，拉丁美洲和加勒比地区一直是中国大陆地区和台湾地区的角斗场，尤其是在这两年间台湾地区失去 5 个"邦交国"后，这种竞争变得更为复杂。这些国家的转向毫无疑问从侧面表达了大陆地区与台湾地区在拉丁美洲经济上实力的对比。由于缺乏正式外交机构，台湾地区在拉美许多主要城市设有非官方商务办事处，希望吸引贸易投资。台湾地区在 2017 年与拉美双边贸易额近 120 亿美元①，仅为大陆的 1/22，台湾地区对拉美地区出口产品主要为聚缩醛、汽车零配件、LCD、合成纤维纺织物、积体电路、钢铁制品、印刷电路等，而主要进口精炼铜、玉米、铁矿砂、化学木浆、调制动物饲料等，主要贸易伙伴为巴西、智利、墨西哥、秘鲁、阿根廷。目前，台湾地区与危地马拉、巴拿马、尼加拉瓜、萨尔瓦多、洪都拉斯签订了自由贸易协定，2016 年台湾地区与上述 5 国双边贸易额达 70908 万美元，较 2003 年增加 88.47%。与巴拉圭签有经济合作协定。为巩固其"邦交国"，蔡英文政府鼓励与协助台湾企业前去访问，台湾地区经济部门已经通过了"加强对中美洲地区经贸工作纲领草案""加强与中美洲国家经营合作方案"等重要文件，目的就是鼓励台湾地区企业进军拉美市场，强化双方的经济纽带关系，扩大双方的利益关联，消除拉美"邦交国"与台"断交"的

① 作者根据 2017 年台湾"经济部国际贸易局"进出口值表整理。

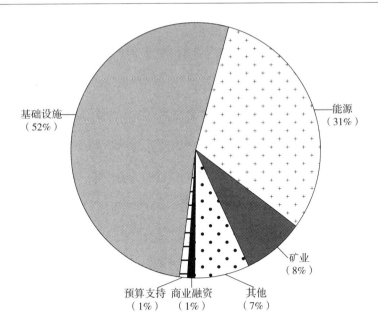

图5　2005~2016年中国向拉丁美洲及加勒比地区融资主要产业

资料来源：Gallagher, Kevin P., Margaret Myers. 中国—拉丁美洲金融数据库. 华盛顿：美洲国家对话组织，2017.

意愿。2016年9月，台"经济部"下属的"贸协培训中心"专门举办了"如何与拉美客户谈贸易、做生意"的培训班，主要目的就是指导台湾企业赴拉美投资。[①] 2017年台湾地区"经济部国际贸易局"委托"外贸协会"及"中卫中心"办理中南美地区海外拓销活动，包括2017年中南美洲利基产业拓销团、墨西哥国际工业机械展销团及2017年巴西国际橡塑胶工业展，并且协助台湾赴墨西哥、智利、哥伦比亚、秘鲁及巴西争取商机；此外，与萨尔瓦多及洪都拉斯共同举办第二届台萨洪自由贸易协定执行委员会议以促进三方经贸合作关系。

　　另外，得益于2018年12月在阿根廷召开的G20峰会，中国与拉丁美洲的贸易合作在互为重要贸易伙伴的基础上，正在搭上经贸合作加速联动的快车。

　　根据通过的《二十国集团领导人布宜诺斯艾利斯峰会宣言》，成员们一致认为"国际贸易和投资是增长、生产力、创新、创造就业和发展的重要引擎"。各国都认识到多边贸易体系为此做出的贡献。按照与会有关媒体的报道，关于宣言的讨论持续到了峰会的最后一刻，在推动共识达成的过程中，中国扮演着重要角色。特别是中国国家主席习近平在峰会期间强调，保持世界经济稳定发展的共同

---

　　① 钟厚涛. 蔡英文执政后台湾与拉美"邦交国"关系走向 [J]. 拉丁美洲研究, 2018（2）.

需要催生了二十国集团。我们应该坚定维护自由贸易和基于规则的多边贸易体制①，更是展示了中拉在贸易等领域合作的稳定的前景。

作为一种前景，最为可期的还有中国"一带一路"倡议的强劲推动力，正如阿根廷布宜诺斯艾利斯大学社会科学研究所所长卡洛琳娜·梅拉认为，"一带一路"倡议开启了合作对话的新阶段。自 2015 年起，拉丁美洲和加勒比地区被纳入"一带一路"倡议，是 21 世纪海上丝绸之路的自然延伸。这个倡议提出了一个完备的合作方案，协调打通政策、运输、贸易和金融一体化等，它可以成为思考当代世界的新思想框架的一部分。在她看来，作为历史上伟大理论的摇篮，中国重新向世界提出了一种全新的、大胆的对话，这种对话通过应对不稳定的国际力量来展望长期的未来。②

2018 年开始的中拉经贸合作，不仅是一种期许和承诺，更多的是中拉双方切实展开的新一轮贸易往来热潮。以 G20 峰会东道国阿根廷为例，该国高层官员艾特切维埃莱就在会后新闻发布会上宣称："这几天的会议中，我们和中国将签署四个出口协议，其中包括之前我们和中国驻阿根廷大使签订的牛肉、羊肉和马匹的出口协议，还有明天周日我们将签署樱桃的出口协议。另外，蜂蜜、猪肉、大豆粉的出口协议谈判也有非常大的进展。"③ 中国—拉丁美洲经贸合作从量到质的全新突破正在多边协议的框架下更加富于可持续的新前景。

五、结　语

本文所表述的基本上是一个描述性的研究，通过对一些统计数据的图表化，笔者试图对拉丁美洲国家的区域内部贸易发展、拉丁美洲主要国家与美国的贸易往来，以及拉丁美洲国家与中国未来的经贸合作前景进行一定的描述分析。研究的主要结论和现实意义主要体现在以下几个方面：

首先，研究发现，拉丁美洲 9 个主要国家相互间贸易势头良好，占其对全球贸易的三成左右。其中，虽然巴西和墨西哥的贸易总值，无论是区域内还是区域外，都是数额巨大的，但就其对拉丁美洲内部的贡献率来说相对于中美洲国家显

① 《北京商报》2018 年 12 月 3 日：2018 阿根廷 G20 峰会通过了"宣言" G20 峰会宣言什么内容?，www.zhicheng.com/n/20181203/233569.html。
② 上观新闻：在这个紧跟 G20 峰会召开的论坛上，拉美学者是这样评价中国和"一带一路"的，https://baijiahao.baidu.com/s? id=1619147030995514014&wfr=spider&for=pc。
③ 中央广电总台国际在线：G20 峰会闭幕通过《布宜诺斯艾利斯宣言》各方认为中国崛起是巨大机遇，http://news.cri.cn/20181202/625aa897-8c7f-39f2-5af9-3e0dea426819.html。

得比例偏小。中美洲国家由于经济体小，次区域间合作频繁，对邻国的需求和供应都相对丰富，这使它们在对区域内各国经济发展和需求的状况上有一定的依赖。而相对更开放一些的巴西、智利等国，则对全球的贸易量分配更多样化。而墨西哥 5.2%的比例则是由于其主要依赖于与北美国家的贸易造成的。

其次，尽管美国贸易保护主义抬头，拉丁美洲与其贸易往来不但并未减弱反而有所上升。例如，在美加墨 USMCA 三国协议背景下，墨西哥方面在其政府官方网站上发布了 2017 年的对外贸易总额，而这一数据与近五年的数据相对比，墨西哥的贸易不仅没有像媒体发布的美国对其刁难以致数额降低，反而是比 2013 年以来的增长都明显，单单是与美国的贸易增长额就已超过了这一年其对拉丁美洲地区其他所有国家的贸易额的总和。因此整体来说，拉丁美洲除了巴西和一些近些年与中国合作密切的中美洲国家，该地区仍保持着在经济上与美国休戚与共的状态。未来几年除却自身政治和金融环境的不稳定，美国政府的每一次新政策都仍将持续影响着这一地区的命运。

最后，对于中国和拉丁美洲的经贸合作前景，囿于篇幅和背景的复杂性，该文讨论似不够深入。但是从中国投资贸易组合发展的成功路子出发，除了第四部分谈及的重大因素之外，还有几个方面是可以大有可为的：一是中国目前在持续保出口的同时，正在加大进口力度，这对于资源和初级产品丰富的拉丁美洲是一个"双赢"的契机；二是中国的科技和制造业创新领域发展迅速，拉丁美洲广阔的市场是双方"共赢"的重要基础；三是美国和拉丁美洲的经贸矛盾已经呈现结构化趋势，美国试图实行的贸易保护主义将给中国和拉丁美洲的经贸紧密合作带来更大的开放空间；四是能源矿产和农业领域，双方都有各自可以构成合作型供应链的需求，中国未来的区域发展，无论是发达的北上广，例如粤港澳大湾区的建设，还是边远的中西部地区的开发，拉丁美洲都可以有非常多样化的合作伙伴。总之，未来 10 年将是中国与拉丁美洲经贸合作的黄金时期。

参考文献

［1］人民日报评论员. 中美贸易战十评［M］. 北京：人民出版社，2018.

［2］隋广军，朱文忠，李永宁. 2017 年拉丁美洲蓝皮书［M］. 北京：中国经济管理出版社，2017.

［3］拉尔夫·戈里曼，威廉·鲍莫尔. 全球贸易和国家利益冲突［M］. 北京：中信出版社，2018.

［4］尹继元. 世纪之战：逆全球化背景下的贸易战［M］. 北京：中国纺织出版社，2018.

［5］钟厚涛. 蔡英文执政后台湾与拉美"邦交国"关系走向［J］. 拉丁美洲

研究, 2018（2）.

　　［6］国际货币基金组织（IMF）. 西半球：不均衡的复苏［J］. 区域经济展望, 2018（10）.

　　［7］国家开发银行与中国水电建设集团国际工程有限公司联合课题组.“一带一路”与中拉基础设施合作的战略对接［J］. 拉丁美洲研究, 2018, 40（3）.

　　［8］《全球竞争力报告》, 2018 年世界经济论坛（WEF）发布。

中国企业走向拉美人力资源管理的挑战与对策

摘　要： 21 世纪以来，中国与拉丁美洲关系进入快速发展时期，习近平总书记在约 4 年时间里先后 3 次出访拉美，并与 6 个拉美国家关系提升至全面战略伙伴，这些凸显了拉美在中国外交新格局中的重要地位。中国和拉美国家之间有诸多相同的利益需求，这促使中国和拉美地区在政治、经济等方面开展积极的交流合作，中拉关系在 21 世纪取得了跨越式进展，中国企业走向拉美成为必然趋势。本文旨在对比中国与拉丁美洲人力资源管理在文化、制度、理念方面的差异，在 5P 模型的基础上分析得到中国企业走向拉丁美洲人力资源管理的挑战，如中国企业跨国人力资源管理观念落后、企业管理制度与工会要求矛盾、薪酬管理方式不一致等，并进而提出对策，以期为中国企业走向拉美人力资源管理理论研究和具体实践提供借鉴。

关键词： 人力资源管理；拉美；5P 模型；差异

一、导　论

（一）研究背景

21 世纪以来，世界形势发生着重大变化，随着世界经济全球化、文化多样化和科技信息化的迅猛发展，国家交往的深度不断加深，广度不断扩大，加剧了世界各国的经济相互依存性和依赖性。

---

* 朱文忠，广东外语外贸大学商学院院长，教授，博士生导师；张婷婷，广东外语外贸大学商学院校友。

改革开放 40 年来，中国部分企业在改革初期就已经开始了国际化的尝试，在逐步拥有丰富的劳动力资源、先进的科学技术和雄厚的资金等有利条件下，中国企业由国内市场逐步走向国际市场。在"一带一路"背景下，拉美市场的巨大潜力与互补性，吸引了众多的中国企业进军拉美，对其进行投资。目前中国已与部分拉美国家成功探索并实施了"贸易＋投资＋金融"合作模式，在这种模式的支持下，中拉贸易关系快速发展。

（二）研究目的与意义

进入 21 世纪以来，中国与拉美地区的经贸关系步入了快速发展的时期，中拉之间领导高层等互访日益频繁，中拉贸易合作日益加深，中国在拉美地区的投资不断扩大，中拉双边贸易额和中国在拉美地区的直接投资流量都增长了 10 多倍，中国与拉美国家在各经贸平台上的合作不断加强。在这一新的经济背景下，企业如何应对走进新区域、新国家给经营管理带来的挑战就成为企业是否能成功走向拉丁美洲的关键。特别是在全面全球化的形势下，人力资源管理更是企业在走向新地区、新国家这种不确定性环境下获得竞争优势的关键。企业受全球化趋势影响，要求企业管理者了解、掌握在不同地区和国家经营企业所需的管理知识。而通过分析梳理不同国家和地区的人力资源管理实践，研究结果可以为企业人力资源管理的应用提供参考。

人力资源管理是组织性的"指南针"，它涉及所有管理人员，将人视为组织最重要的单一资产，并致力于提高公司业绩、员工需求和社会福利。它包括广泛的重点领域，并且带有增加各种层次人员满意度总和的理想。此外，除了从学科角度与战略管理的联系外，它还综合了国际商业、组织行为、人事管理和产业关系等要素。为了更好地理解全球化背景下的企业人力资源管理特点，为我国企业走向拉美人力资源管理的实践提供新的思路和措施，本文将对中国与拉丁美洲的人力资源管理的特征和差异性进行比较研究，并总结得出中国企业走向拉丁美洲的人力资源管理的挑战，针对中国企业在拉美人力资源管理改善措施进行探讨，以期为中国企业进入拉丁美洲人力资源管理理论研究和具体实践提供借鉴。

（三）研究内容

本文将从中拉双方的文化差异、制度差异、理念差异这三大方面进行分析比较。结合时政热点，紧跟当代国际经济发展的潮流，笔者将尽力做到广泛阅读，力求从多维度阅读文献资料，分析问题。通过阅读国内外相关文献总结、分析、阐述中国与拉丁美洲各维度差异，结合 5P 模型对中国企业进入拉丁美洲人力资源管理的挑战进行分析总结，并利用模型提出完善建议与意见。

二、研究现状综述

（一）概念界定

人力资源管理是组织中至关重要的职能。有效地管理人力资源需要人力资源部门人力资源专业人员的特殊专业知识，并由直属经理和其他员工合作使用。它涉及关注当下的问题，同时保持长期可持续性的观点，还涉及不断改进和改变需要时间才能实施并产生结果的活动。

在《人力资源管理理论与实践》中，约翰·布拉顿（John Bratton）提出，人力资源管理（HRM）是一种管理员工关系的战略方法，它强调了挖掘人的潜力对获取持续竞争优势的重要性，并表示需要通过结合各种员工活动、实践与政策以获得这种优势。在布拉顿看来，人力资源管理代表了一种管理员工关系的新方式，并且这种方式与新经济的规律相符合。人力资源管理的内涵蕴含着一种认知，现实中的每个个体存在各种不同的差异，为了创造价值，它必须与其他资源相结合。

Mathis 和 Jackson（1991）认为，人力资源管理与组织战略规划密切相关。在书中，他认为传统的人力资源管理与现代人力资源管理有很大的不同，传统的人事管理在于维持及执行日常的事项工作，而现代人力资源管理更重要的是在战略高度从不同角度来规划企业的整体发展。

Stone R. J.（2005）在《人力资源管理》中提出，人力资源管理是管理工作中直接管理处理员工关系的部分。此后，密歇根大学在 Stone R. J. 基础上进一步提出人力资源管理的概念，认为人力资源管理包括四个过程，分别为甄选、评估、奖励与开发。

在《现代企业人力资源管理导论》一书中，郑晓明（2011）明确提出了"5P"模式——识人（Perception）、选人（Pick）、用人（Placement）、育人（Professional）、留人（Preservation），为企业建立一套科学有效的人力资源管理系统提供了有价值的参考。

现代企业人力资源管理以企业人力资源为基础，研究如何实现企业资源的合理配置。它突破了传统劳动人事管理的束缚，认为人是决定企业生存和发展的因素，并且是始终充满活力、具有生命力的特殊资源，强调了人力资源对企业的重要性，把人看作一种内在的建设性潜在因素。

5P 管理模型的五个要素分别可以对应五个系统：基于识人的"素质评估和

工作分析系统"、以选人为主导的"招聘与选拔系统"、以用人为核心的"配置和使用系统"、以育人为动力的"培训与发展系统"、以留人为目的的"考核薪酬制度系统"。这种"5P"人力资源管理模式的五个方面相互联系、相辅相成，给人力资源管理带来更多的优势，也可以将企业文化彻底渗透到每个员工的每个工作领域，提高企业核心竞争力。

（二）研究现状

1. 人力资源管理对比研究现状

人力资源管理研究起源于西方发达国家，我国在这方面的研究比较晚，但是学者们在西方研究的基础上积极探索，并通过不同国家、不同发展阶段、不同规模类型企业等不同维度对人力资源管理进行比较研究。

赵曙明在 2002 年与 2012 年分别对美、德、日、韩四国与中、美、欧三个地区的人力资源管理与发展模式进行了详尽的分析与研究，从文化、制度、理念、标准四个维度进行比较，从而得出研究结论。夏光和陆珍珍（2006）研究对比中日两国人力资源管理特点，总结出人力资源管理改革、思想文化、制度等方面的异同，进而提出思考。邱雯（2001）通过对比人力资源配置、制度、激励机制等方面的不同分析了美、日的人力资源管理模式。从这些文献中可以看出，各国的人力资源管理特点、发展模式、影响因素等与各国的发展历史、文化理念、政策制度息息相关。

2. 拉丁美洲人力资源管理研究现状

中国的拉美研究是一门跨越传统知识门类的交叉学科，其中包括了经济学、政治学、人文学、地理学、国际关系学、社会学等各类学科以及综合理论，拉美社会学科又可以分为以下几类：社会发展研究、社会结构研究、社会问题研究、文化学科研究。近年，贺双荣（2016）以及李菡和韩晗（2017）研究了构建"中拉命运共同体"的必要性、可能性及挑战；程洪和杨悦（2017）与梁昱潇（2017）研究了 21 世纪中国与拉美国家关系发展中的文化因素以及中华文化在拉美地区的传播等。但由于中国与拉美之间的地理隔离、文化隔离等原因，中国对拉丁美洲的研究尚未全面覆盖，进入拉丁美洲的中国企业还未成一定规模，研究样本较少，关于中国企业走向拉丁美洲人力资源管理的研究资料还不齐全。此外，清华经管学院的中国—拉丁美洲管理研究中心有相关课题为"中国与拉美国家员工工作价值观与工作行为研究：以智利、巴西为重点"，此课题涉及人力资源管理研究但此研究方向比较分散，研究成果零散，缺乏整合。本文创新性地对中国企业走向拉美人力资源管理的挑战与对策进行研究，以期为类似研究提供借鉴。

三、中国与拉美人力资源管理差异分析

(一) 文化差异性

文化是非常广泛和具有人文意味的概念，确切来说，文化是具有传承性的国家或民族的相关历史、传统习俗、思想观念、生活方式、行为规范与制度等。

1. 中华文化特点

第一，延续性。中国文化与包括拉美文化在内的其他任何古老文化相比都是不同的，是最独特的。中华传统自起源发展至今，有着上下五千年的厚度与内涵，绵延不绝并不断发展，从未被割断，从未停止发展脚步。

第二，多样性，包括起源多样性与内容多样性。中国文化具有鲜明的多元起源的特点，长江、黄河都是中国文化的发祥地。中华文化内容多样，源于中华民族有着上下五千年的文明历史，这成就了优秀丰富的民族文化，"百花齐放，百家争鸣"，各学派文化以孔孟的儒家文化见长，墨家、法家、道家、佛家等大家思想亦影响颇深，其中以儒家思想中的"和"为首，强调"天人合一"，在人与自然之间达到一种有序、平衡与和谐；强调"天下为公"，德高为为；宣扬"己所不欲，勿施于人"。

第三，包容性。中国文化以"和"为贵，是一种兼收并蓄的"和合"文化。数千年来，中国文化不断吸收其他文明的精华，不断地丰富中国文化内容与内涵，博采众长，兼收并蓄，去其糟粕，取其精华。从漫漫历史长河中我们可以得知，无论是过去还是现在，中国文化不会对任何其他文化构成威胁，甚至还会形成互补。

2. 拉美文化特点

第一，间断性。拉美印第安原住民文化的发展被中世纪末欧洲殖民者侵入所间断，欧洲殖民者的征服与殖民使移植来的欧洲文化成为拉美文化的主体，而美洲印第安原住民文化和非洲黑人文化则退为次要地位。拉美地区的语言演变就验证了这一特点，拉美地域的语言原为印第安语，但当今拉美大多数国家的官方语言是拉丁语系的西班牙语、葡萄牙语和法语，只有秘鲁等少数国家把印第安语同西班牙语列为官方语言。

第二，多源性与多元化。拉美文化是一种混合文化，起源于多种文化，包括欧洲基督教文化、美洲印第安原住民文化和非洲黑人文化等。但由于历史原因，多种文化在拉丁美洲发生碰撞、冲突后趋向妥协、适应，最终融合发展成为一种独特的拉美文化。

第三，开放性与独特性。拉美文化中极少排他性与保守型，它善于根据自身的需要对入侵的文化进行消化、吸收，创造形成具有鲜明特色的拉丁美洲文化。

（二）制度差异性

大多数在国际背景下的人力资源管理研究均考虑了国家文化因素或制度因素，制度将组织的行为模式与组织所处的特定制度环境联系起来。中国与拉丁美洲在人力资源管理上的差异，与中国制度与拉丁美洲制度的不同息息相关。本文从四个方面研究制度差异，分别为政治制度差异、经济制度差异、社会保障制度差异、法律制度差异（见表1）。

表 1　中拉制度性差异一览

制度差异	中国	拉丁美洲
政治制度差异	社会主义制度，人民代表大会制度是根本政治制度；企业人力资源管理服务于整个企业	资本主义制度（古巴除外），19个国家是总统制，12个国家是议会制，秘鲁采用混合制（半总统制）；企业中每一个事业部都有一个人力资源管理部门支持工作
经济制度差异	社会主义市场经济制度；根据企业发展的需要，人力资源管理通常寻求内部和外部市场之间的平衡	自由市场经济制度；失业率高但劳动力资源丰富，技术依赖性高，人力资源管理主要依靠企业内部劳动力和国内劳动力市场满足对人力资源的需求
社会保障制度差异	中国特色社会保障体系，发展稳健但投入总量不足，覆盖面窄	对象具有分层性、排斥性和非公平性，注重养老与医疗，公共支出过大，人力资源管理上对劳工过度保护
法律制度差异	改良的大陆法系，人力资源管理强调制度化，中国企业强调将欧美人力资源管理理论中国化	大多数为大陆法系，加勒比地区为普通法系，古巴为社会主义法系

（三）理念差异性

企业理念是指，在持续经营和长期发展的过程中，企业适应时代要求，继承优良传统，由企业家积极推动、全体员工自觉实践，形成代表公司生产信念、促进企业生产经营活动并激发企业活力的精神与行为准则。理念是一个企业的灵魂，能够被消费者感知与认可。不同国家地区企业人力资源管理的差异一定程度上体现为经营理念差异、管理理念差异以及用人理念差异（见表2）。

表2　中拉理念性差异一览

理念差异	中国	拉丁美洲
经营理念	社会利益至上：中国企业特别是国有企业的目的是为社会、人民服务，服从党和国家政策；企业人力资源管理强调服务企业业务	员工利益至上，员工非常重视个人能力发展与价值体现，企业人力资源管理的目标在于实现员工利益与公司利益之间的平衡
管理理念	效果：通过管理实现企业战略目标，追求管理对绩效的贡献；企业人力资源管理强调其对绩效的直接作用	受拉美历史文化中功利主义与实用主义影响，企业人力资源管理强调效率
用人理念	择人任势，唯才是举：在企业管理过程中，企业管理者不会错过人才，因人设岗，使员工的才能得到最大化的体现。企业人力资源管理强调选贤与能	能力设岗，在企业管理中，因为企业项目需要设立岗位；在企业人力资源管理中强调员工为岗位内容服务

四、中国企业走向拉美人力资源管理的挑战

（一）识人：企业跨国人力资源管理观念落后

一方面，由于历史原因，拉美各国在殖民地时期受欧美国家控制，在独立后经济、文化等方面依然对欧美国家具有较强的依赖性。拉美国家的企业管理层和事业精英等以欧美的白人移民后裔为主体，企业人力资源管理理念受西方企业的影响。

另一方面，在拉美各国流传的书籍等读物由西方人撰写，这些书籍描写的都是几十年前甚至上百年前的中国，对改革开放后的中国的发展和现状介绍稀少，这使拉美读者了解到的都是中国尚未发展起来的状况，使拉美读者对中国企业的发展状况存在误解。有中国媒体曾对拉美某国主流媒体涉及企业负面的报道进行过统计，统计结果显示，其中80%以上针对的是中国企业，约15%针对印度企业，少数几篇针对拉美当地企业，针对欧美企业的几乎没有。媒体背后有相应的

政治主人，主流媒体的倾向往往会被解读为主流意见，一定程度上反映并影响着拉美政府对中国企业的态度，同时，也会影响拉美社会对中国企业的印象与评论，这对中国企业在拉丁美洲的招聘等工作造成了一定的阻碍。

由于这些原因，或是中国企业的人力资源管理观念与拉美企业情况格格不入，或是拉美社会对中国企业存在偏见，这些都对中国企业进入拉美的人力资源管理方面造成困扰，不利于企业招聘工作的进行。

（二）选人：企业招聘成本高

目前，中国企业刚开始进入拉美，进入的大部分企业由于对跨国人力资源管理方面重要性的认识不足，对招聘当地人才的工作不重视，人力资源管理机构或是招聘方面的负责人专业性不强，招聘渠道单一。

劳动力市场效率指数衡量的是劳动力市场竞争情况，可以反映出劳动力市场环境的变化，对企业衡量在当地劳动力市场雇用成本等有参考意义。对拉美地区四个国家进行数据研究对比可知，拉美地区国家劳动力市场效率较低，缺乏灵活性，需要较高雇用成本。

（三）用人：中外员工绩效考核标准不一

中国企业的加班文化加剧了文化冲突，本地员工不接受对于影响到员工家庭的长期加班。中国企业在拉美地区项目，各个设施、各项资源都是从无到有，人力资源更是不充足。加之实施的工程多，设备不稳定，任务艰巨，需要在夜间完成的部分分量和难度升级，导致员工加班多，尤其是技术支持服务团队夜间加班多，这种状况影响着本地员工的健康与他们家庭的和睦。由于中国与拉美各国的消费水平与发展水平不一致，中国企业进入拉丁美洲之后，招聘原则对拉美本地人友好度高，本地员工收入较中方员工高，待遇好。这种收入分配差距带来了利益分配冲突。

中国企业在管理活动中，对企业的投资、生产等计划，公司负责人的决定权大，但在拉丁美洲，由于工会对当地劳工的保护与活动干涉，企业在投资项目后，用人方面存在阻碍。中国珠海格力电器公司在巴西曾有一个生产空调计划项目，但是由于巴西工会对从假期的安排到内部纪律管理等各项事宜都要干涉，对企业投资计划起到了阻挠作用，这个项目刚到一半，格力电器公司就中断了投资计划。

（四）育人：缺乏长期有效的培训机制

中国企业进入拉丁美洲，进入成本高，企业管理者追求短期利润增长，对于员工培训意识淡薄，认为员工培训不仅不能为企业创造利润，还是花钱的买卖，因而企业管理者不愿把钱花在建立完善员工培训机制上。但跨国经营中，最直接、最大的问题便是语言交流与文化冲突问题。企业培训不足或是流于形式，缺乏长期有效的培训机制，便会导致中方员工与本地员工存在冲突，工作环境恶劣。

由于组织内部存在权力距离与科层等级，中国企业在开展员工培训活动时，企业管理者或是上级领导会在没有进行科学、合理的培训需求分析之前便提出培训方案与建议。这样，企业培训便不能帮助企业在适应当地环境的过程中达到预期目标，培训的成果转化率低。而在巴西企业中，企业管理者更加注重平等，培训活动内容和流程等具体事项往往由员工在部门会议中建议提出，再经由企业评估可行性之后予以实施，这样，培训活动符合员工需求，员工参与培训积极性高，效果好。

即使企业重视培训，但重视技能培训，忽视企业文化培训，重视新员工的培训，忽视对老员工的培训，没有建立起员工对公司持久的信心和归属感，导致本地员工的高流失率和外派员工对当地工作和生活的不适应。并且在员工参加培训之后，没有设立培训反馈机制，因而培训效果不佳且持续性弱。

（五）留人：薪酬管理不透明

人力资源部门设计薪酬结构体系基于基础薪资、薪酬设计和薪酬提升三个方面，从多方面考虑薪酬结构体系使薪酬体系设计更加公平，以满足员工基本需求，从而符合公司发展的整体需要。科学有效的薪酬制度能够使员工发挥出最大潜能，调动员工积极性，为企业创造更大的价值。

但在企业实际管理活动中，企业管理者根本不重视薪酬制度的制定，并且在职位分析上没有一个合理的界定，缺少合理的薪酬结构和薪酬管理制度。并且在实际企业生活中，因为层级制度与保密性要求，中国企业往往不会公开员工薪资水平，知道自己薪酬高低的员工寥寥无几。而在拉美地区的巴西企业中，企业管理者更加注重员工平等，员工可以将企业内其他员工的薪酬资料作为参考，自己决定薪资水平。薪酬制度的差别带来了当地员工对中国企业的不理解，对企业无归属感。

拉丁美洲许多国家制定了严格的劳工保护制度与法律，这样的社会保障机制对企业发展也存在很大的影响。中国社会科学院拉丁美洲研究所所长吴白乙在2015北京新兴市场论坛中发言表示，拉美地区社会福利很高，社会保障机制过于公平，企业员工"躺在"福利制度红利上或支票本上，就会变懒，不愿意早起或为工作加班，企业效率受到影响，对企业人力资源管理提出了挑战。

在拉美的中国企业中，大多数企业的薪酬管理制度设计让企业员工创造出来的价值只体现在了薪资上，对非货币形式报酬关注度低，员工的尊重需求、自我实现需求得不到满足，离职率较高。

五、中国企业走向拉美人力资源管理的对策

（一）识人：重视工作分析流程

1. 重视工作分析，规范岗位管理

工作分析是指对工作进行整体分析，规定了工作所需的行为、条件、人员等要素条件，是现代人力资源管理的基础设施和平台。工作分析是一种有效的、必要的企业人力资源管理工具，重视工作分析，规范岗位管理，可以作为招聘、选人、派职等人力资源开发和管理活动的依据。除此之外，工作分析过程中，人力资源管理人员可以及时发现职位交叉和空缺现象，及时对企业人力资源进行调节，做到资源合理分配，充分了解组织经营的各个重要环节，使人力资源管理与公司战略相匹配。

中国企业走向拉美，做好工作分析是首要，如此才能让本地员工对岗位职责更加清晰，为了解公平合理的薪酬制度奠定基础。

2. 完善外部制度环境，实施人力资源本土化战略

中国企业进入拉美，由于地理距离、文化差异等问题，会出现公司人力资源不足的问题，仅靠外派人员这种管理方式不仅成本高昂，还不利于企业在东道国的发展。人力资源本土化就是根据"市场全球化、文化融合化、人力本地化"的原则实施人力资源管理，充分挖掘利用拉美本地庞大的劳动力市场，充分招纳吸收拉美本地劳动力，使其成为企业员工，最大限度地消除语言、文化上的隔阂，增强企业与东道国政府、企业、人民等打交道的能力，并借助本地员工带来的关系资源，树立良好的国际化形象，增强东道主的信任感。

（二）选人：建立完善招聘体系

1. 招聘渠道多样化，手段多元化

招聘渠道是组织招聘行为的辅助，是连接中国企业与拉美本地劳动力资源市场的桥梁。中国企业进入拉美，由于企业根基不深，单一或少量的招聘渠道使招聘信息没有办法触及各方面各领域的人才，无法为企业需求传送人才，为企业开展日常工作带来一定的困扰。不同的招聘渠道效果是不一样的，目标人群也不同。因此，企业应该结合企业自身特点、拉美当地不同人才特点、财务状况、招聘岗位紧迫性、招聘人员素质来选择适当的招聘渠道，拓宽招聘渠道，使招聘渠道多样化。招聘渠道多样化、手段多元化是为中国企业在拉美地区扎实根基的保障。

2. 提高招聘工作关注度，招聘工作专业化

招聘是企业为了发展需要，弥补企业人力资源的不足，根据人力资源管理工作需求和工作分析要求，为完成某个任务或目标而进行的择人活动。中国企业走向拉美，企业管理者更应该提高招聘工作关注度，增大招聘工作资源投入，对不同岗位人才需求制定不同考核标准，使招聘工作专业化，提高甄选科学性，全面衡量分析拉美本地人才。

提高招聘工作关注度，招聘工作专业化，提高甄选科学性是中国企业走向拉美人力资源管理工作的需求。

（三）用人：健全科学的绩效评估与管理体系

1. 建立"以人为本"用人之道

人才是企业不可忽视的重要人力资源，企业用人之道是企业人力资源管理的灵魂，人力资源管理工作通过"以人为本"用人之道这个桥梁，可以在日常工作中形成良好的工作环境氛围，有利于企业的持续稳定发展。中国企业在考虑企业利益的同时，还需要衡量员工利益与社会利益。建立"以人为本"用人之道，为企业中方员工和拉美本地员工创建一个公平、平等的环境，给员工提供施展能力与才华的平台，注重员工各方面的发展，充分挖掘出员工自身内在价值，企业才能充满凝聚力和向心力。

2. 绩效评估科学化，打造绩效管理文化

中国企业在拉丁美洲发展过程中，企业员工要加入多个项目组，一般项目需要由中方员工与拉丁美洲不同国家的员工一起完成，企业要根据员工工作内容与工作强度来进行绩效评估，在不同国籍员工一同合作时，更要注意进行公平、公正的绩效管理。在绩效改进过程中，要根据绩效考核结果，及时调整绩效考核标准，使绩效评估系统更加科学化、合理化。绩效考核结果可以作为员工岗位升迁、薪酬管理体系、非货币形式奖励、评比企业最佳员工等方面的指标，在企业内打造绩效管理文化，使绩效管理深入企业文化核心，利用科学、合理的绩效管理机制最大限度激励员工，激发员工的工作热情与创造力。

（四）育人：构建完善培训体系

1. 建立法制化、多元化的职业培训体系

许多人力资源管理的实证证明，对企业员工进行适当的职业培训会给企业带来巨大的、长期的投资回报。中国企业在拉美市场的竞争优势也离不开高素质的人才，中国企业要加大培训力度，首先要解决培训体系不完善的问题，培训工作要适应时代发展需要，不断更新培训内容，使员工在培训中掌握新的技能方法，不断加强自身素质。同时，培训要多元化，除了技能培训，还要根据不同员工的岗位职责提供培训，对管理人员提供拉美本土语言的培训，对财务人员提供当地

法律法规培训，使不同岗位的员工工作能够更好地适应中国企业在拉美市场发展需求，与拉美市场接轨。

2. 加大培训投入，建立培训反馈机制

企业对员工培训的重视程度最直接体现在企业对员工培训工作的投入上。中国企业要加大培训力度，便要加大培训投入。为避免培训学习流于形式，更好地检验培训成效，避免培训盲目性，要建立培训反馈机制，建立学习型跨国企业。员工培训不是一劳永逸的，需要不断地教育和培训企业员工，开发他们的潜能，并在这个过程中得到知识技能的强化。具体措施就是对企业员工定期或是不定期地进行分级分类培训，培训后分阶段进行问卷式评估，培训前后由培训人员和员工、主管进行效果评估，并在培训后 3~6 个月内进行回训，回训中要求学员对培训内容与培训效果进行详细介绍，由培训人员进行评估记录。建立培训反馈机制，最大限度发挥出培训的实效。

（五）留人：优化薪酬体系与激励机制

1. 优化薪酬结构，建立完善公平的薪酬体系

中国企业在拉美地区发展，人才流失是限制企业人力资源发展的要素之一。中国企业在人力资源管理过程中，必须建立起岗位内容、工作能力和绩效相匹配的薪酬结构体系，并在企业管理过程中不断根据员工工作内容的改变、绩效体系结构的改变优化薪酬结构，建立完善公平的薪酬体系。在制定岗位薪酬标准时，要根据岗位任职资格可替代性、岗位工作内容复杂程度和工作内容对企业贡献程度等标准来制定薪酬标准，提高薪酬标准公平性与合理性。另外，根据市场调查结果，将市场平均薪酬水平纳入公司薪酬制定标准，保证市场外部公平；根据内部岗位评价，保证企业薪酬内部公平。并要完善企业福利政策，使薪酬构成多样化、企业福利特别化。

2. 完善激励机制，重视非货币形式报酬体系

激励机制是企业进行人力资源管理的重要内容之一，当企业员工需求层次发展到一定程度时，员工会更加重视自身情感需要、尊重需要、自我实现需要。企业要坚持物质、精神激励相结合，重视非货币形式报酬的实现，企业要随时了解企业员工的实际需求，从而制定相对应的激励方法，调动员工工作积极性，提高工作效率，增强员工对企业的使命感和责任感，提高员工对企业的忠诚度和满意度，从而增加企业效益。

六、结　论

随着全球化进程加快，中国企业"走出去"成为进一步深化对外开放，实现中国经济和国际地位稳步上升的重要因素。中国企业不应该只局限于国内有限的发展区域内，而应当把眼光放到国际市场中去，响应国家"走出去"战略，更好地参与到经济全球化进程中去。新时代背景下，中拉贸易不断加深，越来越多的中国企业走向拉美。由于经济社会文化背景对企业人力资源管理的影响极大，不同的地区文化差异大，有不同的思想观念和行为习惯。此时，企业人力资源管理方面的研究颇为重要。

通过比较中国与拉丁美洲的文化差异、制度差异和理念差异可以看出，中国企业与拉丁美洲企业的人力资源管理方面有很大的差异，拉丁美洲与中国的各方面差异都较大，并由于地理距离的隔离造成了文化、经济等方面的误解，加之拉丁美洲各个国家和地区之间差异较大，中国企业走向拉美过程中企业在人力资源管理上会遇到许多挑战。面对企业在拉美当地招聘工作不到位、绩效考核标准不一、薪酬结构不合理、拉美本地员工离职率高等挑战，建议中国企业走向拉美市场应该加大人力资源管理方面的人力、物力投入，改善、建立、健全各项人力资源管理工作体系，使人力资源本土化，加快企业进入拉美进程，提高企业效益。

参考文献

[1] 赵曙明. 中国企业的人力资源管理：全球视野与本土经验 [M]. 北京：北京师范大学出版社，2011.

[2] 贺双荣. 构建中拉"命运共同体"：必要性，可能性及挑战 [J]. 拉丁美洲研究，2016 (4)：1.

[3] 赵曙明，武博. 美、日、德、韩人力资源管理发展与模式比较研究 [J]. 外国经济与管理，2002，24 (11)：31-36.

[4] 谢祥项，吴珏. 中西人力资源管理思想与实践的比较研究 [J]. 当代经理人，2006 (10)：58.

[5] 赵曙明. 中，美，欧企业人力资源管理差异与中国本土企业人力资源管理应用研究 [J]. 管理学报，2012，9 (3)：380-387.

[6] 郭存海. 中共十八大以来中国对拉美的政策与实践 [J]. 拉丁美洲研究，2017 (2)：1.

［7］郑吉昌，黄芳. 人力资源管理：全球化趋势下的挑战与对策［J］. 技术经济与管理研究，2002（5）：62-64.

［8］杨浩，刘佳伟. 中国企业国际化进程中人力资源管理的影响因素研究［J］. 中国管理科学，2012（S2）：664-669.

［9］房连泉. 拉美劳动力资源现状与中拉合作前景分析［J］. 拉丁美洲研究，2013（2）：9.

［10］陈贝贝. 新世纪中巴战略伙伴关系的发展及其面临的挑战［J］. 商场现代化，2013（12）：66-67.

［11］韩琦，张鹏，董国辉. 拉丁美洲文化与现代化［M］. 北京：社会科学文献出版社，2012：40-43，96，297.

［12］鄢锦芳. B 公司跨国经营的人力资源管理问题研究［D］. 云南财经大学硕士学位论文，2013.

［13］李先昭，张斌. 国外人力资源管理模式的比较及对我国的启示［J］. 现代管理科学，2005（8）：23-24.

［14］吴德进，陈捷. 基于人力资本视角的东亚与拉美发展道路比较［J］. 亚太经济，2009（6）：53-57.

［15］李菡，韩晗. 构建中拉命运共同体的文化支柱——以乌拉圭为例探析拉美文化特性［J］. 江苏师范大学学报（哲学社会科学版），2017（5）：106-114.

［16］姜骁倬. 浅谈中国文化与拉美文化的特点及传播［J］. 科技信息，2013（10）：179-179.

［17］徐世澄. 中拉文化的特点、历史联系与相互影响［J］. 拉丁美洲研究，2006，28（5）：49-54.

［18］段维龙. 跨国公司人力资源管理中企业文化融合创新研究［J］. 沈阳师范大学学报（社会科学版），2010，34（5）：33-35.

［19］倪艳英. 中德中小企业人力资源管理对比研究［D］. 首都经济贸易大学硕士学位论文，2013.

［20］程洪，杨悦. 试论 21 世纪中国与拉美国家关系发展中的文化因素［J］. 拉丁美洲研究，2017，39（3）：140-153.

［21］梁昱潇. 21 世纪中华文化在拉美地区的传播［D］. 河北师范大学硕士学位论文，2017.

［22］Zheng C. , Morrison M. , O'Neill G. An Empirical Study of High Performance HRM Practices in Chinese SMEs［J］. The International Journal of Human Resource Management, 2006, 17 (10): 1772-1803.

［23］Zhu C. J. , Thomson S. B. , Cieri H. D. A Retrospective and Prospective Analysis of HRM Research in Chinese Firms: Implications and Directions for Future Study [J]. Human Resource Management, 2008, 47 (1): 133-156.

[24] Stone R. J. Managing Human Resources [M]. John Wiley and Sons, 2013.

[25] Kompatscher A. Strategic Partnership: China's Relations with Latin America from 1978 to 2012 [D]. 山东大学硕士学位论文, 2013.

[26] Jiang S. Understanding China's Relations with Latin America [J]. World Outlook, 2009 (1): 179-198, 126.

[27] Matthew Bush, Tania Gentic. Technology, Literature, and Digital Culture in Latin America: Mediatized Sensibilities in a Globalized Era [M]. Routledge, 2015.

[28] Mato D. Latin American Intellectual Practices in Culture and Power: Experiences and Debates [J]. Cultural Studies, 2003, 17 (6): 783-804.

[29] Bonache J., Trullen J., Sanchez J. I. Managing Cross-cultural Differences: Testing Human Resource Models in Latin America [J]. Journal of Business Research, 2012, 65 (12): 1773-1781.

[30] Carlos Salomon. The Routledge History of Latin American Culture [M]. Taylor and Francis, 2017.

[31] Joseph S. Weiss. The Role of Ecological Economics in Latin American Public Policy: Latin American Consensus at the ISEE Washington Meeting [J]. Ecological Economics, 2017 (138).

[32] Alexandra Sitenko. Latin American Vector in Russia's Foreign Policy: Identities and Interests in the Russian-Venezuelan Partnership [J]. Politics in Central Europe, 2016, 12 (1).

亚洲发展型经济体经验对
拉丁美洲的借鉴意义

阿尔贝托·亚历杭德罗·布恩特·戈麦斯[*]

摘 要：本文旨在探讨什么是发展型经济体，发展型国家和经济体的成就和挑战有哪些，并对比韩国的成功经验和印度的教训，继而提炼出对拉丁美洲地区具有借鉴意义的观点。

一、导 论

根据国际货币基金组织 2016 年的数据，按照购买力评价（比较各国国内生产总值的重要指标）计算的国内生产总值，中国已经成为世界第一大经济体。令人诧异的是，这一消息并没有产生更加深刻的影响。直到几年前，似乎任何国家都不可能超越美国成为世界第一大经济体，更别提一个十年前人均收入还处于低水平的国家。

事实上，在 20 年前，中国开始像亚洲其他国家一样进入经济起飞阶段。在 20 世纪下半叶，亚洲国家的经济持续增长，工业水平提高，技术发展加快。这令世界上其他国家十分惊讶。一方面，这为亚洲国家追上北大西洋两岸较发达的国家（传统意义上较发达的北大西洋两岸国家）提供了可能；另一方面，也为亚洲国家超越这些国家提供了条件。

但这个消息最引人注目的不是中国的经济已经超越美国的经济，因为中国人

---

[*] 阿尔贝托·亚历杭德罗·布恩特·戈麦斯，智利圣托马斯大学圣地亚哥分校商业工程学院研究员；翻译：王燕利、向涛（西方语言文化学院西班牙语系硕士研究生）。

口规模庞大，这终将会发生。值得注意的是，中国是通过一种特殊的资本主义模式实现这一转变，不同于北大西洋沿岸国家的资本主义模式；中国已经被称为发展型国家，当然中国的国情具有特殊性，但中国大陆与刚刚取得工业发展的韩国和中国台湾地区的发展战略有很多共同点。

本文旨在探讨什么是发展型国家，发展型国家的成就和挑战有哪些，并对比韩国的成功经验和印度的经验教训，继而提炼出对拉丁美洲地区具有借鉴意义的观点。为此，接下来笔者将梳理发展型国家的概念框架，然后以韩国和印度为案例，分析研究两国的相关制度，政策和结果，并得出结论。

二、发展型国家概述

当我们谈及发展型国家，首先我们要明确发展型国家的范畴/定义。史蒂芬·哈格德（Stephan Haggard，2013）第一次阐述了类似概念的定义，指出战后日本的经济增长"可以用一种产业政策来解释，这种产业政策既不同于社会主义国家的'意识形态计划'，也不同于盎格鲁—撒克逊式的'自由资本主义'"。但很难从单一存在的产业政策中来定义什么是发展型国家。因此，哈格德随即补充道："产业政策在发展中家普遍存在，但并非都有所成效。我们非常清楚，拉丁美洲的产业政策并不总是成功的/往往以失败告终。"

因此，也许我们不应该定义（什么样的国家是）发展型国家，而应该尝试明确成功的发展型国家的特征/成功的发展型国家有什么特征。

艾丽斯·H. 阿姆斯登（Alice H. Amsden，2001）提出："后起工业化是'纯粹的学习'，这意味着，为了建立现代工业，开始完全依赖于从其他国家获取技术/其他国家的技术。"通过这种方式，经济发展的过程将包括"从基于非熟练工人加工的初级产品的存量资产转变为基于技术工人的知识型（流量）资产"。查尔斯·萨贝尔（Charles Sabel，1996）在以日本为案例的分析中强调："经济增长的主要难题是如何调和学习需求与监督需求。"

萨贝尔的观点基于这样一种观念，即学习和监督之间存在紧张关系/学习和监督互相作用、互相影响。学习既是动态的，也是具有变革性的；监督则意味着要设定标准并达到标准。然而，他也指出这个问题可以通过确立制度来解决，但是制度所涉及的概念/内容是比较宽泛的。因为它包含了在实现共同目标的过程中不可避免的讨论过程和建立互赖互信关系的过程。这种互信、合作的关系是日本生产系统的基础之一，并解释了即时库存管理方法的成功。但是，国家在建立这些信任与合作关系方面发挥了什么作用？萨贝尔强调国家协调在不平衡的经济增长战略中的作用，正如赫希曼和其他诸多学者所提出的观点。在这方面，他推断，任何一个发展中经济体都不能同时并自主调动所需资源，且发展中国家的官员们最主要的问题在于如何确定所需的投资总额，以此来保障中间商品和最终商品的生产者们之间的供求平衡。

总而言之，萨贝尔认为，关于国家在促进经济增长中的作用的辩论处于停滞状态。一方面，有人认为任何发展水平的经济体都可能陷入低增长的平衡陷阱，而解决这种不良平衡的通常方法是通过市场外部的干预，这种干预往往来自国家/国家对市场外部进行干预。另一方面，有些人怀疑/不相信国家获得某项目经济知识的能力优于必须负责该项目的公司的能力，他们甚至担心要如何防止国家被本应在（经济的）增长和发展战略中接受指导的经济集团所影响。

在上文的引言中提到，阿姆斯登解决了"抓住赢家"的问题，并且她认为在工业化的初始阶段，不需要进行非常细致的调整。此外，她强调了新兴国家开发银行资本配置的标准，根据各产业分配的数额可以推断这是一种进口替代战略。

无论如何，有必要指出这种偏向于进口替代的（政策）倾斜在第二次世界大战后的 20 年中尤为重要，因为这种做法逐步令各项生产补贴政策的条件转变为有利于促进出口的机遇。就这方面而言，这种（政策）重心的变化很可能与拉丁美洲地区诸多国家所面临的国际收支平衡问题密切相关，并导致了这些尝试的失败。事实上，如果重新计算通过积极的工业促进政策来实现发展所做出的努力，那么国际收支失衡进一步扩大。达到目标的案例/经济体很少，并且不少经济体与其目标相去甚远。正因如此，更详尽地研究（同为发展型国家，但结果却）截然不同的案例中所实施的政策很有意思，本文将以收效颇丰的韩国和收效甚微/有待改善的印度为例展开论述。

三、以韩国和印度为例

根据阿姆斯登（2001）的研究，一个主要的案例就是，韩国和印度在由其开发银行所出台的，为其融资选择和产业促进方面，有着相反的政策。在韩国，根据其开发银行公布的 1968 年年度报告，国家资金优先发放给出口产业和一些用于改善产业结构和收支平衡的工业。进口替代和促进出口被界定为非对立政策。相反，印度的发展规划，相比于韩国，则将目标定得更加宽泛、更加政治化：

①推动基础工业比轻工业更加快速扩张，大力扶持小公司而非大公司，国有企业而非私有企业；②保护、促进小产业；③缩小产业区域所在地差距；④防止私人手中的经济权力。①

在政策目标上，主要强调了三个方面：出口扩张、当地含量和价格稳定。

在阿姆斯登所谓的"其他"的国家中，1970~1995 年，韩国是出口增长率最高的国家。促使该国企业实现以出口为导向的途径是为实现目标提供补贴，而确定这些目标的方法则是通过公司与政府之间的讨论会议，通常时任总统朴正熙会出席，以此让他们了解到这些会议的重要性。同时，1971 年韩国开发银行开始向商业和工业部推荐的公司提供信用贷款，一家公司出口量越多，获得廉价和长期贷款的可能性就越大。

在印度，同样也根据出口目标提供补贴和特权，但协定的条款通常无法真正适用，并且往往只有那些已经有出口导向的公司才能得到补贴、享受特权。直到 1990 年，这些政策似乎才取得一些进展，所以这也就是为何 1970~1995 年，印度的出口增长率只有 7.9%，而韩国的这一增长率为 26.3%。

至于当地含量要求，就是指在某些商品生产中，国内生产的资本投入所占的比例。这一政策主要集中在汽车行业。而且前提是，当地含量将降低装配商的利润率，从而鼓励他们培训当地零部件供应商，提高全行业的效率，降低成本。

如果我们看五年间进出口贸易的表现，韩国的结果会明显积极些。如韩国 1970~1974 年 10.9 亿美元（以 1990 年的价格计算）的贸易赤字，到 1990~1994 年变成了 100.011 亿美元的贸易盈余；同一期间，印度则从 3.22 亿美元的贸易赤字变成 10.588 亿美元的贸易盈余。但无论如何，需要指明的是，阿姆斯登并没有就这两国政策的差异和管理情况提出论据，进而来解释这些结果。唯一可以确定的是，韩国在有些事情上确实做得比印度好，不仅比印度好，而且还比很多其他国家好，如它们在汽车行业所取得的领先地位。

最后一个方面就是对价格的控制。必须澄清的是，区分为宏观经济稳定而建立的价格控制和为促进工业化而建立的价格控制，这并不总是件容易的事。以韩国为例，在其汽车产业初期，可以肯定它们确立了价格控制，因为它们的装配商无法以世界市场价格在国际上竞争。这些代价下出口价格的损失被国内市场价格的上涨所抵消，且由此带来的生产率的提高使企业能够获利。相反，在印度，它们的分配目标干扰了效率目标，阿姆斯登也提供了几个在印度纺织业中目标冲突的案例。

总之，相较于印度，韩国取得的最好成果首先与其适当执行全球工业化战略

---

①　阿姆斯登援引自桑德拉（Sandesara J.，1992）。

有关，而非笼统的指导方针。这两国，为了实现发展和技术增长的目标，都建立了一个开发银行，以便于工业项目融资和政策实施，如进口替代、促进出口、提高当地含量和价格控制。

四、结 论

在众多促使几个亚洲经济体成功的根本因素中，以下几个至关重要：强大的国家、追求共同目标的机构、企业和个体间的联合，以及其他情况下，主要关注竞争的不同代理人之间的合作。而且这些因素同样在近几年来的中国，甚至印度的工业发展中的影响愈加凸显。

事实上，中国和印度这两个新型经济体的兴起，在一定程度上也是对某些观点的回答，它们认为：韩国和中国台湾地区的成功主要得益于其文化。同时，这些国家的民主发展也给另外一些观点提供了一个反例，它们认为在开放的民主国家中，不可能实现协调、合作甚至储蓄水平。

然而，从拉丁美洲的角度来看，有个疑问：试图复制亚洲成功的发展型国家模式是否具有意义？首先提出这个问题是有道理的，因为现在和未来时代的可持续发展不一定在于工业发展，而是在信息、知识和创新能力方面。

但这种反思并没否定亚洲国家主要的发展经验，例如在追求共同目标方面进行协调与合作，将其作为替代目标，或更确切地说，是对市场的补充。

另外，在拉丁美洲我们同样也不能忘记这样一个事实，过去当我们试图通过一种发展型国家模式实现发展时，我们失败了。这是我在本文中想传达的一个信息，那时，我们的发展型国家没有获得适当的发展；在最接近自由市场的实验中，我们也未能增加价值、使出口和生产矩阵多样化，就像智利在过去30年中的情况那样。

与这一发展战略有关的另一个问题是，对特定工业部门的强调。鉴于拉美这地区好几个国家的市场规模，尤其是智利，这个问题的提出就变得相当重要。诚然，作为一个区域，拉美市场不是那么小，但若要将拉美市场视为工业发展的共同平台，它就需要更大程度上的经济一体化和宏观经济政策的趋同。这就意味着，学习借鉴这几个亚洲国家内部合作与协调的方式应有助于我们形成一个更加广阔的市场，从而更好地利用产业战略所需的规模经济。

或许，摆脱"中等收入陷阱"这个在该地区好几个国家都出现状况的有效战略，就在于既需总结自身过去的教训，又要借鉴其他国家、地区的有益经验。

但也可能，近年来已形成了新的经济和社会环境。

参考文献

［1］ Amsden, Alice. The Rise of "the Rest": Challenges to the West from Late-Industrializing Economics ［M］. Oxford: Oxford University Press, 2001.

［2］ FMI. World Economic Outlook, 2016, April.

［3］ Haggard, Stephan. The Developmental State is Dead: Long Live the Developmental State! ［A］. In James Mahoney and Kathleen Thelen, eds. , Advances in Comparative-Historical Analysis ［C］. New York: Cambridge University Press, 2013.

［4］ Korea Development Bank. Annual Report, 1969.

［5］ Sabel Charles. Learning by Monitoring: The Institutions of Economic Development ［A］. In Smelser and Swedberg, eds. , The Handbook of Economic Sociology ［C］. Princeton: Princeton University Press, 1996.

［6］ Sandesara J. Industrial Policy and Planning , 1947-19-Tendencies, Interpretations and Issues ［M］. New Delhi: Sage, 1992.

第三部分

拉丁美洲国别研究

2017~2018 年委内瑞拉发展形势与展望

黄 忠*

摘 要：委内瑞拉是一个在动荡中变幻莫测的国度。为了对该国的发展形势和有关前景进行聚焦性分析，本文试图根据近年，尤其是 2017~2018 年以来的翔实数据和鲜活资料对委内瑞拉的经济形势、政治与社会形势，特别是外交形势和走势做出精辟而且比较专业的概述，并对未来可能发生的趋势性问题予以适当研判以及可参考性展望。

关键词：通货膨胀；外汇储备；政治与社会；外交形势

一、经 济 形 势

进入 2018 年，委内瑞拉的经济增长和通货膨胀进一步恶化。国际货币基金组织预测，该国 2018 年的 GDP 将会在 2017 年 -14% 的纪录上，进一步下降到 -15%，并且短期内看不到转正的希望，相关数据参见表 1。与此同时，该国的通货膨胀率也将长期在 130 倍高位，参见表 2。但实际上，早在 6 月底，委内瑞拉的通货膨胀率就已经达到了惊人的 41838%。① 就 GDP 增长和通货膨胀率这两个指标而言，委内瑞拉的经济状况不仅落后于世界平均水平，也比拉美地区的平均水平差很多。

---

* 黄忠，国际政治学博士，广东外语外贸大学 21 世纪海上丝绸之路协同创新中心、加拿大研究中心、拉美研究中心讲师。

① Tim Worstall. Venezuela's Inflation Hits 40, 000%-No, Not Socialism But Market Destruction, http：//www. continentaltelegraph. com/economy/venezuelas-inflation-hits-40000-no-not-socialism-but-market-destruction/，2018 年 8 月 27 日。

表1　2011年以来委内瑞拉GDP增长形势变化　　　单位：%

年份	2011	2012	2013	2014	2015	2016	2017	2018	2019	2020	2021	2022	2023
委内瑞拉	4.2	5.6	1.3	−3.9	−6.2	−16.5	−14	−15	−6	−2	−1.5	−1.5	−1.5
拉美地区	4.6	2.9	2.9	1.3	0.3	−0.6	1.3	2	2.8	2.8	2.8	2.8	2.8
世界	4.3	3.5	3.5	3.6	3.5	3.2	3.8	3.9	3.9	3.8	3.7	3.7	3.7

资料来源：http：//www.imf.org/external/datamapper/NGDP_RPCH@WEO/VEN/WEOWORLD/WE，2018年8月16日。

表2　2011年以来委内瑞拉通货膨胀率形势变化　　　单位：%

年份	2011	2012	2013	2014	2015	2016	2017	2018	2019	2020	2021	2022	2023
委内瑞拉	27.6	20.1	57.4	64.7	159.7	302.6	2818.4	12874.6	12874.6	12874.6	12874.6	12874.6	12874.6
拉美地区	5.3	4.4	4.5	5	6.2	4.6	4.1	3.6	3.5	3.4	3.4	3.4	3.4
世界	4.7	4	3.3	2.9	3	3.2	3.5	3.4	3.2	3.2	3.3	3.3

资料来源：http：//www.imf.org/external/datamapper/PCPIEPCH@WEO/VEN/WE/WEOWORLD，2018年8月16日。

　　EIU则预测，委内瑞拉GDP将会在2018年下降15.7%。今后，如果委内瑞拉政府能够启动有力的改革措施，它的GDP增长能力有可能会改善，2019年为−5.9%，2020年为−0.6%，2021年转正为1.5%，2022年会达到2.6%。[①] 世界银行预测，委内瑞拉2018～2020年的经济增长率分别为−14.3%、−7%和−4%。[②]

　　委内瑞拉的财政状况很差，2016年其公共部门的赤字达到了GDP的20%。其中2016年10～11月，委内瑞拉的M2货币量从7.5万亿增长到了9.2万亿，为23%，委央行估计其GDP直接就此缩水20%。[③] 由于委内瑞拉的公共支出长期居高不下，EIU预测，它的财政赤字在2018～2022年仍然会相当高，其中2022年会占GDP的7%。财政上的需要会迫使委央行继续印钞，2018年7月中旬委内瑞拉的M2供应量环比增加了65%。[④] 这样，国家的通货膨胀情况只会恶化。

　　委内瑞拉的债务问题非常严重。目前，整个国家的外债总计约1500亿美元。

　　① Country Report：Venezuela，www.eiu.com，2018年8月16日。
　　② World Bank Group. Global Economic Prospects：The Turning of the Tide？，JUNE 2018，https：//openknowledge.worldbank.org/bitstream/handle/10986/29801/9781464812576.pdf，2018年8月16日。
　　③ BTI 2018 Country Report：Venezuela，http：//www.bti-project.org/fileadmin/files/BTI/Downloads/Reports/2018/pdf/BTI_2018_Venezuela.pdf，2018年8月16日。
　　④ Country Report：Venezuela，www.eiu.com，2018年8月16日。

其中，拖欠债券持有人 640 亿美元，中国和俄罗斯 200 多亿美元，类似美洲开发银行（InterAmerican Development Bank）这样的多边金融机构 50 亿美元，另欠支撑维持国家重要石油工业和政府运转的相关公司和服务企业数百亿美元。① 2017年 11 月，委内瑞拉政府召集了 414 名投资者和投资银行代表宣布启动债务重组，但谈判最终失败。目前，只有俄罗斯同意委内瑞拉将 31.5 亿美元债务重组分为10 年还清，而且头六年可只付最低还款。2017 年 11 月 13 日，标准普尔公司宣布将委内瑞拉的长期外币主权信用评级下调为"选择性违约"。② 进入 2018 年，委内瑞拉出现债务大面积违约，甚至不得不用政府债券代替现金付款，但实际上这种措施不仅对于解决问题是杯水车薪，而且会使政府债券的价值进一步贬值，目前委政府债券的价格仅为面值的 20%～30%。③

委内瑞拉的外汇储备萎缩，货币严重超发。目前，委内瑞拉的外汇储备仅有100 亿美元，参见图 1。与此同时，国家货币超发的问题却十分严重。2018 年 7月 20 日，委货币总量达 2.72 万亿强势玻利瓦尔，同比增长 9987.5%。④

委内瑞拉经济如此差劲的表现首先与国际石油价格和委内瑞拉的石油生产能力持续下降有关。委内瑞拉的国民经济发展高度依赖石油出口，国企委内瑞拉石油公司（PDVSA）控制了国家石油的勘探、生产和出口。石油收入占委内瑞拉对外出口收入的 95% 和国民生产总值的 25%，这使国际石油市场的价格变化能够对其国民经济运行产生重大影响。2014 年起，国际油价开始暴跌，从 111 美元/桶下降到 2016 年的 27 美元/桶，这直接导致了委内瑞拉经济自由落体式的下落。2017 年底，委财政减少了 1000 亿美元，国家外汇储备仅有 100 亿美元。⑤ 与此同时，委内瑞拉石油公司经营情况不断恶化，公司的石油产量从 2008 年的日均320 万桶下降到 2017 年 11 月的 190 万桶。⑥ 2018 年 2 月，该国原油产量降至 68年来的最低点，为日均 158.6 万桶。贝克研究所拉丁美洲能源政策研究员弗朗西

---

① John Paul Rathbone, Robin Wigglesworth. *Venezuela debt：US, Russia and China play for high stakes*, https：//www. ft. com/content/f51c4880-cddc-11e7-b781-794ce08b24dc，2018 年 8 月 17 日。

② 外媒：委内瑞拉债务重组谈判失败 标普宣布其主权信用违约，http：//www. cankaoxiaoxi. com/finance/20171115/2243374. shtml，2018 年 8 月 17 日；俄罗斯同意委内瑞拉积欠的 31.5 亿美元债务 10 年还清，http：//finance. ifeng. com/a/20171116/15795826_0. shtml，2018 年 8 月 17 日。

③ 委内瑞拉危机发酵 开始用政府债券代替现金付款，http：//finance. sina. com. cn/stock/usstock/c/2018-08-17/doc-ihhvciiw5356107. shtml，2018 年 8 月 17 日。

④ 委内瑞拉 7 月现金流通量相当于货币总量的 1.3%，http：//ve. mofcom. gov. cn/article/ztdy/201808/20180802772301. shtml，2018 年 8 月 18 日。

⑤ Danielle Renwick. *Venezuela in Crisis*, March 23, 2018, https：//www. cfr. org/backgrounder/venezuela-crisis，2018 年 8 月 17 日。

⑥ 孙梦文. 委内瑞拉国家石油公司前高管被捕，分析称马杜罗反腐或为连任，https：//www. thepaper. cn/newsDetail_forward_1888265，2018 年 8 月 17 日；陈立希. 新石油革命时代来临 委内瑞拉少将接管石油巨头，http：//www. xinhuanet. com/world/2017-11/28/c_129750529. htm，2018 年 8 月 17 日。

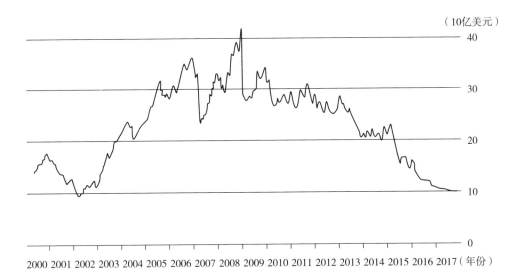

图 1 委内瑞拉外汇储备情况变化

资料来源：https：//www.ft.com/content/f51c4880-cddc-11e7-b781-794ce08b24dc，2018 年 8 月 17 日。

斯克·蒙纳尔迪（Francisco Monaldi）预测到 2018 年底，其原油产量将进一步减少日均 25 万~35 万桶。[①] 但实际情况可能更差，OPEC 的数据显示，委内瑞拉 2018 年 7 月日产石油 127.8 万桶，比 2 月下降了将近 20%，环比 3.6%（4.77 万桶），降幅已经超过了日均 30 万桶。[②]

　　另外一个原因则是，委内瑞拉政府民粹主义的经济政策让国家陷入资源诅咒的陷阱。自 1999 年查韦斯上台以来，委内瑞拉政府大力推行国有化，限制私有资本，实行外汇管制和一系列高福利的经济政策，直接导致国家经济结构单一，失去活力，外资也纷纷撤走。2013 年查韦斯去世后，继任的马杜罗延续了他的政策，甚至对国民经济的管控进一步强化。其结果就是，委内瑞拉经济过于依赖石油出口。2013 年，石油价格下跌后，委内瑞拉的经济问题彻底暴露，一步步陷入危机中。[③] 然而，从目前的情况来看，马杜罗并未吸取教训。2018 年 2 月 20 日，委内瑞拉面向国际社会销售一亿枚"石油币"这一数字加密货币，宣布每

---

① 委内瑞拉原油产量降至 70 年来最低，http：//geoglobal.mlr.gov.cn/zx/kydt/hyyxdt/201803/t20180316_6775339.htm，2018 年 8 月 17 日。

② 委内瑞拉 7 月日均产油 127.8 万桶 环比下降 3.6%，http：//ve.mofcom.gov.cn/article/jmxw/201808/20180802775696.shtml，2018 年 8 月 17 日。

③ 约翰·波加·赫西莫维奇. 当前委内瑞拉危机的历史根源，https：//origins.osu.edu/connecting-history-0，2018 年 8 月 18 日。

枚石油币的价值等同一桶石油，约 52 美元，到目前为止已经完成预售。委内瑞拉政府表示该石油币会与国家一块储量为 50 亿桶的油田挂钩，有助于维护国家经济稳定和财政独立。但批评者认为，石油币无法用于市场流通，且要以国家主权为信誉担保。在目前委内瑞拉国家还贷出现违约，且世界上绝大部分国家都禁止使用数字货币的情况下，国际市场对该货币的信心很令人质疑。[①] 不仅如此，批评者还认为，委内瑞拉对于石油币的价值怎样以石油储备为担保，以及石油币如何运转未提供详细信息。[②] 2018 年 8 月 17 日，马杜罗宣布于 8 月 20 日将石油币与市场流通的玻利瓦尔币一起作为官方货币，并确定将最低工资、退休金与半个石油币作为工资基准。[③] 8 月 20 日，委内瑞拉还将新的"主权玻利瓦尔"货币代替已经贬值的"强势玻利瓦尔"，兑换值为 1 主权玻利瓦尔等于 10 万强势玻利瓦尔，并且将新货币的价值与石油币挂钩，价格为 1 石油币等于 3600 主权玻利瓦尔，以期稳定金融市场。[④] 除此之外，马杜罗还于 2018 年 7 月宣布新的经济改革措施，比如实行新的汽油补贴政策，签署反外汇犯罪法修订草案，将一块新油田授予委内瑞拉央行以增加国际储备以及对进口资本品零配件、机械设备、原材料和农资实施为期一年的免税措施等。尽管马杜罗在宣布这些措施时承认政府既有的经济发展策略失败，但是他的新改革方案并未让人看出委内瑞拉经济发展模式变革的希望。[⑤]

在瑞士洛桑国际管理学院（IMD）发布的《2018 年世界竞争力报告》中，委内瑞拉在 63 个经济实体排名中位列倒数第一。[⑥] 世界银行《2018 年营商环境报告》综合了开办企业、办理施工许可证、获得电力、登记财产、获得信贷、保

---

① GRACE DOBUSH. *Venezuela Has a Dubious Plan to Fight Hyperinflation and It Involves Its Cryptocurrency*, *the Petro*, http：//fortune.com/2018/07/26/venezuela-dubious-plan-fight-hyperinflation-involves-cryptocurrency-petro/, 2018 年 8 月 18 日；*Petro*, https：//whitepaperdatabase.com/wp-content/uploads/2018/03/venezuela-cryptocurrency-petro-whitepaper.pdf, 2018 年 8 月 18 日；潘寅茹. 委内瑞拉"石油币"首发：以原油背书，早买还有优惠价, https：//www.yicai.com/news/5401162.html, 2018-8-19.

② HARVEY GAVIN. *Venezuela crisis：Petro CRYPTOCURRENCY to become official currency alongside bolivar*, https：//www.express.co.uk/news/world/1003908/venezuela-petro-cryptocurrency-latest-venezuela-economic-crisis-maduro, 2018-8-19.

③ 委内瑞拉将把"石油币"作官方货币：1 个石油币约合 52 美元, https：//m.thepaper.cn/newsDetail_forward_2360175, 2018 年 8 月 19 日。

④ *Venezuela on edge as Maduro unveils raft of economic reforms*, https：//www.channelnewsasia.com/news/world/venezuela-on-edge-as-maduro-unveils-raft-of-economic-reforms-10629904, 2018 年 8 月 19 日；李怡清、李舒越. 通货膨胀达 32714%，委内瑞拉发行新货币去掉 5 个零, https：//m.thepaper.cn/newsDetail_forward_2358309, 2018-8-19.

⑤ 钱小岩. 承认现行政策失败，马杜罗再推五大经济恢复与增长措施, https：//www.yicai.com/news/100005616.html, 2018-8-19.

⑥ https：//worldcompetitiveness.imd.org/rankings/WCY, 2018 年 8 月 16 日。

护中小投资者、纳税、跨境贸易、执行合同和办理破产 10 个指标，将委内瑞拉排在 190 个国家中的第 188 位，其整体情况在拉美 32 个国家中也是位居倒数第一，其中开办企业、获得电力、纳税和跨境贸易四个指标都是地区最差。① 美国智库传统基金会 2018 年《经济自由度指数》报告说，在全球 180 个经济体中委内瑞拉的经济自由度是第 179 名，在拉美地区 32 个国家中排名最后。②

二、政治与社会形势

　　2018 年 5 月举行的总统大选无疑是该年份委内瑞拉最重要的政治事件。为了此次选举，马杜罗在 2017 年中期就开始准备。7 月 30 日，政府为方便修改国家法律与宪法，组织了制宪大会选举并赢得全部 545 个席位，反对派则因为抵制选举而失去机会。10 月 15 日，执政党统一社会主义党（PSUV）在州长选举中赢得了 23 个州的 18 个州。在 12 月的市政选举中，执政党又获得了 90% 的市长席位。2018 年 1 月，马杜罗正式宣布寻求为期 6 年的第二任总统任期。2 月，前州长、进步前哨党（Progressive Advance Party）主席法尔孔（Henri Falcon）宣称自己与马杜罗展开竞争。但是，法尔孔的行为被反对党民主团结联盟（MUD）视为背叛，他因此被驱逐。③ 反对党联盟已经被政府控制的最高法院宣布无法作为一个整体参加选举，法尔孔的表现标志着反对党的分裂。在法尔孔参选后，其他一些反对党组成"委内瑞拉自由广泛阵线"继续抵制选举。④ 5 月 20 日，正式选举结果出炉。马杜罗赢得了 67.7% 的选票，高于法尔孔 40 多个点。但是此次总统大选的投票率却仅有 46%，是 1940 年以来所有总统大选的最低点。⑤ 6 月 14 日，马杜罗宣布改组内阁，国家最高权力机关制宪大会主席德尔西·罗德里格斯（Delcy Rodríguez）接替塔雷克·艾萨米（Tareck El Aissami）任副总统，艾萨米则转任新成立的负责工业和生产部长。6 月 19 日，迪奥斯达多·卡贝略（Diosdado

　　①　http：//www. doingbusiness. org/rankings? region＝latin-america-and-caribbean，2018 年 8 月 16 日。

　　②　*HIGHLIGHTS OF THE* 2018 *INDEX OF ECONOMIC FREEDOM*，https：//www. heritage. org/index/pdf/ 2018/book/highlights. pdf，2018 年 8 月 16 日。

　　③　Danielle Renwick，*Venezuela in Crisis*，March 23，2018，https：//www. cfr. org/backgrounder/venezuela- crisis，2018 年 8 月 17 日。

　　④　毕振山. 轻松连任，马杜罗未来执政不轻松 [N]. 工人日报，2018-5-23.

　　⑤　Anthony Faiola. *Venezuelan President Nicolás Maduro wins reelection amid charges of irregularities*，https：// www. washingtonpost. com/world/the_americas/crisis-weary-venezuelans-are-voting-in-election-decried-as-a- maduro- power- grab/2018/05/20/cb7b579e- 57d6- 11e8- 9889- 07bcc1327f4b _ story. html？ utm _ term ＝. cb3a4b53b033，2018 年 8 月 19 日。

Cabello) 当选制宪大会主席。①

如何扭转政府的低效和民众对政府的不信任仍然是马杜罗的巨大难题。在世界经济论坛的全球 2017~2018 年竞争力指数中,委内瑞拉在 137 个国家中名列 127 位,其中国家制度建设 137 位,这其中的一系列小指标都非常差。比如,公众对官员的信任 133 位,非常规支付(Irregular Payments)与贿赂 132 位,司法独立 137 位,公众对政府官员决定的欢迎度 137 位,政府支出的效率 136 位,政府监管负担(Burden of Government Regulation)137 位,国家法律解决争端的效率 137 位,政府决策的透明度 137 位,因暴力和犯罪导致的业务成本 136 位,有组织犯罪 135 位,警务服务的可信度(Reliability of Police Services)137 位,企业行为的道德水准 137 位,对投资者保护的力度 133 位,等等。② 透明国际 2017 年的腐败指数表明,委内瑞拉在 180 个国家中位于 169 位,在西半球 32 个国家中倒数第一,属于极度腐败的国家。③ 2017~2018 年世界法治指数表明,委内瑞拉在全球 113 个国家中再次名列最后一位,在拉美 30 个国家中也是倒数第一,主要指标包括对政府权力的限制 113 位,远离腐败(Absence of Corruption)103 位,政府开放度 110 位,基本权利 105 位,秩序与安全 110 位,监管执法(Regulatory Enforcement)113 位,民事司法 112 位,刑事司法 112 位,等等。④

2017 年 8~12 月,有 50 多名与委内瑞拉石油公司相关的人员因腐败、侵占挪用和破坏经济等罪名被捕。2017 年 11 月 26 日,总统马杜罗任命国民警卫队少将曼努埃尔·克韦多接管委内瑞拉石油公司与石油部,以图肃清腐败并重整委内瑞拉石油公司。⑤ 2018 年 3 月 13 日,前内政部长、退役上将托雷斯以破坏国家稳定与和平、密谋武装行动和背叛宪法等诸多罪名被逮捕。托雷斯在卸任后,经

---

① 徐烨、王瑛. 委内瑞拉进行内阁改组,http://www.xinhuanet.com/world/2018 - 06/15/c_1122992248.htm,2018 年 8 月 20 日;卡贝略当选委制宪大会新任主席,http://ve.mofcom.gov.cn/article/jmxw/201806/20180602757976.shtml,2018 年 8 月 23 日;委内阁最新调整情况,http://ve.mofcom.gov.cn/article/jmxw/201806/20180602757952.shtml,2018 年 8 月 23 日。

② *Venezuela:The Global Competitiveness Index 2017 - 2018 edition*,http://www3.weforum.org/docs/GCR2017-2018/03CountryProfiles/Standalone2-pagerprofiles/WEF_GCI_2017_2018_Profile_Venezuela.pdf,2018 年 8 月 20 日。

③ *CORRUPTION PERCEPTIONS INDEX* 2017,https://www.transparency.org/news/feature/corruption_perceptions_index_2017,2018 年 8 月 20 日。

④ *VENEZUELA RANKED 113 OUT OF 113 COUNTRIES ON RULE OF LAW*,https://worldjusticeproject.org/sites/default/files/documents/ROLIndex_2017-2018_Venezuela_eng.pdf,2018 年 8 月 20 日。

⑤ 孙梦文. 委内瑞拉国家石油公司前高管被捕,分析称马杜罗反腐或为连任,澎湃新闻网,https://www.thepaper.cn/newsDetail_forward_1888265,2018 年 8 月 17 日;陈立希. 新石油革命时代来临委内瑞拉少将接管石油巨头,http://www.xinhuanet.com/world/2017-11/28/c_129750529.htm,2018-8-17.

常发表反马杜罗言论，并加入反对派的"委内瑞拉自由广泛阵线"。①

国家经济和政治失序的结果就是社会危机进一步严重。2017 年，委内瑞拉87%的人生活在贫困中，其中 61.2%极度贫困；80%的家庭存在食品安全问题，61%的人处于极度饥饿中，87.5%的家庭接受食物救济，75%的人失去了 8.7 千克的体重；2017 年，委内瑞拉 68%的人缺乏医保，全国只能提供 WHO 基本药品目录中 38%的药物，公立医院只有 30%的基本抗感染药物，114000 名艾滋病毒感染者/病人缺乏必要的药物；2017 年，药品短缺导致糖尿病例增加了 95%，高血压增加了 92%，孕妇死亡问题创造了 1998 年以来整个拉美地区最差纪录，产后死亡率是一年前的三倍；2015~2017 年，疟疾发病从 136000 人提升到 406289人，提升了两倍，麻疹也扩散到了全国 24 个州中的 21 个州；预计 2018 年，会有 280000 名儿童因为营养不良而死亡。② 此外，2018 年白玉米种植的季节农民只拥有正常所需 10%的种子和化肥，食品工业的产能只有 2012 年的 30%，黑市的食品价格则是官方规定价格的 70 多倍。③ 由于缺乏印票的原材料，首都加拉加斯的地铁于 2018 年 5 月实行免费乘坐。④

2018 年 7 月，委内瑞拉发生了 2163 次抗议事件，平均每天 72 次，96%的抗议内容与争取经济、社会、文化和环境权力有关。医疗领域的劳工游行抗议最多，上街游行共计 1192 次；学生游行 268 次；不同行业游行 207 次；交通部门游行 33 次；社会安全游行抗议 81 次。2018 年前 7 个月，全国抗议游行共造成14 人死亡，13 人受伤。⑤ 8 月 4 日，马杜罗在出席首都加拉加斯的一场军队活动演讲时遭遇无人机刺杀，7 人受伤。截至 8 月 15 日，当局抓捕了 14 人，至少 34

①　徐烨，王瑛. 委内瑞拉逮捕前内政部长托雷斯，http：//www. xinhuanet. com/world/2018－03/14/c_1122536305. htm，2018－8－23.

②　The Caracas Chronicles Team. *ENCOVI 2017：A Staggering Hunger Crisis，in Cold，Hard Numbers*，https：//www. caracaschronicles. com/2018/02/21/encovi-2017/，2018 年 8 月 22 日；María Laura Chang. *No Solution in Sight for Venezuela's Growing Nutrition Crisis*，https：//www. newsdeeply. com/malnutrition/articles/2018/03/20/no-solution-in-sight-for-venezuelas-growing-nutrition-crisis，2018 年 8 月 22 日；*CARITAS ON VENEZUELA*，https：//www. caritas. org/2017/08/caritas-on-venezuela/，2018 年 8 月 22 日；*PAHO Visit to Venezuela：Advances and Opportunities*，https：//venezuelablog. org/paho-visit-venezuela-advances-opportunities/，2018 年 8 月 22 日。

③　The Office of the United Nations High Commissioner for Human Rights. *Human rights violations in the Bolivarian Republic of Venezuela：A downward spiral with no end in sight*，June 2018，https：//www. ohchr. org/Documents/Countries/VE/VenezuelaReport2018_EN. pdf，2018 年 8 月 28 日。

④　赵风英. 没钱印票 委内瑞拉地铁免费，http：//go. huanqiu. com/news/tour/2018－05/12025213. html，2018－8－23.

⑤　*Conflictividad social en Venezuela durante julio de* 2018，https：//www. observatoriodeconflictos. org. ve/destacado/conflictividad-social-en-venezuela-durante-julio-de-2018，2018 年 8 月 22 日。

人涉案。①

国内失序的结果就是大量人口试图移居国外。联合国难民署报告，估计委内瑞拉已经有 150 多万人进入邻国和其他地区，2018 年初其邻国平均每天进入5000 人，受影响最大的哥伦比亚估计有 60 万委内瑞拉人。2014～2018 年，约有282180 个委内瑞拉人在全球范围内寻求庇护，尽管已经有 567561 个获得这种资格。其中，2017 年申请的主要对象国包括美国（30119 人）、秘鲁（33149 人）、巴西（20637 人）、西班牙（10622 人）、巴拿马（4430 人）、哥斯达黎加（3175人）、墨西哥（4042 人）；2018 年 1～6 月申请的主要对象国包括秘鲁（90000人）、美国（9506 人）、巴西（6917 人）、西班牙（2313 人）、巴拿马（1506人）、哥斯达黎加（1794 人）、墨西哥（2278 人）。② 2017 年，委内瑞拉约 22000名医生移居国外，相当于 2014 年全国 66138 名医生的 1/3，另有 6000 名生化分析师和实验室技术人员、3000～5000 名护士移民。③ 值得注意的是，哥伦比亚移民部门还批准了多达 160 万张的委内瑞拉居民短期往返签证，以方便他们做数日的临时工作、获得紧急医疗救助与购买食品。④

面对艰难的民生，委内瑞拉进入 2018 年以来已经数次上调国家的最低工资，并派遣军队进入食品市场维持秩序，国家经济紧急状态也第 14 次延期。其中，2017 年 12 月 31 日宣布上调 40%；⑤ 2018 年 3 月涨幅 58%，达到 130.8 万强势玻利瓦尔，另外增加食品补贴 54.9 万强势玻利瓦尔，幅度为 67%，退休金则增加54.97 万强势玻利瓦尔；⑥ 5 月 1 日，上调到 255 万强势玻利瓦尔，接近一倍，按照官方汇率相当于人民币 241.84 元，但黑市价值仅 20.26 元人民币（3.2 美

---

① 刘秀玲. 调查无人机袭击 委内瑞拉逮捕六人，http：//www. xinhuanet. com/mil/2018－08/07/c_129927968. htm，2018 年 8 月 23 日；*Venezuela Top Prosecutor：34 Involved In Failed Assassination of Maduro*，https：//venezuelanalysis. com/news/14000，2018 年 8 月 24 日。

② *Venezuela Situation：As of June 2018*，https：//reliefweb. int/report/venezuela－bolivarian－republic/unhcr－venezuela-situation-june-2018，2018 年 8 月 22 日；*Venezuela situation-Responding to the needs of people displaced from Venezuela-Supplementary Appeal-January-December 2018*，https：//reliefweb. int/report/colombia/venezuela-situation-responding-needs-people-displaced-venezuela-supplementary-appeal，2018 年 8 月 22 日。

③ *PAHO's RESPONSE TO MAINTAINING AN EFFECTIVE TECHNICAL COOPERATION AGENDA IN VENEZUELA AND NEIGHBORING MEMBER STATES*，https：//www. paho. org/hq/index. php? option = com_docman&task = doc_download&gid=45491&Itemid=270&lang=en，2018 年 8 月 23 日。

④ MARK L. SCHNEIDER. *Venezuela's collapse causes humanitarian and security crisis for Colombia*，https：//www. miamiherald. com/opinion/op-ed/article203654959. html，2018 年 8 月 23 日。

⑤ 朱箫. 委内瑞拉总统马杜罗：把最低工资上调至少 3000%，http：//news. haiwainet. cn/n/2018/0819/c3541093-31378084. html，2018-8-23.

⑥ 马杜罗宣布将最低工资标准上调 58%，http：//ve. mofcom. gov. cn/article/jmxw/201803/20180302722513. shtml，2018 年 8 月 23 日。

元）；6 月上调到 300 万强势玻利瓦尔，然而其价值仅相当于 1.14 美元。[1] 8 月 17 日，马杜罗再次宣布会提高最低工资到以往 30 多倍的 1800 主权玻利瓦尔，即相当于半个石油币的 26 美元。然而，就在 8 月 20 日国家新货币启用的当天，约 900 名委内瑞拉民众穿越边境抵达巴西，之前的一天则为 800 人，远远超过了日常离境数字，甚至一些士兵都因为饥饿而出国逃走。[2]

三、外交形势

在西半球，委内瑞拉在外交层面可谓孤立，除了少数国家外，绝大部分国家都采取了反委内瑞拉的立场，这从美洲国家组织 2018 年上半年的两次决议就可以看出。

2018 年 2 月 23 日，美洲国家组织以 19 票的简单多数通过决议要求委内瑞拉重新考虑总统大选和接受人道主义援助的决议。赞成国家包括阿根廷、巴哈马、巴巴多斯、巴西、加拿大、智利、哥伦比亚、哥斯达黎加、危地马拉、圭亚那、洪都拉斯、牙买加、墨西哥、巴拿马、巴拉圭、秘鲁、圣卢西亚、美国、乌拉圭、玻利维亚、多米尼加（群岛）、苏里南、圣文森特和格林纳丁斯（群岛），委内瑞拉则投票反对。[3]

2018 年 6 月 5 日，美洲国家组织再次以 19 票的简单多数通过对委内瑞拉形势的决议，宣布委内瑞拉 5 月 20 日的总统大选非法，要求政府恢复国会的所有权力，号召成员国采取政治、经济与金融等手段恢复委内瑞拉的"民主秩序"。阿根廷、巴哈马、巴巴多斯、巴西、加拿大、智利、哥伦比亚、哥斯达黎加、危地马拉、圭亚那、洪都拉斯、牙买加、墨西哥、巴拿马、巴拉圭、秘鲁、圣卢西亚、美国和多米尼加（共和国）投票赞成，玻利维亚、多米尼加（群岛）、圣文

---

① DAVID DAWKINS. *Venezuela triples minimum wage to 86p a month as inflation soars 25，000 PERCENT*，https：//www. express. co. uk/finance/city/977682/venezuela－crisis－wage－poverty－Nicol－s－Maduro－bolivars，2018 年 8 月 23 日；赵怡蓁. 因应通膨 委内瑞拉总统再调涨基本薪资，http：//world. huanqiu. com/exclusive/2018－05/11956811. html，2018-8-23.

② 李怡清. 委内瑞拉危局加剧：民众没钱、没水、没电，士兵逃离军队，https：//www. thepaper. cn/newsDetail_forward_2368205，2018-8-23.

③ *OAS Permanent Council Approves Resolution on the Latest Events in Venezuela*，http：//www. oas. org/en/media_center/press_release. asp？sCodigo＝E－004/18，2018 年 8 月 23 日；Clare Ribando Seelke，Rebecca M. Nelson，Phillip Brown，Rhoda Margesson，*Venezuela：Background and U. S. Relations*，https：//fas. org/sgp/crs/row/R44841. pdf，2018 年 8 月 23 日。

森特和格林纳丁斯（群岛）、委内瑞拉则投票反对。①

利马集团的十四个成员国阿根廷、巴西、加拿大、智利、哥伦比亚、哥斯达黎加、危地马拉、圭亚那、洪都拉斯、墨西哥、巴拿马、巴拉圭、秘鲁和圣卢西亚于 5 月 21 日公开谴责马杜罗政权的专制性，宣布不承认委内瑞拉总统大选的结果，并召回了驻委内瑞拉大使。②

哥伦比亚与委内瑞拉的关系持续紧张。哥伦比亚一直怀疑委内瑞拉暗地里支持其叛军的游击队，前总统桑托斯公开宣称马杜罗的总统生涯已经为时不多，马杜罗则指责哥伦比亚是美国的"走狗"。③ 8 月 4 日马杜罗遭遇无人机袭击后，委内瑞拉政府指责哥伦比亚参与了该事件，两国关系也进一步恶化。④ 哥伦比亚新一届政府就位 3 天后，就于 8 月 10 日表示永久退出南美国家联盟（UNASUR），而新当选的总统杜克在此之前已经数次表达了这一意愿，他指责该组织是查韦斯用来分裂美洲体系和为自己的独裁欲望寻求合法性的一个标志。其实早在 2018 年 4 月，阿根廷、巴西、智利、哥伦比亚、巴拉圭和秘鲁六国就已经主动暂停了自己的南美国家联盟的成员国资格。南美国家联盟由委内瑞拉前总统查韦斯倡议建立，拥有 12 个成员国，其目的是推动拉美地区的政治、经济、文化和社会一体化步伐，哥伦比亚的这一行动可以说让这一组织名存实亡。⑤

日益扩大的难民潮也让周边国家与委内瑞拉的关系恶化。哥伦比亚叛军游击队与毒贩已经趁着难民潮在两国边境的委内瑞拉一侧积极活动，扩大势力，让两国关系擦枪走火的风险大增。⑥ 8 月 23 日，因对马杜罗政府在解决难民问题上的

① *Resolution on the Situation in Venezuela*，http：//www.oas.org/en/media_center/press_release.asp? sCodigo=S-032/18，2018 年 8 月 23 日；Clare Ribando Seelke, Rebecca M. Nelson, Phillip Brown, Rhoda Margesson. *Venezuela：Background and U. S. Relations*，https：//fas.org/sgp/crs/row/R44841.pdf，2018 年 8 月 23 日。

② *Statement by Lima Group on electoral process in Venezuela*，http：//international.gc.ca/world-monde/international_relations-relations_internationales/latin_america-amerique_latine/2018-05-21-lima_group-groupe_lima.aspx? lang=eng，2018 年 8 月 23 日。

③ *Colombia president Juan Manuel Santos says Nicolas Maduro's days as President of Venezuela are numbered*，https：//www.firstpost.com/world/colombia-president-juan-manuel-santos-says-nicolas-maduros-days-as-president-of-venezuela-are-numbered-4864251.html，2018 年 8 月 24 日。

④ Flora Charner, Alejandra Morales, Spencer Feingold，*Maduro claims to have proof linking Colombia to alleged assassination attempt*，https：//edition.cnn.com/2018/08/07/americas/venezuela-maduro-proof-colombia-alleged-assassination-attempt/index.html，2018 年 8 月 24 日。

⑤ *Colombia's Duque Reaffirms Intention to Withdraw From Unasur*，https：//www.telesurtv.net/english/news/Duque-Reaffirms-Intention-to-Withdraw-Colombia-From-Unasur-20180709-0019.html，2018 年 8 月 24 日；*Colombia to withdraw from UNASUR league of South American Nations*，https：//www.rt.com/newsline/435683-colombia-withdraws-unasur-organization/，2018 年 8 月 24 日。

⑥ 任健.警惕委内瑞拉难民危机：不是压垮政府的最后稻草，却埋下火药，https：//m.thepaper.cn/newsDetail_forward_2373286? from=groupmessage，2018-8-24.

失望，厄瓜多尔决定退出由委内瑞拉主导的美洲玻利瓦尔联盟（ALBA）。①

秘鲁于 2018 年 3 月进行了政府更迭，但两届政府都宣布不欢迎马杜罗参加于 4 月在首都利马的美洲国家组织领导人峰会，马杜罗最终也决定不出席会议，并宣布正式启动退出美洲国家组织的程序。②

目前，拉美地区只有古巴和玻利维亚是马杜罗的有力支持者。2018 年 5 月 30 日，古巴新领导人迪亚斯·卡内尔（Miguel Diaz-Ca）将自己就职后的首选出访地定为委内瑞拉，将马杜罗大选的胜利视为古巴的胜利。③ 4 月 13 日的美洲领导人峰会上，玻利维亚总统莫拉莱斯声援委内瑞拉。4 月 15 日，玻利维亚总统莫拉莱斯甚至专程访问加拉加斯，以示对马杜罗的支持。④

加拿大在之前两轮制裁的基础上，于 2018 年 5 月 30 日对委内瑞拉的 14 名政界人士追加了新的制裁措施，冻结其资产，并禁止加拿大人与其进行商品或金融交易，成员包括马杜罗的妻子弗洛雷斯。⑤ 到目前为止，加拿大对委内瑞拉的制裁人数已经超过了 50 人。

欧盟于 2018 年 1 月 22 日以民主、法治和人权等问题为由，对委内瑞拉的 7 名高官施加了制裁，名单包括时任统一社会党第一副主席卡贝略、国家选举委员会主席卢塞纳、最高法院院长莫雷诺。⑥ 欧盟也不承认委内瑞拉总统大选结果，于 6 月 25 日又对艾萨米、罗德里格斯等 11 名委内瑞拉官员进行了制裁，冻结其财产，禁止他们到欧盟旅行。⑦

作为拉美地区反委内瑞拉行动的主导者，美国于 2018 年初至今发起了数次

---

① *Ecuador leaves Venezuelan-run regional alliance*，https：//apnews.com/6a7d8ed8738a475d8b6c276 ffa0b761e，2018 年 8 月 24 日。

② *Official：New Peru president to keep summit ban on Maduro*，https：//wtop.com/latin-america/2018/03/ official-new-peru-president-to-keep-summit-ban-on-maduro/，2018 年 8 月 24 日；刘晨，朱东阳. 美洲国家组织指责委内瑞拉大选不合法，http：//www.xinhuanet.com/world/2018-06/06/c_1122946168.htm，2018-8-27.

③ *New Cuba leader praises Maduro in "solidarity" visit to Venezuela*，https：//www.firstpost.com/world/new-cuba-leader-praises-maduro-in-solidarity-visit-to-venezuela-4489067.html，2018 年 8 月 24 日。

④ *Venezuela's Maduro gets rare boost with visit by Bolivian president*，https：//www.straitstimes.com/world/ americas/venezuelas-maduro-gets-rare-boost-with-visit-by-bolivian-president，2018 年 8 月 24 日。

⑤ *Canadian Sanctions Related to Venezuela*，http：//www.international.gc.ca/sanctions/countries-pays/ venezuela.aspx？lang=eng&_ga=2.215241111.1476345346.1535018851-1372333843.1523957013，2018 年 8 月 23 日。

⑥ *Venezuela：EU sanctions 7 individuals holding official positions*，http：//www.consilium.europa.eu/en/ press/press-releases/2018/01/22/venezuela-eu-sanctions-7-individuals-holding-official-positions/，2018 年 8 月 24 日。

⑦ Maya Lester QC，*EU sanctions 11 more Venezuelan officials*，https：//europeansanctions.com/2018/06/ 25/eu-sanctions-11-more-venezuelan-officials/，2018 年 8 月 24 日。

对委内瑞拉的制裁。1月5日，财政部制裁了委内瑞拉的4名官员。① 3月19日，特朗普签署行政令，禁止在美购买、使用、交易委内瑞拉政府发行的加密货币，即石油币。当天，美国财政部也对委内瑞拉政府的4名官员采取了制裁。② 5月初，美国对委内瑞拉的16家企业进行制裁。③ 5月18日，委内瑞拉总统大选前夕，美国财政部对卡贝略及其数名亲属进行经济制裁。④ 5月21日，特朗普签署行政令，禁止美国企业和公民进行与委内瑞拉政府相关债务或者应收账款的交易。⑤ 5月22~24日，美委两国相互驱逐了2名使馆官员。5月25日，美国参议院外交关系委员会主席鲍勃·科克在加拉加斯会见了马杜罗，但目的在于推动在押美国公民乔舒亚·霍尔特获释，并未导致两国关系出现转机。⑥ 在这过程中，尽管委内瑞拉政府数次抗议制裁，马杜罗也试图与特朗普直接通话，但美国都置之不理，特朗普甚至恐吓不排除用军事手段解决委内瑞拉问题。⑦

中国与委内瑞拉的关系持续稳定发展。3月，马杜罗电贺习近平连任国家主席。5月23日，习近平致电马杜罗再次当选总统，指出两国是"相互信赖的好朋友、合作共赢的好伙伴"，表示希望"推动中委全面战略伙伴关系再上新台阶"。⑧ 委财政部部长西蒙·塞尔帕（Simon Zerpa）在7月访华时表示委内瑞拉获得了中国超过2.5亿美元的直接投资，用来增加委内瑞拉石油公司的产量。另

① 徐烨、王瑛. 委内瑞拉谴责美国扩大对委官员制裁，http：//www. xinhuanet. com/world/2018-01/06/c_1122219620. htm，2018-8-24.

② 刘秀玲. 美禁购委内瑞拉"石油币"马杜罗：违反国际法，http：//us. xinhuanet. com/2018-03/21/c_129833138. htm，2018-8-24；朱东阳，刘晨. 美国宣布对4名委内瑞拉现任或前任官员实施制裁，http：//www. xinhuanet. com/2018-03/20/c_1122561082. htm，2018-8-24.

③ 赵怡蓁. 美国对委内瑞拉祭新制裁 彭斯吁暂缓"骗局"大选，http：//world. huanqiu. com/exclusive/2018-05/11994064. html，2018-8-24.

④ 徐烨，王瑛. 委内瑞拉谴责美国在委总统大选前夕实施新制裁，http：//world. huanqiu. com/article/2018-05/12061025. html，2018-8-24.

⑤ *As Trump Adds Sanctions on Venezuela，Its Neighbors Reject Election Result*，http：//rejuvenationmedia. com/as-trump-adds-sanctions-on-venezuela-its-neighbors-reject-election-result/，2018年8月24日.

⑥ 陈立希. 马杜罗握手美国参议院外交关系委员会主席，http：//www. xinhuanet. com/world/2018-05/27/c_129880937. htm，2018-8-24；王逸君. "无交换条件"！委内瑞拉在押美国公民获释，http：//www. xinhuanet. com/world/2018-05/28/c_129881152. htm，2018-8-24.

⑦ JILL COLVIN，JOSHUA GOODMAN，*Trump says he won't rule out military response to Venezuela；rejects Maduro's phone call*，http：//www. ktvu. com/news/white-house-rejects-venezuelan-president-maduros-phone-call-wont-rule-out-military-action，2018年8月24日.

⑧ *Venezuela saluda reelección de Xi Jinping como Presidente de China*，http：//www. panorama. com. ve/politicayeconomia/Venezuela-saluda-reeleccion-de-Xi-Jinping-como-Presidente-de-China-20180317-0026. html，2018年8月24日；习近平向委内瑞拉马杜罗总统致贺电，http：//bj. crntt. com/doc/1050/7/8/5/105078556. html？ coluid＝7&kindid＝0&docid＝105078556&mdate＝0523203056，2018年8月24日.

外，委内瑞拉还从中国获得了 100 亿美元的贷款。①

　　普京认为，马杜罗再次当选总统有助于两国战略伙伴关系的发展，俄罗斯外交部对其他国家不承认选举结果表示遗憾，警告其会引发地区局势不稳定，导致"严重和长期的后果"。②

　　① 王慧. 中国再伸援手! 2.5 亿美元助委内瑞拉增加原油产能，https：//www. guancha. cn/internation/2018_07_04_462693. shtml，2018-8-24.

　　② *Congratulations to Nicolas Maduro on his re-election as President of Venezuela*，http：//en. kremlin. ru/events/president/news/57507，2018 年 8 月 24 日；俄方：美欧不承认委内瑞拉选举结果 将致严重后果，http：//world. huanqiu. com/article/2018-05/12071077. html，2018 年 8 月 24 日。

创造力、简单和高效——以阿根廷为例

Ignacio Alperin Bruvera[*]

一、导　言

　　创造力和创新是如今人人都挂在嘴边的词，两者已然成为热词。在一个相对较短的时间里（至多几十年里），我们从认为极具创造力的个体是经某种基因魔杖点化的人，到理解了创造性过程和创新思维事实上可以被教授和学习，甚至在变幻莫测的时代里，可以当成我们的武器。

　　整个社会，乃至整个世界，正经历着深刻的变革。在诸多变革之中，技术、可持续发展的迫切性，以及全球化是这个时期的基本特征，这个时期正慢慢把我们和婴儿潮时期出生的一代（1946～1964 年）分隔开来。过去 60 年里，社会上也许出现了一些负面问题，但毫无疑问，人们认为 20 世纪后半叶的发展是前所未有的。

　　一方面，人们渴望提升、进步和成功，这种渴望推动社会发展；另一方面，这个时代也逐渐在许多人中产生了一种观念，即认为成功是上天赋予，以自我为中心和非常个人的。美国著名歌手 Frank Sinatra 也曾经唱道："我走自己的路。"在这个时代，人人都追名逐利，而许多人不成功，则被视为是失败、缺乏自我激励或极度懒散的人。

　　这促使许多人重新关注自身的努力。很明显，这个"体系"（指几乎所有现代社会的共同特征）需要调整。也许，一种特许的社会观正误导我们，让我们误以为既然一些人可以成功，那么所有人都可以成功。

---

　　* Ignacio Alperin，阿根廷天主教大学经济学院商学院 MBA 创意与创新教授、创业学教授，莫纳什大学（澳大利亚墨尔本）法学博士、布宜诺斯艾利斯市律师协会的前执行董事。

因此，许多人都意识到，无法生存不一定因为懒惰或者缺乏企业家精神，还可能因为：没有一个体系是完美无瑕的或者能够完全适应每一个人。一些人正掉进裂缝的深渊，一些人正凝视深渊。

因此，一种更基于良心的社会观开始影响主流观点，尽管缓慢，但确定无疑。在这个社会观中，个人努力仍然受到高度尊重；成功或金钱都不是坏词。不过，这个社会观也是一个愿景，在这一愿景里，人们对促进必要变革有着成熟的理解。一些人尽管努力成功或者想要成功，但还是无法实现目标，而这些必要的变革让他们有更好的机会自力更生，养活自己和家人，进而再一次成为积极的社会成员。

因此，笔者所谓的"我们"社会诞生了，这本身就是一种哲学改变。在"我们"社会中，人们普遍相信，如果不是个人努力、别人必要的援助之手、正确的外部系统条件、一点点好运气加上刚刚好的时机（非运气），自己不会达到现在的位置①。这种观点认为，自身努力和他人的努力结合会更高效。在"我们"社会中，成功与否不仅仅作为个人来衡量，还要作为社会中的一员来衡量。届时我们会感受到，既可以为自己的成就欢呼雀跃，因为这些成就对自己来说意义重大，也可以因为成功从本质和目的上都带来了溢出效应而欢欣鼓舞，这一溢出效应让我们生活圈以外的人也可以获得真正的成就感。它的核心是一个基本理念，即万物最终都相互关联。正如几个世纪以前，莱昂纳多·达·芬奇所说："学习科学的艺术；学习艺术的科学。学习如何观察。了解万物皆相互关联。"②

因此，进入 21 世纪，有许多有新闻价值的因素需要考虑。除了警卫队粗略的变化之外，还有相当一些艰难的现实问题暴露无遗。

其中之一是，人类自身成功的事业也催生了素来被视为范式变革一部分的因素。对我们影响最大的因素也许就是，技术正慢慢地取代我们。

这可以是件好事。那些曾经乏味不堪、毫无趣味的工作正逐步由机器人、算法、程序、应用程序和自动技术或人工智能所取代③。不过，和其他事物相同，并非所有关于技术的事物都是玫瑰色的。技术同时在不断推动所有行业，甚至是取代这些行业，因而技术成为人类大部分事业中错综复杂的一部分。

---

① Why Timing Is the Most Important Factor in Ensuring Your Startup's Success, by Patrick Henry, Inc. com, https：//www. inc. com/patrick-henry/want-to-launch-an-explosively-growing-startup-heres-why-timing-is-huge. html, 2017.

② The Future of Identity in the Cyber-Physical World, by Carsten Stöcker, Medium. com, https：//medium. com/@ cstoecker/future-of-identity-in-the-cyber-physical-World-b7abd18ce5ee, 2017.

③ Why Advances in Technology and Automation may be good news for human workers, by Dian Lim for Forbes, https：//www. forbes. com/sites/washingtonbytes/2017/10/12/why-advances-in-technology-and-automation-are-good-news-for-human-workers/#64d33d8e3892，2017.

事实上，根据麦肯锡 2017 年底发布并得到广泛转载一份报告①，预计到 2030 年，大约 8 亿个工作岗位将由自动化取代。该报告还提到，富裕国家中的大约 1/3 的劳动力可能需要以某种方式再培训，而在 2030 年底，光美国就会有 3900 万到 7300 万个"人类"工作岗位被消除。

尽管这一推测令人压抑，但其实这就是技术要做的事，我也不会因此而指责技术。不过，这是一个人类技术的浪潮，不断敲击和改变途中的一切，让其向好或者向坏发展，这是不可否认的事实。我们正在世界范围内慢慢了解并解决这一现实问题，而不仅仅是把其当成专家智库的一部分或是一场理论上的谈话。

技术所带来的变化迫使我们重新思考彼此的关系，思考作为企业、政府和个人所承担的社会责任，还会让我们以一个不同的角度去观察和质疑未来的生活②。

从一个基本假设，即努力至关重要——"如果我的全部所学为一台机器代替，我怎样才能成功呢？"，到一个基本事实，即我们必须学习基础知识，才能逐渐解决复杂的问题——"如果让我学到知识和经验的工作，即工作的'无聊'的部分被剥夺并由自动化所代替，我怎样才能把所积累的知识和经验运用到一个更熟练的水平呢？"，再到一个复杂的认识，即随着技术进步，我们将不得不在一生中时常重塑自己和自己的事业——"我会突然毫无用处吗？如今的时代我该如何改变？我是否拥有知识、智力的可塑性和创造力去做一些我受训之外的事情？"

这些认识需要我们立即赋予新生一代能力、方法、可塑性、创造力和创新思维，好让他们能够在这一浪潮中乘风破浪，不仅毫发无伤，还能享受其中乐趣③。

了解创造过程是动态的，学习看清万物如何互相关联，这不仅给予我们方法和启迪，还是一种方式，通过这种方式，每一个人都能得到灵感、快感，甚至是一种在动荡的环境中改造世界、一举成功的力量。

试图提出一些问题，并给出一些解决方案。这些问题中，许多都和这个新的时代，特别是和未来经济可行性、社会繁荣有关。

为达此目的，笔者将在这一特定领域中重点关注三个方面：首先，我们将研究创造力及其构成；其次，研究"简单"这一概念的重要性，笔者认为简单是成功人士的核心，也是所有人类有效冒险活动的核心部分；最后，研究在这种新环境下的领导理念。

最后，笔者将粗略谈及阿根廷的创业环境及其正在经历的创造力革命，作为

① Robot Automation Will Replace 800 Million Jobs By 2030, BBC News, https：//www.bbc.com/news/world-us-canada-42170100, 2017.

② If Robots Are the Future of Work, Where Do Humans Fit In? Zoe Williams, The Guardian, https：//www.theguardian.com/commentisfree/2016/may/24/robots-future-work-humans-jobs-leisure, 2016.

③ The Future of Jobs, Chapter 1：The Future of Jobs and Skills, World Economic Forum Report, http：//reports.weforum.org/future-of-jobs-2016/chapter-1-the-future-of-jobs-and-skills/, 2016.

——检验上述三个概念的实例。

二、我们都是创造性生物

整个宇宙都是不断创造和调整的产物。

尽管我们的文明总是以某种方式试图或假装控制自然和宇宙，但经验却让我们面对着一个截然相反的现实。

人类总是依赖于一系列的事件而存在，这些事件部分是我们自身行动的结果，而绝大部分是完全偶然事件的结果。

在所谓的偶然事件当中，有一些发生在我们所创造的专业和商业的生态系统中，我们对其了如指掌；而另一些则和他人的行为有关，在大部分情况下，和宇宙自身的运转有关。

每个人得以在全世界范围内存活下来，主要得益于我们在每个时期的适应力和创造力，得益于我们一代代传承下来的学习方法。

尽管我们不认为自己富有创造力，也不认为有人继承了创造力这项遗产，但现实却证明恰恰相反。

我们都与众不同，这无可否认，尽管如此，还是存在一些在某方面具有天生使命的人，存在被魔法棒幸运点中的人，存在天生具有特殊个性的人，还存在那些生来就有某种特质的人（非基因遗传或通过家庭或社会改造遗传）；还有一些人，人们一贯认为他们缺少特殊火花来让自己与众不同。

幸运的是，科教理论和实际经验已向我们证明，上述分类并不一定正确。所有人，不单纯是那些在特定领域享有过人天赋的小众群体，无一例外地都能够像军队补充枪支弹药一样，通过各种途径补充个人能力，如领悟力、生活经验、学习与思考的有机结合，还有以一个创造者的身份在私人、家庭圈子以外的范围内开发创造力。

与我们所学习的和相信了几个世纪的东西相反，人们对"有创造力的人"和"没有创造力的人"之间甚至没有清晰明确的界定。事实上，我们生来都有着相似的性格、相似的大脑。

不过，每个人处理不同问题的方式和对待不同问题所呈现的从容不迫还是各有差异的。甚至可以说，我们都有各不相同的创造力。事实上，我们也可以敞开心扉去学习，从而提升创造过程，培养也许并非明显或者与生俱来的创造力特质。

孩童时期的我们都有许多共同特点，其中之一就是我们都很有创造力、思想自由、渴求知识。我们的想象自由飞翔，没有边际。不是我们无所不能，而是我们相信如此①。

我们进入社会，接受传统教育后，与生俱来的想象力和创造力便开始消退。我们学习了正确与错误之分，正确的答案推动我们向前，而错误的答案必须不惜一切代价去避免。

举个例子，老师教导我们如何解决问题，以培养我们的逻辑思维，整合复杂观念和关注细节的能力。这些都是有价值的积极练习，在儿童时期尤其如此②。然而，社会不一定要遵循相同的规则。随着其他诸如恐惧、压力和个人经历等限制因素的增加，我们的创造力会逐渐减弱，有时甚至消失殆尽。

生活中，一些答案几乎正确，一些答案几乎不正确。事实上，这种说法也只是几乎正确而已。正确和不正确之间有一大片灰色地带。其实，精确无误固然好，我们却常常在失败中学到更多③。

成功固然重要，但成功也让我们过于自信，而且众所周知，生活常常出其不意地打击我们。此外，今天正确的事情明天不一定正确。我们都知道 2+2 = 4，但一些简单的数学模型证明，2+2 也可以等于其他答案④。黑色或白色的东西会突然添上一道阴影，我们现在必须学会处理这种变化。

我们常认为生活就像完成一系列拼图，或完成一个巨大的拼图。尽管拼图趣味无穷，但这种思想可能会阻碍我们成长，降低我们的愉悦感。因为生活时常藏起其中几块，一个不完整的拼图会让我们心灰意冷。但是，根据所拥有的图片来创造自己的拼图，这也会给予我们创造自己形象的能力。

因此，为什么如今发现并培养创造力如此重要？很简单，因为社会正经历一个范式变革。了解创造乃动态过程，学习观察各种联系，能够根据需求改造自己，这些都是我们前行过程中主要而重大的资产。

不过，要想成功，还有重重障碍需要克服。

其中一个就是开放思想，探索我们能力的无限可能。众所周知，我们已经从基因库里、与生俱来的能力中甚至周围的环境中得到了许多天赋。他人一贯教导

---

① Ken Robinson：Do Schools Kill Creativity？ | TED Talk-TED. com，https：//www. ted. com/talks/ken_robinson_says_schools_kill_creativity/transcript？，2014.

② The Benefits of Puzzles in Early Childhood Development，by Michelle Manno，Teach. com，https：//teach. com/blog/the-benefits-of-puzzles-in-early-childhood-development/，2013.

③ Leadership，Strategies for Learning from Failure by Amy C. Edmondson，Harvard Business Review，April 2011 Issue.

④ Money & Markets，Here's How Your Watch Can Prove That 2+2 Doesn't Equal 4 by Elena Holodny，Business Insider Australia，https：//www. businessinsider. com. au/2-2-doesnt-always-equal-4-2014-6，2014.

我们，要专注于其中一个，好让人生有价值。"选择天赋，打磨技能"① 这句话我们再熟悉不过。

分散时间和努力都会无济于事。不过，我们拥有的不止一种天赋，若只专注某个天赋则会埋没其他天赋，最后让自己沮丧不堪。

而专注一项天赋的理由常常是时间有限。要说技术给我们带来什么礼物的话，那就是时间。学习利用时间是一个过程，因为一方面自动化取代了一些乏味的工作，让我们从费时和麻木的工作中解放出来；另一方面我们可能会陷入多巴胺海洋②，被智能屏幕所吸引，把自由的时间花在非常不必要，甚至是没有成效的工作上。

重新发现自身创造力，突破规则的束缚自由想象，挖掘自身天赋，努力去实现自我，都会让我们未来的奋斗更加成功，也会让每个人更加充实甚至更加幸福，从而构成一个更美好的社会。

过去，这不算学习，而现在看来，这确实是学习。在一个要求我们不断转变和改变的世界里，若有能力思考和想象出一个与众不同的未来，我们将永远不会过时。

在一个人人富有创造力的环境中，出众之人的另一个特点，是认识到任何事不是一个人创造出来的。人们通常认为有创造力者无法和他人打成一片，难以训练，不容易适应公司结构，但事实却恰恰相反。有创意的人热衷团队合作，知道没有人坐拥真理，也承认创新是一栋许多人而通常不是一个伟人所建立的大厦。

人们常常举这样一个例子，一个房间里，一台乒乓球台、一张沙发和一些电子游戏机是必不可少的，即必需要素。人们认为，只有在这种环境中，有"创造力"的人才能够提出一些想法，把里面的要素转化为一种真正的商业或行业、产品或服务。

如今，我们正慢慢地迈向更加轻松的工作环境③，这让人感觉自己不太像一个系统中的齿轮，而更像积极的参与者。最终，企业既得到更多的创意去应对一个不断变化的环境，又不必丧失企业凝聚力和有效性。否则，结果则会相反。

事实上，创造性思维是一条绝佳通道，通过这条通道，人们会远离"我"，而进入一个更加协作的体系当中。如上所述，整个创作过程就像生活本身，并非基于独自努力，而是深受一种因素影响，即对"我们"（家庭、团队、公司、组织甚至是整个社会和维持我们的星球）更好的因素。

---

①③　Skills and Interests, Student Life, Tufts University, https：//students.tufts.edu/career-center/i-need/explore-skills-interests，2018.

②　Has Dopamine Got Us Hooked on Tech? by Simon Parkin, The Guardian, https：//www.theguardian.com/technology/2018/mar/04/has-dopamine-got-us-hooked-on-tech-facebook-apps-addiction，2018.

而进化和变化不一定意味着瞬息万变，每个人都可以根据自己的速度发生变化。重要的是，一旦决定行动，就得坚持下去——这也是生活的一般规则。就像有人曾说，停车时不可能开车。我们要是有所行动，则可以选择道路。停滞不前只会一事无成。一旦行动，我们则会像创造新事物一样，不断进化并培养消化挫折的能力。

谈到进化，进化论的理论核心是自然选择机制，而自然选择导致生存繁衍能力的提高，进化论认为这一结果必然是进步的，这是对进化论最大的误解之一①。

显然，真实情况并非如此。根据这一理论，所谓的自然选择并不能靠魔力催生完全适应环境的生物，这是通常被误解的地方。它真正的含义是，自然选择的生物有不同的特质和技能，足以生存下来，而其他生物则不行。基因库里最能适应环境的基因存活了下来，其他基因则消失殆尽，整个生物系统得以增强和提高。

相同地，在经济、社会和金融生态系统中进化和生存，可能仅仅意味着要培养对我们来说也许是陌生的生存特质，甚至重新获得一种以前行之有效的品质和特征，这种品质和特征由于环境和社会变化在一代人或几代人身上已经无影无踪了，现在再次变得至关重要。

那么，在 21 世纪该如何理解这一说法呢？

首先，它意味着一个有创造力的人才并非要跟上变化的速度，而要跟上变化本身。好比运动，有创意者更像一个长跑运动员，而非短跑冲刺的运动员。

其次，富有创造力就是乐于接受新颖的事物且对万物都感兴趣。有创造力的头脑总是在获取数据。其他人看来这可能是个无用的信息收集，认为这一过程无关紧要。

人们经常能听到有创造力的人带着某种调皮的眼光，把自己说成是无用信息的百科全书，或者类似的东西。大部分人嗤之以鼻的信息，他们却收集起来，对其了如指掌，视若珍宝。

不过，我们必须选择所要吸收的东西。21 世纪创造性思维的另一个进化特质，也许就是知道何时该退后，而不是一味向前。这可能意味着视过去的经验为一个实践，并把这一实践融入社会的新市场中。有时在另一种情况下，甚至意味着"重返"19 世纪的伦敦，参观 21 号贝克街。

阿瑟·柯南·道尔②爵士在学医时遇见了一位名叫约瑟夫·贝尔的教授，后

① Has Dopamine Got Us Hooked on Tech? by Simon Parkin, The Guardian, https：//www.theguardian.com/technology/2018/mar/04/has-dopamine-got-us-hooked-on-tech-facebook-apps-addiction, 2018.

② Biography of Sir Arthur Ignatius Conan Doyle, Encyclopedia Britannica/Britannica.com https：//www.britannica.com/biography/Arthur-Conan-Doyle.

来以他为原型，创作了一部伟大的侦探小说。道尔很钦佩这名教授，尤其因为他作为一名医生对病情的逻辑理解十分迅速，以及其独特的演绎推理方法。贝尔教授的学生和同事都很钦佩这一点（仔细观察，巧妙演绎，忠于证据）。

柯南·道尔把贝尔的经验和特点进行加工，终于，在1886年末，大侦探福尔摩斯进入大众视野。

毫无疑问，有创造力的个体与侦探这一角色十分相似，都需要敏锐的洞察力、细心的推理、合理的质疑、正确的基础知识，最重要的是，需要提出一个不一定受传统束缚的假设，连接所有疑点或者更简单地说，需要"基础思维和华生博士"[1]。

在一个信息领先于人工的时代，技术令人望尘莫及，与技术赛跑似乎是一个错误的方法。

就笔者个人的经验来说，笔者可能会享受直面社会变革。但是如果所有事都太快的话，笔者通常会慢下来，反之亦然。在一个缓慢的环境中，即允许有调查时间的环境中，创造性的质疑和思考之后就可以快速行动。而假若每个人都急匆匆，我们则需要慢下来，看看别人错过了什么。

就像《黑客帝国》里的尼奥一样，我们的优势在于能够让万物减速到一个我们的认知得以增强的程度，以至于在现实中，我们对其运动轨迹了如指掌。

那么，要有创造力，就必须把自己看成尼奥那样的人，并且敏捷灵活，能够适应新工作和技术需求。从个体和有意识的角度来看，这与我们在进化上和直觉上已经被看作是一个文明的情况基本相同。当然，接受这些概念也恰巧表明了一种理解，那就是，由于幸运一直相伴我们左右，所以这种情况将一直延续下去。

这就是为什么创造力的高级模式就是协作。我们要共同创造结构柔韧的体系，这种体系类似于在生活和自然中已经存在的概念。这一体系给每个人提供一系列工具，并向其展示正确的使用方法。

不要再确信我们能够仅仅从一本书、一个理论或是一个预先格式化的系统解决方案中找到所需的答案。许多答案也许能找到，但是我们必须承认，我们正朝着一个全新的世界迈进，这个世界中充满了道德上和职业上的不确定性。而亟待解决的新难题也需要大量的新思路来解答。

人类积累了宝贵的研究经验，这些经验亟待了解、解释和尊重。同时，必然少不了区分辨别，特别是在一个信息海洋当中，我们可能需要学会区分什么对于我们的需求至关重要，什么是毫无用处的。

我们的主要目标之一就是促进能力的获得，这些能力让我们能够以卓有成效

---

[1]　A Mind like Sherlock Holmes by Katherine Ramsland Ph. D. , Psychology Today，https：//www. psychologytoday. com/us/blog/shadow-boxing/201301/mind-sherlock-holmes，2013.

的方式来处理和联系所有这些信息，通过协作来增强这一方面的个人成就感。

三、简单的重要性

伟大记者、作家和电影导演诺拉·艾弗隆①常常提到她母亲的一个特点，那就是在做事时认为"一切都是复制品"。艾弗隆夫人并不清楚母亲是什么意思。她曾认为，母亲的意思可能是事情往往会重演，或简单点说，一切事物最终都会被复制。

随着时间的推移，这句话的概念变得更加主流，也被细化了。如今人们普遍认为，一般来说生活和小说就是一首混音歌曲，类似"混搭"②。一些人恰好能影响我们的观点和想法，我们的经验和观点和他们的进行结合，一新一旧，结果变成了通常认为是"新奇"的东西。

正如所有简单的概念一样，其背后含义十分复杂。我常说我们必须努力寻求能够体现简单的解决方案，换句话说，解决方案的性质就是简单的。艾尔伯特·爱因斯坦③、默里·盖尔曼④、斯蒂芬·霍金⑤、艾萨克·牛顿⑥，甚至是亚里士多德⑦，一般来说大部分科学家对他们专长领域都有类似看法。

此外，这种思想也普遍影响着他们对生活、自然和人类存在的看法。

最有发言权的莫过于美国物理学家默里·盖尔曼了。默里·盖尔曼是艾尔伯特·爱因斯坦的朋友及同事，他因基本粒子理论方面的成就而获得 1969 年的诺贝尔物理学奖。

默里·盖尔曼现在 80 多岁，身体依然硬朗。显然，他以其科学研究而闻名，最重要的是，他被视为"夸克之父"。夸克是他和团队给一个微小粒子取的名字，他发现夸克有不寻常的特质，即中子和质子就是由夸克组成。

和大多科学家一样，默里·盖尔曼的好奇心驱使他钻研诸如语言学、考古学

① Norah Ephron Biography, https://en.wikipedia.org/wiki/Nora_Ephron.

② What is a Mash-up, https://www.merriam-webster.com/dictionary/mash-up.

③ Albert Einstein Biographical, The Nobel Price Organization, https://www.nobelprize.org/prizes/physics/1921/einstein/biographical/.

④ Murray Gell-Mann Facts, The Nobel Price Organization, https://www.nobelprize.org/prizes/physics/1969/gell-mann/facts/.

⑤ Stephen Hawking Biography, http://www.hawking.org.uk/.

⑥ Isaac Newton Biography, Isaac Newton Institute for Mathematical Sciences, https://www.newton.ac.uk/about/isaac-newton/life.

⑦ Aristotle Biography, Encyclopedia Britannica, https://www.britannica.com/biography/Aristotle.

等其他科目，甚至在创造力和创新领域发表自己的观点和看法。除此以外，他认为，宇宙是一个整体，我们是其一部分。我们作为一个如此庞大系统中的一员，必须遵循宇宙中的万物都普遍适用的规则。

正如前文提到，像盖尔曼这样的科学家并非仅有一个。当物理学家或数学家描述一些方程或定理很美丽、简单或简洁时，这就是个好预兆，预示着正确的公式近在眼前了。这样的故事人们已经司空见惯了。事实上，艾萨克·牛顿曾提到，"自然乐于接受简单"，而亚里士多德支持简单，倡导提出的假设越少越好①。

盖尔曼总是讲述他1957年关于弱力理论的故事，当时这一理论并不完整②，且这一理论与当时七个众所周知的实验持非常不同的观点，但他和同事都决定进行发表。他回忆道，当时选择发表是因为他们显然认为自己是对的，对他们来说，仅仅是因为他们的理论十分简单，而其他人的既复杂又难看。随着时间推移，盖尔曼和他的同事被证明是正确的，而当时所有的有名实验都是错误的。

我时常提到，简单在所有成功企业中处于核心地位，而过于复杂的概念成功的概率则小得多，即便一开始成功了，存活率也十分低。简单同样意味着有机、自然、直观，适合其经济和社会的生态系统。

如今，大多数手机上都能找到一个关于简单、有机思维、适合其生态系统的商业实例，那就是Facebook。

Facebook的核心构造非常简单、非常符合其使命和愿景，让每个分析它的人都近乎瞠目结舌。

Facebook前产品经理、现任产品总监克里斯·考克斯也许是除扎克·伯格外Facebook最重要的人物了，他会给新员工做精彩的介绍性讲话，这已经持续了很长时间，可能还会一直持续下去。在演讲中他会着重解释Facebook的产品结构，以及该结构如何与公司使命相联系。

我们谈及一个公司架构时，指的是一个公司的构建概念块，其结构以及这些物体如何相互关联。

考克斯被极简主义的天赋所打动，一直把Facebook比作一个名录，记录着每一个用户的信息，用户有什么朋友、对什么感兴趣等；还记录着企业信息，从国际品牌一直到地区小型企业等。此外，在这些名录的最上方，有一个完整的关

① Aristotle and Mathematics, Stanford Encyclopedia of Philosophy, https://plato.stanford.edu/entries/aristotle-mathematics/, 2004.

② Beauty, Truth…and Physics? By Murray Gell-Mann, Ted Talks, https://www.ted.com/talks/murray_gell_mann_on_beauty_and_truth_in_physics? language=en, 2007.

系图，对这些内容之间的所有关系一览无余。显然，这就是 Facebook[1]。

不可否认，这是一个清晰无比的产品公式，和公司设立的使命直接相关。更重要的是，任何人看到它都容易理解。从科学的角度来说，这一公式既好看又简单。从企业的层面看，它符合艾尔伯特·爱因斯坦的著名论述：我深信"宇宙的原理既美丽又简单"。

该公司的架构也是美丽而简单，它的各种关系紧密相连，到了遵循我们日常互动的程度，这种互动在社会中自然而然地发生。该架构又反过来让其更加丰富。

现在，回到最主要的问题。科学家所宣称的，以及许多从事不同职业的人所部分认同的简单、美丽、简洁的答案或过程，是基于事实证据还是可能有更为世俗的解释呢？表面上的简单就是简单本身，还是隐藏在现实背后的其他东西？或者可以仅仅用社会学、心理学或实际考虑来解释简单呢？

仅从以上列举的可能性中，我们可以得出一个清晰的结论：我们在谈论"简单答案"时，事情并不那么"简单"。

首先，科学观点基础之一的方程美学非常具有欺骗性，认识到这点至关重要。一个答案的步骤或长度上也许不会太复杂，因为一些符号让其看起来又短又"简洁"，但是这些符号本身就包含着又长又复杂的方程。隐藏在所有推导运算背后的是又长又复杂的定义。因此，简单的"外表"往往隐藏着大量的复杂性。

但是，这是否违背了"简单和简洁"是正确可行的解决方案的一个好兆头这一论点呢？

数学家用简单易懂的符号来精简十分复杂的思想，而生活本身也有些类似。

我说某人"很好"，而不说某人"很坏"，我到底想表达什么？"好"这一概念需要一个很长的定义，通常也很难对这一定义达成一致。许多哲学家和神学家终其一生，都在为这一定义寻找一个正式界定而不需统一说法。然而，"好"这个词是有史以来在所有语言中最常用的概念之一。

当下普遍共识已经寻求"简化"这一概念了。一个可以接受的解释就是，我们所说的好人的概念为：（通常来说）一个不违背自己的同伴，做事负责、团结、诚实、有社会良知的人。也可能包含其他概念，例如成为一个受人尊敬、充满爱心的父亲或母亲、兄弟或姐妹、儿子或女儿、丈夫或妻子、搭档或朋友等。

这个定义涉及一系列术语，这些术语和数学导数一样，放在一起时，就会产生一个有代表性的词，这个词既简单又简洁，用来描述错综复杂但广泛接受的

---

① What I Learned from Facebook CPO Chris Cox by Stephen Amaza, Hackernoon.com, https://hacker-noon.com/lessons-i-learnt-from-facebook-cpo-chris-cox-28ef615be643, 2017.

概念。

万物都是这个道理。我们日常生活就是在不断过度简化复杂概念。过度简单化虽然忽略了许多细微差别，但也可以让概念简单易懂，人人都能分享，而分享是一个主要因素，把社会转变成一个健康和成长的文明。

因此，当共识产生一个尽管有限，但普遍认同的解释或一种谦逊表达"有效的复杂性"的方法时，复杂概念的外表就是简单。似乎一切都说明了这个问题。例如，花是花，但是根据我分析的复杂程度不同，花可以是花，也可以是一种极其复杂，只有分子物理学家、生物学家或植物学家才能掌握的东西。

如果这是一个关于社会可接受的定义的问题，那么，简单是否能仅仅用社会学术语来描述？在概念的海洋中，简单只是沧海一粟？答案可以就在两者之间。

同样，宇宙的概念可以用相当简单和简洁的术语来解释，也可以结合最复杂的描述，融合了各种场景、方程、"随机巧合"，以及我们目前无法解释的不确定的前传和起源。

因此，简单的答案通常都隐藏着极其复杂的定义、方程或不再需要深入探究的多层次反应，因为他们的术语已经被广泛接受了，或者说因为即使人们看见或凭直觉认为简单概念之下隐藏着复杂情况，一般的术语描述也是可以接受的。

所以，"简单和简洁"可能是用一个大多数人在特定时期都能理解的术语，来传达一种普遍接受的外观和感觉。由此产生一个新的定义：简单可以定义为以简洁的方式来指代有效等复杂性[1]。

在创造过程、创新和我们面对的崭新世界当中，简单通常非常关键。因为简单是多数技术运作的方式。这并非体现在技术内部运作环境的深入解读中，而是体现在技术与人互动时，往往看起来很简单。

从那个角度来看，技术正在迫使我们简化沟通方式、互动形式。这在一些人眼中是利大于弊的改变，因为技术的关系，沟通互动的另一方，也就是长期或短期的用户、客户、同事，可以平等友好地指导我们用协作的方式工作，而不再受传统的工作模式的束缚。毕竟在那种过时的模式下，做事总要为地位强势的设计师、制造商、劳务提供方设定的条条框框所牵绊。于是我们所能发挥的余地也就仅限于跟从设计者的原意，掌握使用该产品的方法。

向一个老人解释技术，最常见的说法就是说，它用不坏。"别担心，尽管用，用到懂为止"，我们经常把这句话挂在嘴边。人们认为设计师无所不能，因为他们设定事物如何运作，例如传统的产品设计就是如此。传统技术产品在使用时并不简单易懂，一代代人受这种思想的影响，对电子设备诚惶诚恐。人们过去认为

① Simplicity Equal Beauty, by Ignacio Alperin Bruvera, Unpublished, 2013.

产品的艺术或者设计概念优先于易用性。现在我们知道，一个产品，既能拥有设计的艺术效果，又可以易于使用。

不论是一个简单的想法，一个简明的架构（公司构造或其他），一个简洁、可完成的使命，一个明确的愿景，一条简明易懂的连接愿景、使命和构造的路径，还是一个能让用户快速适应的直观编程，都各不相同。不过，它们都是由同一个一般概念性特征联系起来的①。

而这种联系并非偶然，即使简单背后隐藏大量复杂性是显而易见的。除非特别去寻找，这种复杂性不必一开始就有所了解。

简单的普遍理解的答案和共有的目标，两者仍然存在直接联系。就算仅仅是因为这种直接联系是最皆大欢喜的结果，我们也应该努力实现。而复杂性将是永恒存在的，至少在一般情况下，当简单的答案无法满足我们，我们可能还需要对复杂性有所了解。

总之，笔者找到如下四个明确的理由来支持这个观点，即大多数情况下，简单和简洁是最佳行为准则。

第一，根据笔者的经验，简化了步骤和背后推理的答案都倾向于被广泛理解，因此就更有可能付诸行动。一个自身定义受到广泛应用的答案，可能不仅仅正确，而且成果卓著。

第二，一个解释如果简化了复杂问题，用简明扼要的方式进行回答，那么这个解释通常都是把不同事件与一个共同原因相联系。因此，删除不必要的步骤，同样也会让这个答案应用广泛。

第三，冗长、复杂（难看）和难以理解的答案或解决方案会更难以付诸实践。事实证明，即使这种答案或方案千真万确，也很难广泛适用。

第四，尽管看似故弄玄虚，但许多科学家和数学家都遵从一个"经验法则"，又叫奥卡姆剃刀定律②，是以英国修道士奥卡姆（1285-1349）命名的。这一定律认为，一个问题如果有多种解释，那么最简单的解释往往就是正确的。为了避免还原论，这条法则还应补充一个附带条件，即"万物皆平等"。也就是说，只要不把"香蕉和苹果"进行比较，这个法则基本正确。

现实中看似简单的事物也隐藏着复杂性——这看似一个二分法论点。事实上，在生活中，任何事都并非简单无比，而是我们需要用一种易于理解的语言对其进行解释，才能付诸实践。

无论是商业、艺术、自然、数学，还是生活本身，简单相对而言确实比复杂

① Mantras vs Mission Statements by Guy Kawasaki, https：//guykawasaki.com/mantras_versus_/，2006.

② What is Occam's Razor by Phil Gibbs (1996)，Adapted by Sugihara Hiroshi (1997)，University of California，Riverdale，http：//math.ucr.edu/home/baez/physics/General/occam.html.

更具优势，因为简单意味着易于理解、简明扼要、清词丽句、不拘一格、应用广泛等，而复杂则难以理解、曲曲折折、千篇一律、丑不堪言、毫无组织。

简单（即简洁明快的）答案隐藏在生活本身固有的复杂性当中，但却以最令人满意的方式展示其结果。这样一来，简单答案往往会给予我们明灯，指向正确的道路。此外，如果简单的答案让我们通往正确的道路，那么我们必然收获美丽愉悦且大部分是旗开得胜的经验。

四、在创造性环境中引领变革

催生创新和一个有创造力的文化，不仅对于一个公司或组织的成功至关重要，还是生存的必需条件。与人类历史的大部分时期不同，我们职业和商业活动的业绩受限，不仅因为资源获取方式不同，主要原因则是我们缺少创新，缺少有效的团队合作，缺少一个有创造力的文化，导致了竞争对手各不相同①。

不久之前，企业和个人还在经历控制信息流的阵痛，因为知识在某种程度上是他们重要的经济养料，是他们打败对手的竞争优势。

在信息高度流通、彼此充分沟通的环境中，越来越少的行业和公司能在商业上采用信息策略。与此同时，在商业环境当中，经济增长的一个重要指标是，根据客户（共同设计师、合伙创始人、产品合伙制造商）、服务和新市场来采取策略。换句话说，就是利用信息的自由流动来制造更好的产品、提供更好的服务。

创造力并非只有一种模式或方法能体现。正是意识到这种巨大的变量，意识到是地区和社会的影响力构成了我们赖以生存和发展的生态体系，才产生了大量选择和差异，而我们也正是利用这些选择和差异来明确企业文化。

因此，我们所面临的新环境带来了一个重大问题。管理风格最近才因这种重大转变而有所调整。在瞬息万变的环境中领导一个组织，需要非常灵活和前瞻性的管理方法②。

传统的管理观念倾向于"老板"管理，而非"领导"管理。垂直管理的观点，在60年前，让人们想到的是一位军事指挥官，而现在，想到的则是一个伟

---

① Creativity: The Strategic Necessity You May Not Have Thought Of by Peter Himmelman, Forbes, https://www.forbes.com/sites/peterhimmelman/2017/09/27/the-human-advantage-creativity-as-a-strategic-necessity/#4d14fc8231dd, 2017.

② Creativity, Creativity and the Role of the Leader by Teresa Amabile and Mukti Khaire, Harvard Business Review, October 2008 Issue.

大交响乐团的指挥。这种观点往坏了说是过时了、被动摇了。

值得注意的是，功能型组织结构正在衰退，慢慢变成矩阵型组织结构，这是改变组织内部领导角色的关键。当两者开始向权力分散的组织结构转变时，进一步的衰退悄然而至。

笔者一直认为，领导的核心角色不是告诉别人该做什么（即使有时为了做决策而不得不这么做）。相反，笔者相信领导的"核心业务"是给予员工以空间、保护、自由，鼓励他们为自己思考，用近乎最佳的方式完成工作；帮助他们吸取教训；给他们设定合理明确的参数，以便他们能够高效地工作，促进共同责任；让他们考虑"我们"，而非只考虑"我"；让他们尽其所能，提高士气；同时，还要加强其弱势，从而提高整体业绩，让他们强大而相互关心。如此一来，总有一天他们会青出于蓝，而胜于蓝①。

为了能够引领变革，当今的管理层好比爵士乐队的队长。这个队长需要对乐器声音很敏感，具有灵活性，对大部分乐器都有所了解，才能分辨出细微差别。这个队长可以是一段音乐的谱写者，不仅如此，他也不会排除在某些地方以商定的即兴创作方式进行创新②。

该队长是乐队的"领头羊"，但也允许其他成员在聚光灯下享受掌声。乐队是一个团队。乐队没有队长，则会节奏错乱，大多乐手失去独奏机会。队长会享受整个乐队的时光，而非心存嫉妒。这个过程本身就意味着，要想成功，就必须把自我拒之门外，或至少放低一些；同时，还意味着，团队重视整体结果，认为其高于个人需求。这种团队在本质上是绝对有创造力的。

这同时非常说明了一个组织需要开放式管理。开放式管理假定领导对真正的问题感兴趣，并且倾向于积极的"胡萝卜"，而非寻求服从的"大棒槌"。变化是错综复杂的，所以管理层必须始终追求"简单和简洁"的管理。这不一定容易。人们常常忘记，进入一个公司，是要去告诉公司该做什么，而不是相反。因此，诚实的交流有助于推行这一概念。

正如我们所见，除了一些关于创造性过程的替代理论和模型未提到之外，我们的方法寻求进一步发展。

我们树立的思想是，对创新过程的管理和领导或许需要艺术家精神或者爵士乐队队长精神，这是关系网络化、易于推进、探索极限、始终处于"贝塔"模式的思想，而非注重层级化、垂直化、难以推进传统思想。我们所树立的思想向

① Change management, 7 Things Leaders Do to Help People Change by Jack Zenger & Joseph Folkman, Harvard Business Review, https: //hbr. org/2015/07/7-things-leaders-do-to-help-people-change, 2015.

② Leadership and Innovation by Joanna Barsh, Marla M. Capozzi, and Jonathan Davidson, McKinsey Quarterly, January 2008.

我们展示了一种新颖的模式，这种模式更接近人本质中最好的一面。

这种思想会考虑这种新模式乃至我们整个星球的可持续性，且把它当作创造力生成机。该思想会：以人为中心，而非以产品或服务为中心；寻求建立一个成功的等式，让短、中、长期的收入最大化；尊重他人；意识到我们的存在与他人紧密相连；认为特定收入不那么重要，反而强调如何真正增加价值和业务从短期到长期的可持续性①。

我们在一个经济体系当中生存并发展，这个体系对效率最大化、对市场需求的正确反应高度重视，方法是给我们带来利润作为奖励。这些对我们来说并非新鲜事。相反，如果我们缺乏适应力，曲解市场需求，市场也会让利润最小化作为惩罚。

利润就是方程式中的常数。它是给定的，是所有人的共同利益。因此，如果这个常数被忽略，如果希望把自己和别人区分开来，我们要在这个方程式中加上什么其他的值——将成为我们业务核心，且让我们的目光超越短期利润的值？

在过去，我们尽管在争取净利润最大化时并未集中考虑一些问题，如环境破坏、原材料或再加工材料的获得方式、我们对社会和公共利益的责任感等，但其实新的模式和新的消费者压力也正迫使我们更加重视这些问题。

这就意味着，人们开始了解到，特别是处于领导地位的人开始了解到，客户、消费者和其他利益集团越来越多地奖励负责的企业，同时也会惩罚原地不动的人。管理层必须知道，在过去，只要市场有回报，做错事不重要；而今，市场奖励那些做了，或者想做正确事情的人。市场监管逐渐指向同一个方向，即激励人们做正确的事。监管部门手中还掌握"大棒槌"，专门对付想走以前老路的人。

这种压力似乎并不会随着时间推移而消失，恰恰相反，它将成为所有业务的规则。创造力（包括可持续创新的创造力）将会成为积极变革的主要驱动力之一。因此，加强对创造力进程的领导意义非凡②。

这一愿景将超越领导力，内化在每一个积极参与创造性过程的个人当中。它试图对集体和个人都给予重视，同时加强建设基于集体的个人价值观。

公司、团队和最终消费者感到没有人挖掘或倾听自己先天和后天的优势时，会表现出不满和沮丧。那么，有创造力的领导必须从认为他们能够有所作为出发，挖掘每个人所产生的能量，同时提高其能力；接着，为了其自身利益、为了

① Sustainability Entrepreneurs—Could they be the True Wealth Generators of the Future? by Fiona Telley and C. William Young, Greener Management International, September 2009.

② Navigating Change: A Leader's Role. A White Paper, By David Dinwoodie, William Pasmore, Laura Quinn, and Ron Rabin, The Center for Creative Leadership, https://www.ccl.org/wp-content/uploads/2016/09/navigating-change-a-leaders-role-center-for-creative-leadership.pdf, 2015.

公司经济、为了环境和社会而对其进行有效部署。

五、阿根廷摇身变成孵化器

过去 70 年来，阿根廷可以说一直是世界上大多著名的失败经济理论的试验场，许多经济理论都葬送于此。这成为阿根廷一成不变的传统。

阿根廷在 20 世纪 40 年代之前都发展良好，人们期待该国经济领域的某些方面能勇攀高峰，以保证可持续发展，但结果是，这些领域都持续创下新低。

由于政治和社会环境的原因，阿根廷在讨论传统经济基础的重要性问题上有了持续分歧，煽动主义和民粹主义占据了主导地位，阿根廷也进入了众所周知的"之"字形缓慢衰退的经济阶段。

1914 年，人们视阿根廷为未来之国，其人均 GDP 高于德国、法国和意大利。《经济学人》中一篇题为"一个世纪的衰落，阿根廷式悲剧"[1] 的文章指出，在当时，选择搬到繁荣兴旺的加州，还是欣欣向荣的阿根廷，对年轻人来说是一个相当棘手的问题。

不过那已是 100 年前的事了。时不再来，机已痛失。

要了解阿根廷，我们必须了解其历史。要用简单明了的语言去解释如此复杂的衰退，这实属不易。因此，在分析过程中，有必要将原因过度简单化。

过去 70 年导致阿根廷经济缓慢而持续衰退的原因有很多，为了达到本文的目的，我们将只重点关注其中一个笔者认为是最主要的因素。那就是，阿根廷在过去几十年来人口一直增长，但其无法维持真正的，或个人的就业机会。

这就导致了加剧创造政府工作岗位，这虽然可以部分和暂时解决失业问题，但也开始了一个近乎可预见的恶性循环，即经济发展又衰退的循环。

尽管阿根廷生产部门和更具全球活力的经济部门的就业机会在缩水，但其联邦、省级和地方各级的官僚机构却逐年急剧上升，形成一个庞大的政府结构，随之而来的税收负担也变得越来越难以承受。

这时，阿根廷做了一个更加复杂的决定。失业人口越来越多，政府尽管一直在不断扩大，速度有时也很缓慢，却也基本无法安置更多员工了。结果，大部分人口开始接受国家资金支持。

许多人认为这是社会责任。但批评者用某种逻辑声称，从长远来看，无论从

---

① A Century of Decline. The Tragedy of Argentina, The Economist Print Edition, February 17th, 2014.

对政府的财政负担，还是从后代人的职业道德缺失来看，这都是一枚定时炸弹。

除了一长串的失败政策外，正规经济最终也受到了直接或间接的税收剧烈冲击，这是政府机构扩张过大的结果，同时也是灰色经济不纳税的结果。最后，灰色经济、过度监管这种误导性意图成了行为规范。

和许多其他功亏一篑的方法一样，灰色经济持续存在，而正规经济则被置身于监管的束身衣中。

尽管这不是唯一的原因，但可以说，为了避免监管约束和沉重的税收负担，经济"地下化"的比例持续增长，如今高达40%[①]。

当所有方法都失败时，每届政府会由于上届遗留下来的沉重负担，要么陷入印钞狂潮，要么为解决赤字而陷入债务当中。在某些情况下甚至更加糟糕，即两者皆有之。

长期的高通货膨胀变得司空见惯，随后便是停滞期。短期的快速增长通常要么掩饰了赤字，要么掩饰了通货膨胀，随后又与两者混合。到最后，所有的基本问题都会困扰下届政府。

我们正处于21世纪第二个十年末期，当今世界联系紧密，经济、金融逐步全球化，旨在实现可持续发展，寻求创造性和创新思维和项目，以便推动国际贸易的发展。

同时，一些人工岗位逐渐被自动化所替代。就业机会尽管在许多国家都保持健康增长，但在世界范围内已开始停滞不前，这给全球经济带来了压力。亚洲、美洲和欧洲都表露出政治和经济压力的迹象，未来似乎会比几年前更加难以预料。

阿根廷虽然有其失败的经济史，却表现出极大韧性，对未来充满希望，这种相矛盾的特点让阿根廷成为一个绝妙之地，在这里可以吸取教训，观望未来。

让阿根廷如此有趣的原因之一是其大熔炉文化。阿根廷85%的人口是欧洲后裔，同时也有大量的阿拉伯、犹太、中国和韩国人口。

必须强调的是，阿根廷的大部分人口有着意大利传统，就像20世纪的美国一样，那时美国也接受了大量的意大利移民。阿根廷人继承了当时意大利文化中一些不受欢迎的倾向，比如暴徒心态，对法西斯主义的热爱。但是，总的来说，阿根廷也因有着人类史上最辉煌、最富有成效、最具创新性、最具创造力和最具艺术性的文明而精彩纷呈。

可以说，这些创造性特征，加上当地人和文化多样的移民进行融合所展现的丰富多彩，将为这个年轻的国家增色不少，也成为阿根廷在失败政策阴霾下的一

---

① OECD Economic Surveys, ARGENTINA Multi-dimensional Economic Survey Overview 2017, OCDC, ht-tp：//www.oecd.org/countries/argentina/Argentina-2017-OECD-economic-survey-overview.pdf.

缕阳光。

这个国家如何能频繁地迎接挑战，虽屡战屡败，但依然重新站起来，继续运筹帷幄，这很难解释。不过，其屡败屡战可以解释为一方面它有巨大韧性，另一方面它有不同凡响的创造力和创新天赋[1]。

一直以来，阿根廷的所有创造力和天赋通常都在国外，因为国外的环境更适合发展。然而，阿根廷的诺贝尔奖得主在南美洲是最多的，在许多领域都有重大发现。阿根廷有 14 家上市公司在纳斯达克交易，且素来在文学、电影、音乐、艺术、建筑、食品生产和农业技术、核能和烹饪等诸多不同学科中造诣颇多。

因此，阿根廷，一个在过去 50 多年主要依靠公共部门岗位、提出过一系列失败的政策、债务累累、期望农业丰收的国家，现在正寻求通过孵化器、税收减免、部分放松监管和财政激励等方法，促进自由创业。

近期结果表明，这种做法成效显著。最有趣的事是，许多正蓬勃发展的初创企业，都关注着其项目对社会和环境的影响。

其中一个例子就是 XINCA 公司。最近美国加州举行了芝华士创业大赛，XINCA 就是全球 30 个入围的初创企业之一。XINCA 用其他工业过程中废弃的布料制造运动鞋，同时回收旧橡胶轮胎做成鞋底。总的来说，该企业用别人视为垃圾的东西制造鞋子[2]。

在农业科技领域，短时间内已有 100 多家初创企业从当地的软件集群和孵化器中脱颖而出，为当地农业提供技术解决方案，其中许多企业已经将其服务出口到美国和欧洲[3]。

像 XINCA 和农业科技公司一样，每天都有数百家初创企业腾空出世。从过去 18 个月增长 87% 的金融科技公司 FinTech[4]，到传统产品，再到技术和软件，这一增长让阿根廷在 2017 年成为拉丁美洲初创企业数量最多的国家之一，而且还在不断增长。事实上，阿根廷拥有该地区大多数科技巨头，包括 Globant、Mer-

① Introduction to Argentine Exceptionalism by Edward L. Glaeser, Rafael Di Tella, and Lucas Llach, HBS, https：//www. hbs. edu/faculty/Publication% 20Files/LAER% 20Introduction% 20to% 20Argentine% 20Exceptionalism_3c49e7ee-4f31-49a0-ba21-6e2b726cd7c5. pdf, 2017.

② Xinca, la empresa que fabrica zapatillas con basura, La Nación, July 2017, https：//www. lanacion. com. ar/2041691-xinca-la-empresa-que-fabrica-zapatillas-hechas-con-basura.

③ El boom de las "agtech"：ya hay más de un centenar de startups que aportan tecnologías al campo La Voz del Interior, Nov 2018, http：//agrovoz. lavoz. com. ar/actualidad/boom-de-agtech-ya-hay-mas-de-un-centenar-de-startups-que-aportan-tecnologias-al-campo.

④ El boom de las startups fintech en Argentina no para, y el sector ya creció 83% en 18 meses, Tribuna Económica, Nov 2018, https：//www. tribunaeconomica. com/2018/04/16/el-boom-de-las-startups-fintech-en-argentina-no-para-y-el-sector-ya-crecio-83-en-18-meses/.

cadoLibre、Despegar. com 和 OLX①。事实上，超过 500 个孵化器已经在阿根廷生产部注册，国会也已经通过了一项关于企业家的法律。

这些初创企业的一个共同特点是，他们都在关注全球化的产品和服务，而他们的主要需求就是拿到一份外国合同，以及找到天使投资商。事实上，许多国际刊物都将阿根廷的创业环境称为拉丁美洲最具全球性的技术中心②。

同时，政府也提供了非常优惠的政策，以配合私营企业在创业领域的投资。

事实上，公共部门和私营部门在短时间内共同创造了 50 多个创业"俱乐部"，其中 40 个已经在运行。阿根廷有 24 个省，这些俱乐部分布在其中 16 个省。此外，还建立了一个全国性的"孵化器网络"，该网络已遍布所有省份和 210 多个特定点。2017 年，45 所创业型大学被选中参加一个项目，该项目面向初创企业，旨在加强其企业家精神学习。为此，2016 年建立了一个种子资金计划，以确保该项目在发展初期的资金支持。2016 年，480 家初创企业获得了资助；2017 年，这一数字上升到了 937 家③。

阿根廷一直很坚韧。当地的企业家们过得也并不轻松。总之，就像阿根廷人吸取的教训一样，全球的企业家都需要通过吸取自身经验，把这种坚韧内化于心，这样才能在严酷的金融环境中生存。

企业家们在过去学会了在一个相似于当今国际环境的生态体系中生存，这为他们在分析问题时提供了一个优势，让他们拥有可塑性，能根据不断变化的环境来调整自己的观点。为了在变幻莫测的环境中生存，创造力和创新是关键，而这些企业家已经清楚展示了自己非常具有创造力这一特质。

在我与阿根廷年轻企业家的不断交往中，我认为"简单"这一概念是一种很好理解的东西。这些年轻企业家从一代代人的经验中，学习到失败的代价是高昂的，学习到若一味相信理论的、未试验的幻想能让自己奇迹般地成功，抛弃基本概念，结果将会苦不堪言。在经历了所有失望过后，他们没有放弃，反而从失望中吸取教训，越挫越勇。

这种进化最终会释放阿根廷的创造力，给予初创企业成功所必需的方法和独立性，帮助它们一路前行。在短时间内（不超过 3 年），在艰难的环境中，企业家展示了韧性、创新和适应力。

前路漫漫，还有许多工作需要完成。但是，阿根廷是一个很好的例子，当我

---

①　Argentina：Home to The Majority of Latin America's Tech Unicorns, The Financial Times/FT. com, https：//www. ft. com/content/687f5a58-5807-11e6-9f70-badea1b336d4, 2018.

②　Argentina：A Look into Latin America's Most Global Tech Hub by Conrad Egusa, The Next Web, https：//thenextweb. com/contributors/2017/07/04/argentina-a-look-into-latin-americas-most-global-tech-hub/, 2017.

③　Official figures provided by SEPYME（Secretaría de la Pequeña y Mediana Empresa-the Federal Secretary for small and medium sized companies）, Ministry of Production and Labor, Buenos Aires, Argentina（2018）.

们允许创造力遍地开花，当我们培养和教授企业家们方法和能力，从创造向创新发展，一代代延续下去，当我们展示如何努力做到简单，并帮助他们成为坚韧、灵活，并乐于倾听他人意见的领导者的时候，即使在理论上最不利的环境中，也会结出成功的果实。

多米尼加与中国台湾地区的
所谓"外交"历史梳理

陈 艺 陈 宁[*]

摘 要：中美洲及加勒比地区一直是中国台湾的所谓"外交"重地。但是最近几年，台湾地区的"邦交国家"纷纷与其"断交"，蔡英文政府两年内连失五国。同时，随着中国 30 多年来的高速发展，已成为世界第二大经济体，经济、政治和文化的国际影响力不断扩大。2018 年中国和多米尼加建立外交关系。多米尼加作为中美洲和加勒比地区最大经济体，在地区事务中有重要影响。本文以多米尼加为例，从多个角度出发，梳理其与中国台湾所谓的"外交"历史。

关键词：中国台湾；多米尼加共和国；加勒比地区；外交

一、多米尼加与中国正式建交

近年来，与中华人民共和国正式建立外交关系的国家数目不断攀升（见表 1），尤其是中国台湾在中美洲及加勒比海的"邦交国"们纷纷与其断交，并加入中国的"朋友圈"中来。中国台湾在该地区的剩余"邦交国"屈指可数，"外交"重地面临崩盘之态。

　＊ 陈艺，广东外语外贸大学西班牙语系 2017 级硕士研究生，主要研究方向为拉丁美洲国家国情与区域研究；陈宁，广东外语外贸大学西班牙语系副教授，主要研究方向为拉丁美洲国家国情与区域研究、拉丁美洲文学。

表 1　21 世纪与中国建交的中美洲和加勒比国家

建交国家	与中华人民共和国建交日期
多米尼克（Communauté de la Dominique）	2004 年 3 月 23 日
哥斯达黎加（República de Costa Rica）	2007 年 6 月 1 日
巴拿马（República de Panamá）	2017 年 6 月 13 日
多米尼加（República Dominicana）	2018 年 5 月 1 日
萨尔瓦多（República de El Salvador）	2018 年 8 月 21 日

资料来源：作者根据中华人民共和国外交部网站整理。

2018 年 4 月 30 日，在多米尼加首都圣多明各，多米尼加政府法务顾问弗拉维奥·达里奥·埃斯皮纳尔（Flavio Dario Espinal）在总统府召开的记者会上发言宣布，多米尼加与中国建立外交关系。① 次日 5 月 1 日，国务委员兼外交部部长王毅在北京同多米尼加共和国外长巴尔加斯（Miguel Vargas Maldonado）签署《中华人民共和国和多米尼加共和国关于建立外交关系的联合公报》。多米尼加正式成为第 176 个与中国建立外交关系的国家。

王毅指出：

中国和多米尼加正式建交，标志着两国关系翻开了新的历史篇章。从此，中国在拉美多了一位守望相助的好朋友，多米尼加在发展振兴道路上有了一位互利合作的好伙伴，中多双方将成为促进南南合作、维护发展中国家共同利益的好兄弟。中国特色社会主义进入了新时代，正在加快实现现代化进程。同中国建交，意味着为多米尼加自身发展带来前所未有的巨大机遇。随着双方合作潜力的不断释放，这一机遇将迅速转化成现实，为 1000 多万多米尼加人民持续带来实实在在的利益和福祉。多米尼加是中美洲和加勒比地区②最大经济体，在地区事务中有着重要影响，

---

① República Dominicana Establece Relaciones Diplomáticas con República Popular China Para Beneficio De Ambos Pueblos，多米尼加政府网站，https：//presidencia. gob. do/noticias/republica-dominicana-establece-relaciones-diplomaticas-con-republica-popular-china-para.

② 中美洲和加勒比地区国家包括：巴拿马、哥斯达黎加、危地马拉、萨尔瓦多、洪都拉斯、尼加拉瓜、伯利兹、安提瓜和巴布达、巴哈马、巴巴多斯、安瓜拉、阿鲁巴、（博奈尔、圣尤斯特歇斯和萨巴）、英属维尔京群岛、开曼群岛、古巴、库拉索、多米尼克、多米尼加共和国、格林纳达、瓜德罗普、海地、牙买加、马提尼克、蒙特塞拉特、波多黎各、圣巴泰勒米、圣卢西亚、圣马丁（法属部分）、圣文森特和格林纳丁斯、圣马丁（荷属部分）、特立尼达和多巴哥、特克斯和凯科斯群岛、美属维尔京群岛。

中多建交也将为中国和拉美的整体合作注入新的动力，开辟新的空间。①

巴尔加斯强调：

与中华人民共和国建交是多米尼加向前迈出的正确而重要的一步。多米尼加政府承认一个中国原则，承认台湾是中国不可分割的一部分，承认中华人民共和国政府是代表全中国的唯一合法政府。多米尼加断绝与台湾所谓的"外交关系"，将不再与台湾发生任何形式的官方关系，不进行任何官方往来。多方赞赏中国在国际和地区事务中发挥的重要作用，愿同中方增进政治互信，加强各层级交往，在贸易、投资、旅游和教育等领域开展合作，密切多边协作，开启多中战略合作新时代，共同为世界和平与发展事业做出贡献。②

多米尼加与中国建交则需与台湾"断交"，多方不顾台方"挽留"而与中方建交，对于台湾而言打击巨大。民进党执政两年内陆续五个国家与台湾"断交"，台湾再次失去了一个支持其独立的"盟友"。在萨尔瓦多与其"断交"之后，目前在全球地区与台湾保持"外交"关系的国家降至 17 个。

二、多米尼加简介

多米尼加共和国位于加勒比海大安的列斯群岛中的伊斯帕尼奥拉岛东部，东

---

① 《王毅谈中多建立外交关系》，2018 年 5 月 1 日，https：//www. fmprc. gov. cn/web/wjbzhd/t1555856. shtml.

西语原文：el establecimiento de relaciones diplomáticas con la República Popular China es un paso correcto e importante para Dominica que se une a los otros 175 países que han respaldado la Resolución 2758 de la Asamblea General de las Naciones Unidas. El gobierno dominicano reconoce el principio de una sola China, admite que Taiwán es una parte inalienable de China y que el gobierno de la República Popular de China es el único gobierno legítimo que representa a toda China. Con la ruptura de las llamadas "relaciones diplomáticas" con Taiwán Dominica ya no tendrá ninguna forma de relaciones oficiales ni hará ningún intercambio oficial con Taiwán. La parte dominicana admira a China por su importante papel en asuntos internacionales y regionales y desean aumentar la confianza política mutua con la parte china, fortalecer los contactos a todos los niveles, cooperar en comercio, inversión, turismo, educación y otros campos, y estrechar la cooperación multilateral para abrir una nueva era de cooperación estratégica Dominica-China, y contribuir juntos a la causa de la paz y el desarrollo mundial. 取自外交部网站，https：//www. fmprc. gov. cn/esp/zxxx/t1556178. shtml.

② República Dominicana Establece Relaciones Diplomáticas con República Popular China Para Beneficio De Ambos Pueblos，多米尼加政府网站，https：//presidencia. gob. do/noticias/republica-dominicana-establece-relaciones-diplomaticas-con-republica-popular-china-para.

隔莫纳海峡与波多黎各相望，西接海地，南临加勒比海，北濒大西洋，面积为48442平方公里①，人口约1094万②，该国95%的人民信仰天主教，其官方语言为西班牙语。

多米尼加历史可追溯至公元前600年，原为美洲最早期的原住民部落之一泰诺人（Taino）居住地。后在1492年哥伦布在第一次航行时抵达，于1496年建立了首个定居点并命名为圣多明各，现在是该国的首都。多米尼加在历史上曾被多个国家占领过。1795年殖民地归属法国，1809年复归西班牙，1821年11月30日，前任总督何塞·纽涅斯·德·卡塞雷斯（José Núñez de Caceres）试图将多米尼加共和国纳入大哥伦比亚但被海地政府及多米尼加奴隶的叛乱所推翻，被海地吞并占领21年。1844年2月27日独立，成立多米尼加共和国。1916年5月15日，美军海军陆战队登陆多米尼加并占领至1924年总统选举。亲美派候选人霍拉西奥·巴斯克斯·拉哈拉（Horacio Vásquez Lajara）最后胜出，多米尼加迎来了六年的繁荣发展和相对和平的一段时期。1930年左右，多米尼加由拉斐尔·莱昂尼达斯·特鲁希略·莫利拿（Rafael Leónidas Trujillo Molina）通过发动军事政变上台，统治近31年。1965年多米尼加爆发内战，以美国的军事干涉结束。随即华金·巴拉格尔（Joaquín Balaguer）开始了其统治。在位的12年间，巴拉格尔借口避免卡斯特罗政党渗透至全国，对其人民采取高压政策，限制人民的人身自由。由于他在当时所施行的经济政策失当，造成了社会上贫富不均的差距拉大。但巴拉格尔总统在位期间也完成了多项民生和文化建设。多处的国民住宅、引水道、城镇道路、体育馆、博物馆、美术馆和首都郊外有名的哥伦布灯塔皆为巴拉格尔总统在位期间建设完成。然后，多米尼加由莱昂内尔·费尔南德斯·雷纳（Leonel Fernández Reyna）领导走向民主化的道路。2012年，国会议员达尼洛·梅迪纳（Danilo Medina）在大选中获得51%的选票打败上任总统伊波利托·梅希亚（Hipólito Mejía）。③

目前，多米尼加共和国不仅是中美洲最大的经济体，也是该地区经济增长最快的国家。2015年，多米尼加经济增长7%，是世界上经济发展速度最快的国家之一，也是在巴西、墨西哥、阿根廷、哥伦比亚、委内瑞拉、智利、秘鲁和厄瓜多尔后拉丁美洲的第九大经济体。根据世界银行数据④，该国属于中高收入发展中国家，经济很大程度上依赖农业、外贸、服务业、矿业、工业及旅

---

① 《对外投资合作国别（地区）指南——多米尼加共和国》（2017版）。

② 数据来源：http://countrymeters.info/es/Dominican_Republic。

③ 作者根据《多米尼加共和国史》《加勒比海地区史》及 https://www.dominicanaonline.org/historia/整理。

④ 世界银行网站，https://datos.bancomundial.org/pais/republica-dominicana。

游业。尽管服务业和旅游业已经超过农业为多米尼加创造了大部分工作岗位，但是农业仍然是经济主体并且是出口收入的主要来源，仅次于矿业。由于该国政治相对稳定，有着加勒比海第二长的海岸线，风景宜人，建造了不少度假中心。美国因为地理位置靠近，是游客的最主要来源国。旅游业成长也带动了旅馆、酒吧及餐饮业发展。侨汇预计每年45亿美元。2016年多米尼加全国GDP总量为715.8亿美元，人均GDP达到6909.9美元。2017年第一季度，多米尼加经济增长了4.6%。此前，在2014～2016年，该国GDP平均增长率为7.1%。相比其他拉丁美洲—加勒比地区国家，该区域2016年平均经济增长率为1.4%。1992～2017年，多米尼加GDP年均增长5.49%，国内需求旺盛，预计GDP增长率在2018年为5%并在近期保持不变。多米尼加近年来发展势头迅猛，尽管该国面对自然灾害如飓风与地震时仍十分被动，但在消除贫困方面取得重大进展。根据官方数据，贫困率在2015～2016年由32%降至30%。预计随着GDP放慢增长，贫困率的下降也会慢于之前。从2013年起，政府每年分配4%的GDP为促进教育产业发展。但是，多米尼加社会支出仍然低于该地区其他国家。①

此外，多米尼加是中美洲及加勒比地区最大的外汇接收国。该国拥有丰富的矿产资源，金、银、镍、大理石、琥珀。主要出口产品包括蔗糖、可可、咖啡、烟草、服装和金、银、镍铁合金等，进口石油、燃料、食品、机电产品和化工原料等。主要贸易伙伴包括美国、欧盟、日本、委内瑞拉、中国、墨西哥等。2017年多米尼加进口额180.16亿美元，出口额88.31亿美元，同比分别增长3.0%、−7.3%。同时，多米尼加基础设施为加勒比地区最优，被公认为是加勒比地区的新加坡。

三、中国台湾的所谓"外交"史

中国台湾"外交"史大致可分为两个时期：在大陆时期与在台湾时期。中华民国在1911年成立后，继承了之前曾与清政府在同治、光绪、宣统年间建立的外交关系，同时与其他未建交国家往来增多并建立外交关系。1949年中华人民共和国成立之初并不受到西方世界承认，只有少数国家与之建交，由蒋介石领导的国民党逃至台湾后仍打着中国"唯一合法政府"的旗号与其他国家"建

---

① 世界银行网站，http://www.bancomundial.org/es/country/dominicanrepublic/overview。

交"。之后，台湾利用冷战局势，发展了较多"邦交国"，在 1969 年一度达"外交"巅峰 70 个。然而到 1971 年，国际形势发生了重大变化，联合国恢复中国合法席位，台湾被逐出联合国，"邦交国"数量锐减。截至 1979 年美国与中国建交前，台湾"邦交国"跌至 22 个。1979 年后，台湾经济腾飞，因此，李登辉和陈水扁等台独之流采取"金元外交"手段，积极出访，"邦交国"数目曾有所涨幅。进入 21 世纪以后，中国发展迅速，与此同时，台湾经济增长速度放缓，巨额援助难以为继。马英九执政期间，冈比亚与台湾"断交"。而自从蔡英文上台后，台湾"邦交国"数目跌至最低值，目前仅为 17 个。

在台湾为数不多的"邦交国"中，其中 9 个位于拉丁美洲，可以说拉美占据了台湾"邦交国"的半壁江山。上述国家共同特点为经济发展程度低，国土面积小，自然资源丰富，而台湾消耗大量财力物力与这些国家保持"外交"关系主要原因在于以下几个方面：

拉美地区由于地理位置接近美国，一直被称为美国的"后花园"，而台湾通过与拉美国家保持"外交"关系，可以用出访"邦交国"为借口，取道过境美国进行停留，进行"过境外交"，强化与美国的关系。台湾问题本纯属中国的内政问题，但由于历史的原因始终受到复杂的国际因素的影响。美国出于自身利益需要，介入台湾问题、干涉中国内政是台湾问题产生、发展和至今得不到解决的主要因素。从这个意义上说，台湾问题归根结底是美国问题。① 在其背后，实质上是中美两个大国的博弈。从 2000 年 8 月以来，从当时的台湾领导人陈水扁到现在的领导人蔡英文屡屡过境美国，用外交部发言人陆慷的话说，台湾当局领导人的所谓"过境外交"小动作，背后的政治目的各方是很清楚的。② 正因为如此，华盛顿给予地区领导人过境的待遇也就成了观察美国与台湾地区关系的"晴雨表"。

台湾为争取其"独立"，必须需要其他国家的承认及支持为其创造其所谓的"国际空间"。台湾自 1971 年 10 月 25 日被逐出联合国后便多次申请加入联合国，屡屡被拒，而中美洲这些"邦交国"正是议案的提交者。在台湾加入的 58 个政府间国际组织中，其中 7 个便为美洲组织，分别为中美洲暨加勒比海盆地国会议长论坛（Foro de Presidentes de Poderes Legislativos de Centroamérica y la Cuenca del Caribe，FOPREL）、中美洲银行（Central American Bank for Economic Integration，CABEI）、中美洲军事会议（Conferencia de las Fuerzas Armadas Centroamericanas，CFAC）、美洲开发银行（Inter-American Developmente Bank，IDB）、中美洲议会

---

① 黄丽芬. 试析台湾问题中的美国因素 [J]. 常熟高专学报，2003（5）.

② 中国外交部：各方都清楚台湾地区领导人"过境外交"的政治目的 . http：//sputniknews. cn/society/201612071021342533/.

（Central American Parliament，PARLACEN）、中美洲统合体（Sistema de la Integración Centroamericana，SICA）、美洲热带鲔鱼委员会（Inter－Aemerican Tropical Tuna Commission，IATTC）。除了联合国外，在台湾申请加入世界卫生组织的活动中，台湾的"邦交国"一直充当着排头兵的作用，"台湾当局"对于"邦交国"的"金元外交"同争取以美国为代表的西方世界支持的过境外交、发动台湾全民参与在国际上大造舆论的全民外交一起成为台湾当局推行申请加入世界卫生组织的三种重要的外交手段。

从经济角度出发，根据台湾"经济部投资生意委员会"统计，2017 年申报对外投资简述 502 件，较 2016 年增加 1.21%；投资金额 115 亿 7321 万美元，较 2016 年减少 4.54%。就地区观之，以加勒比英国属地 59 亿 2034 万美元（51.16%，主要为英属维京群岛、英属盖满群岛）、新加坡 9 亿 1565 万美元（7.91%）、美国 8 亿 3664 万美元（7.23%）、越南 6 亿 8398 万美元（5.9%）及澳大利亚 6 亿 1588 万美元（5.32%）分列前 5 名，合计约占总额的 77.52%。[1]目前，台湾地区与危地马拉（República de Guatemala）、巴拿马、尼加拉瓜（República de Nicaragua）、萨尔瓦多、洪都拉斯（Replíc de Honduras）签订了自由贸易协定，与巴拉圭（República de Paraguay）签订经济合作协定。中美洲临近美国、墨西哥与南美洲等重要市场，内部之间相互签署贸易优惠协定，台湾厂商可在中美洲投资设厂直接产销或在当地设立发货物流据点来降低成本、提高竞争力以扩大出口商机、开发更多中美洲当地或临近北美洲以及南美洲市场。2017 年 1~7 月，台湾地区向危地马拉出口 6429 万美元，较往期上涨 3.86%，出口 8203 万美元，上涨 66.71%。投资额计 1 亿 3545 万美元，创造 2753 个就业机会。台湾地区与洪都拉斯 2017 年贸易总额达 1 亿 4918 万美元，上涨 32%，与尼加拉瓜贸易总额达 1 亿 4672 万美元，上涨 39.01%。

四、中国台湾与多米尼加"外交"史、经济活动及援助

1941 年 4 月 9 日，中华民国与多米尼加共和国建立公使级外交关系。而后在 1946 年 7 月 12 日，中华民国在多米尼加首都圣多明各设立公使馆。中华人民共和国成立后，多米尼加并没有与台湾"断交"。相反，1957 年 6 月 8 日，多米尼加派驻首任驻华大使至台湾。同年 8 月 20 日，两国公使馆升格为大使馆。1997

---

① 作者根据台湾"经济部"网站数据整理，https：//www.ey.gov.tw/state/News_Content3.aspx？n=1DA8EDDD65ECB8D4&sms=474D9346A19A4989&s=9BC22A8E74771B7E。

年多米尼加提出申请，支持台湾参与联合国。2005 年，多米尼加在世界卫生大会上提案邀请台湾以观察员身份参加。"建交"期间，双方领导人也多次派出代表团互访。前任台湾当局领导人陈水扁、马英九分别出访多米尼加 2 次和 3 次，多米尼加历任总统也访台 4 次。2018 年 5 月 1 日，多米尼加与台湾"断交"，结束长达 77 年的外交关系。多米尼加在与台湾"断交"前一小时才通知台方，并要求台湾大使馆 30 天内撤离，这次闪电"断交"让台湾当局十分震惊与失望。台湾所谓"外交部长"吴钊燮在 5 月 1 日上午召开的国际记者会上表示"深感不齿并与强烈谴责"，"政府绝不会在北京压力下低头"。[①]

2017 年多米尼加与台湾地区双边贸易额 1 亿 9743 万余美元，台湾地区对多米尼加出口 1 亿 2413 万余美元，进口 7329 万余美元。[②] 根据 2017 年 8 月台湾经济投资业务处所编印的多米尼加投资环境简介，目前台商在多米尼加投资计 1 亿 6504 万美元，直接创造约 2967 个就业机会，旅多台商部分从事贸易及服务业，包括汽机车零配件、电脑及周边设备等产品销售。加工出口区部分，台商设有压克力板及制鞋等厂商，加工出口区外则有塑胶瓶及塑胶袋、卫生纸、建材加工及太阳能发电等产业。此外，台湾地区同多米尼加在农业、工业、反恐、警政与志愿者等领域都有合作计划。

除了贸易以外，台湾为了巩固与其"邦交国"的"外交"关系，自 1959 年起便开始实施援外计划。政治学家汉斯·摩根索（Hans Morgenthau）[③] 将援外政策定义为给予各种援助的共同头衔，他认为这些援助有一个共同点，即从少数富裕国家向许多贫穷国家转移资金、货物或服务，它们可分为人道主义援助、生存援助、军事援助、贿赂、声望和经济发展援助。除了人道主义之外的所有援助都可以被视为政治援助，在某些情况下，当资金从一个政府转移到另一个政府时，即使是人道主义援助也是政治援助。该计划本是向非洲"邦交国"提供技术援助，后来随着越来越多非洲国家与台湾"断交"，"台湾当局"被迫转向拉丁美洲。台湾为掩饰其"金元外交"的实质，美其名曰该援外政策宗旨为"敦睦邦

---

① 徐伟真. 多米尼加与我断交 邦交国剩 19 个 [EB/OL]. 联合报，2018 年 5 月 1 日，https://udn.com/news/story/6656/3116814.

② "中华民国"与多米尼加大事记 [EB/OL]. 中央社，2018 年 5 月 1 日，http://www.cna.com.tw/news/firstnews/201805010154.aspx.

③ Morgenthau，H. A Political Theory of Foreign Aid [J]. The American Political Science Review，1962，56（2）：301-339. 转引自 Rebecca Maria Padilla Meardi. Taiwan's Foreign Aid in Central America [D]. 台湾"国立"政治大学硕士学位论文. 原文：Foreign aid is a common title given to different kinds of aid that have one thing in common, the transfer of money, goods or services from few rich nations to many poor nations and they can be classified as: Humanitarian, subsistence, military, bribery, prestige and aid for economic development. All except humanitarian can be considered political aid and in some cases, even humanitarian foreign aid is political when the money is transferred from one government to another.

交关系、尽国际责任、保障人类安全、回馈国际社会、发挥人道精神"①，台湾媒体评论"甚至可以说台湾的'邦交史'就是一部'对外援助史'"。

陈水扁在 2000 年上任后第一次出访，就向多米尼加、哥斯达黎加、布基纳法索等"邦交国"提供了超过 3 亿美元的援助。在 2005 年又拿出了 2 亿 5000 万美元投资"友邦"，其中也包括多米尼加。马英九在 2015 年第三次访问多米尼加时，向多米尼加捐赠价值近百万美元的五个特殊儿童中心，并且延续其合作的 911 勤务中心计划，再捐赠 1000 辆台湾产警用车和 80 辆救护车。在 2018 年初，台湾还向多米尼加提供 3500 万美元物质援助，超过 10 亿台币的军备援助，包括两架 UH-1H 直升机、90 辆悍马汽车、100 辆摩托车及相关零配件。台湾"外交部"次长吴志中透露，台湾每年对拉美"邦交国"的金源数额高达 80 亿～90 亿新台币。② 根据台湾最新公布的 2018 年"财政预算"，"外交部"机密预算高达 17.2 亿新台币，是 2017 年预算的 4 倍，其中用于巩固拉美"邦交国"的金额为 5.8 亿新台币。③

五、台湾问题中的美国因素

美国在台湾问题上插手由来已久。早在 1950 年 6 月 25 日朝鲜战争爆发后，美国为牵制中国共产党在朝鲜的行动，派其第七舰队驶向台湾海峡。此外，美国向侵越法军提供军事援助、派遣军事顾问使中国腹背受敌，不得不推迟了解放台湾的行动。1954 年 12 月 2 日，美国政府和台湾当局签订《美台共同防御条约》，根据该条约，若台湾遭受武力攻击，危害其和平与安全，美国有权采取行动。并且该条约企图将中国大陆地与台湾地区分裂开来，条约规定除自卫外，台湾当局对中国大陆采取军事行动须受于美国同意。换言之，该条约不允许中国大陆解放台湾，也不允许台湾反攻大陆，其本质是干涉中国内政，维护美国在亚太地区的战略利益，搞"两个中国"或"一中一台"政策。1979 年 1 月 1 日中华人民共和国与美国正式建立外交关系后，中美建交公报声明美利坚合众国承认中华人民共和国是中国的唯一合法政府后三个月内，美国国会即通过了《与台湾关系法》

① 台湾《"外交部"援外政策白皮书（2009）》，第 4 页。

② 黄筱筠. 吴志中. 台每年金援近 90 亿 多用于拉丁美洲［EB/OL］. 中国评论新闻网，2017 年 5 月 15 日，http：//hk. crntt. com/doc/1046/8/0/2/104680228. html？coluid=0&kindid=0&docid=104680228.

③ 周怡孜."外交部"明年机密预算暴增 4 倍 巩固中南美洲"友邦"防"断交"［EB/OL］. 风传媒，2017 年 9 月 21 日，http：//www. storm. mg/article/334054.

来接替《美台共同防御条约》，将台湾与主权国家相提并论，变相向台湾出售武器，再次以"和平之名"干涉中国内政，阻碍两岸统一。

在政治上，美国多次与台湾当局领导人会面，派出代表团参加台湾当局领导人就职典礼。2018 年 8 月 11 日，蔡英文访问伯利兹（Belize）与巴拉圭，并出席巴拉圭总统马里奥·贝尼特斯（Mario Benítez）就职仪式，"过境"美国休斯顿与洛杉矶并与副助理国务卿会面。中国外交部在 7 月 31 日就曾敦促美国拒绝蔡英文"过境"，① 但美国对该请求视而不见，这显然是对"一个中国"政策的蔑视。在特朗普执政期间，台美双方签下双层官员可互访的《台湾旅行法》。在经济上，2017 年数据表明，台湾是美国第十一大贸易伙伴，美国则是台湾第四大贸易伙伴，双边贸易额不断增加。在外交上，美国则是不断呼吁国际社会关注台湾前途，为台"拓展国际生存空间"大造舆论，并提供实际的物质帮助。② 在军事上，2017 年 6 月 29 日，美国向台出售 14.2 亿美元武器，包括早期警告雷达技术指导、高速反雷达导弹、鱼雷和导弹零件。2016 年，由奥巴马签署的 2017 年度《国防授权法案》明确提出了支持美国国防部"推动美台高层军事交流以改善美台军事关系"。美台的"高层"军事交流将包括美国"军事将领"和"助理国防部长以上文职官员"。美国参议院在 2018 年 8 月 11 日通过 7160 亿美元的 2019 年《国防授权法》，该法案限制中国在亚洲的影响力，禁止中国参加世界上最大规模的国际海上军事演习"环太平洋"，要求五角大楼在评估和加强台湾地区抵抗中国大陆入侵的能力方面扮演更加积极主动的角色，建议美军参加台湾军事演习以提高台湾防卫能力。③ 美国在台湾问题上大搞"双轨政策"：一方面，美国政府主张与中华人民共和国和解，发展并建立两国间正常的关系；另一方面却仍在台湾问题上作茧自缚，企图插手台湾问题，造成两岸分离。2018 年 8 月 21 日，萨尔瓦多政府与中国大陆建交后，美国开始"恐吓"萨尔瓦多及其邻近国家，美国国务院对萨尔瓦多与台湾"断交"评论为"深感失望，正在审视与萨尔瓦多关系"，并在次日 22 日举行美国驻苏里南（Republic of Suriname）、洪都拉斯与尼加拉瓜 3 个中美洲国家的大使提名人听证会。美国参议院外委会亚太小组主席贾德纳（Gory Gardner）在会上称，希望驻两国的大使提名人赴任后向两国政府透露，他们与台湾的关系对他们未来与美国的关系至关重要。美国驻尼

① Ben Blanchard, Yimou Lee, China Urges US Not To Allow Stopover By Taiwan President, July 21, 2018, https://www.reuters.com/article/us-china-taiwan-usa/china-urges-u-s-not-to-allow-stopover-by-taiwan-president-idUSKBN1KL1KC.

② 黄丽芬. 试析台湾问题中的美国因素 [J]. 常熟高专学报，2003（5）.

③ After US Plans steeper Tariffs On Chinese Goods Congress Approves Defence Spending Bill Targeting China, Aug 02, 2018, https://www.firstpost.com/world/after-us-plans-steeper-tariffs-on-chinese-goods-congress-approves-defence-spending-bill-targeting-china-4873681.html.

加拉瓜大使提名人苏利文（Kevin Sullivan）表示他将敦促尼加拉瓜政府"维持与台湾现有关系"。驻洪都拉斯大使提名人帕尔米耶里（Francisco Palmieri）也表示他会告诉洪都拉斯政府"若不承认台湾改承认中国大陆，将会伤害洪都拉斯与美国的关系"。

美国之所以在台湾问题上纠缠不止，首先是为了遏制中国的发展。自冷战结束后，美国一超多强成为超级大国，开始其霸权统治。中国自改革开放以来，经济高速发展，成为世界第二大经济体。中国在经济发展过程中，和美国主导下的全球资本主义体系之间的冲突越来越多也越来越明显，而美国感到自身的利益受到威胁，同时也预见到中国将参与重构目前不合理的全球经济体系的必然性。其次，美国亚太再平衡战略不允许中国的崛起。针对美国重返亚太引起的中美在亚太地区的正面接触，及由此带来的亚太局势的变动，西方学者大体持两种观点：一种观点认为美国重返亚太将使亚太地区陷入新冷战，另一种观点则认为美国亚太再平衡战略可能在亚太地区掀起战争冲突，中美将卷入其中。[①] 中国作为亚太地区面积最大、人口最多的国家，在亚太地区举足轻重。美国重返亚太必造成与中国的摩擦。再次，从台湾地理位置来看，台湾位于中国大陆东南沿海的大陆架上，东临太平洋，东北部与琉球群岛相接，南部为巴士海峡与菲律宾相对，西边则通过台湾海峡与福建省相望。总面积约 3.6 万平方千米，包括台湾岛及兰屿、绿岛、钓鱼岛等 21 个附属岛屿和澎湖列岛 64 个岛屿。在西太平洋南北航线关键地带，也是亚欧大陆东入太平洋的桥头堡，从海洋西进欧亚大陆的跳板与基地。异常重要的国际战略地位，使台湾历来都是兵家必争之地，是中国东南沿海的重要屏障，对国家安全至关重要。东南沿海各省目前是我国经济与科技发展最快、财富积累最多的地区，特别是东南沿海的长江三角洲和珠江三角洲最为发达。在冷战期间，美国为了围堵中国、苏联等共产主义国家，在太平洋西岸构筑起一条岛链，由印度尼西亚出发，经菲律宾、中国台湾、日本琉球群岛、日本列岛到俄罗斯千岛群岛、美国阿留申群岛，而中国台湾正好处于该"岛链"的中间要害部位，对美国在东亚地区实施其军事战略、政治策略起到不可忽视的作用。现在又因为美国重返亚太，美国国际关系著名学者米尔斯海默（John Mearsheimer）认为，如果中国经济持续高速增长，中美之间将陷入严重的安全竞争局面，甚至可能出现战争。中国的周边国家印度、日本、新加坡、韩国、俄罗斯和越南可能会与美国一道制衡中国。[②] 最后，美国把握台湾经济命脉，台湾的许多领域，如

---

① 漆海霞，周建仁. 军售与美国亚太地区战略布局 [J]. 中国社会科学，2015（5）.

② John Mearsheimer. The Rise of China Will Not Be Peaceful at All, The Australian, November 18, 2005, http：//mearsheimer. uchicago. edu/pdfs/P0014. pdf. 转自阎学通，漆海霞. 中美竞争前景：加朋友而非新冷战 [J]. 国际政治科学，2012（31）.

军工、电子、化工等重要产业部门，很大部分都是由美国资本所控制的，台湾地区的上千亿的外汇除北京，有近一半都存放在美国。可以说，巨大的经济利益将美国和台湾地区连在了一起。①

六、多米尼加和中国建交缘由

多米尼加断绝与台湾 77 年"外交"关系转而与中国建交的缘由如下：首先，事实上，多米尼加虽然直到 2018 年 5 月 1 日才正式与中国建交，但是两国经贸关系可追溯到 20 多年前。1993 年，中国和多米尼加签署了互设贸易发展办事处的协议。1994 年，两国正式设立贸易发展办事处。由于之前未建立外交关系，中国与多米尼加一直是"政冷经热"。近年来，随着双边贸易的不断发展，多米尼加是中国在加勒比地区第二出口目的国，中国也是多米尼加全球第二大进口来源国。2017 年，双边贸易额达 26 亿美元，其中多米尼加自中国进口额达 24.58 亿美元，多米尼加向中国出口额达 1.45 亿美元。由中国国际贸易促进委员会主办的"中华人民共和国贸易展览会"已经是第七次在多米尼加开展，并同时举办"中国—多米尼加经贸投资合作论坛暨中多企业家对接会"。

根据 2017 年 11 月 12 日西方媒体报道，中国将向多米尼加三个项目投资 8.2 亿美元并签署了旨在为双边关系发展开辟新时代的谅解备忘录。中国驻多米尼加商代处代表傅新蓉强调，这些投资包括投资 2.7 亿美元修建一个垃圾焚化中心和一个天然气厂，投资 3.5 亿美元修建一个多功能水电站，投资 2 亿美元修建一万套廉价房。②

此外，中国"一带一路"建设需要多米尼加的参与。习近平主席指出，拉美地区是 21 世纪海上丝绸之路的自然延伸，是"一带一路"建设不可或缺的重要参与方。多米尼加经济规划和发展部部长伊西多罗·桑塔纳（Isidoro Santana）表示愿意参加到中国"一带一路"倡议中来，他说："多中建交不仅开创了两国关系的新时代，释放更多合作潜力，也为拉美和加勒比地区发展注入新的活力。我们愿参加'一带一路'国际合作，并欢迎中国企业来多米尼加投资，为两国

---

① 王晓峰. 美国重返亚太战略中的台湾问题 [D]. 延边大学硕士学位论文，2013.

② 西媒：中国与多米尼加深化贸易联系 将向该国三项目投资 54.4 亿人民币 [EB/OL]. 参考消息，2017 年 11 月 12 日，http://www.cankaoxiaoxi.com/china/20171112/2242850.shtml.

人民及整个地区创造更多福祉。"①

其次，中国作为联合国五大常任理事国之一，在国际上具有举足轻重的地位。多米尼加从未担任过联合国安理会非常任理事国，曾经两次申请但是均在不记名投票中遭到淘汰。2018 年 6 月 7 日，和中国建交后的 37 天后，多米尼加首次当选安理会非常任理事国并将从 2019 年 1 月 1 日起开始履行其任期为两年的责任与义务。另外，从中国方面考虑，台湾不承认"九二共识"是中国与多米尼加建交的主要原因。2008～2016 年，由于马英九实行"外交休战"政策，实施"五不外交"的主轴："邦交国"不增，机密预算不涨，不强调"国家参加联合国"，不主动"建交"，不墨守 131 个"代表处"数字。北京为了表示对马英九该政策的尊重，婉转拒绝了台湾六个"邦交国"的建交意愿。后由于民进党领导人蔡英文赢得选举，并且拒绝承认"九二共识"，大陆方面为了警示其台独作为，与冈比亚（Republic of The Gambia）建交。蔡英文正式执政后，与台湾"断交"的邦交国如同骨牌效应，两年内连失五国。

最后，多米尼加旅游资源丰富，是中美洲和加勒比地区第一大旅游目的国。而中国已经连续几年为全球出境游第一大客源国，各国制定更加便利的签证政策来吸引中国游客前往旅游。在中多建交第二天，中国驻多米尼加商代处代表傅新蓉便会见多米尼加旅游部长费尔南德斯（Francisco Fernández）与其商谈旅游事宜。费尔南德斯表示双方旅游业合作前景十分光明。多方愿同中方加强旅游业合作，抓住历史机遇，努力提升本国旅游业配套硬件和服务水平，吸引更多中国游客访问多米尼加，将两国旅游业合作提升到更高水平②。

2018 年 9 月 21 日，国务委员兼外长王毅出席中国驻多米尼加使馆揭牌仪式并同多米尼加外交部部长举行会谈。双方高度赞扬对方为落实外交关系所履行的实际举措，愿两国深化双边合作。

七、前　景

目前，台湾在国际社会中形势十分被动，"邦交国"毫无预兆地与台湾陆续

① 陈瑶. 多米尼加官员：多中两国在"一带一路"国际合作中大有可为［EB/OL］. 一带一路网，2018 年 6 月 21 日，https：//www.yidaiyilu.gov.cn/ghsl/hwksl/58404.htm.

② 外交部. 驻多米尼加商代处代表傅新蓉会见多米尼加旅游部长费尔南德斯［EB/OL］，2018 年 5 月 3 日，http：//www.fmprc.gov.cn/web/zwbd_673032/wshd_673034/t1556316.shtml.

"断交"让蔡英文政府措手不及。台湾前"外交部长"欧鸿炼表示"台湾几乎每一个'邦交国'都想跟大陆建交"①,"邦交国"离心迹象明显。在 2016 年联合国大会总辩论中,共有 8 个台湾"友邦"拒绝为台发声,包括布基纳法索 (Burkina Faso)、圣多美和普林西比 (Democratic Republic of Sao Tome and Principe)、多米尼加、萨尔瓦多、危地马拉、洪都拉斯及圣卢西亚 (Saint Lucia) 等,其中有 7 个来自拉美。2017 年台湾参与世界卫生大会议题,台湾 21 个"友邦"仅有 11 个为台湾"站台发声",而其他 10 个(其中包括多个拉美"友邦")都不愿为台湾发声。② 因此,"邦交国"雪崩式"断交"效应并不会戛然而止,而是呈愈演愈烈之势。

首先,中国发展势头强劲。根据中国海关统计,2017 年中拉贸易额近 2600 亿美元,同比增长 18.8%。拉丁美洲是中国第二大境外投资目的地。双边贸易结构正在不断优化,中国对拉美地区的出口以机电产品和高新技术产品为主,而中国从拉美进口的产品除了传统的能矿产品外,也越来越多元化,大量的拉美农产品进入中国。近几年,中国与拉丁美洲领导人多次互访,加强双方经济、政治往来。中国在 2008 年与 2016 年分别发表《中国对拉丁美洲和加勒比政策文件》来确立双方合作目标,扩大合作领域,推出整体规划;2012~2016 年,与巴西、墨西哥、委内瑞拉、阿根廷、秘鲁、智利、厄瓜多尔陆续建立全面战略伙伴关系;自 2009 年以后,先后与秘鲁、哥斯达黎加、智利签署自由贸易协定。中国目前已经成为秘鲁第一大贸易伙伴、第一大出口市场和第一大进口来源国,哥斯达黎加第二大贸易伙伴,2012 年起成为智利第一大贸易伙伴、第一大出口市场。2017 年与巴拿马建交后,巴方总统巴雷拉 (Juan Carlos Valera) 访华,双方积极协商自由贸易协定联合可行性。目前,中国—巴拿马自由贸易区建设进程已正式启动。此外,中国成立中拉合作论坛,在 2015 年开展的中国—拉共体论坛首届部长级会议上,33 个拉共体成员全部出席,其中包括 8 个台湾"邦交国"。会议通过《中拉论坛首届部长级会议北京宣言》《中国与拉美和加勒比国家合作规划 (2015—2019)》《中拉论坛机制设置和运行规则》三个成果文件。在 2018 年 1 月在智利圣地亚哥举办的中国—拉共体论坛第二届部长级会议上,中拉双方围绕促进创新、合作、发展等议题,就推进"一带一路"倡议与拉美发展战略对接进行深入交流。与之相比,台湾 2017 年与拉美双边贸易额近 120 亿美元③,仅为大陆 1/22,台湾对拉美地区出口产品主要为聚缩醛、汽车零配件、LCD、合成纤

---

① 王铭义, 李明贤. 传我 6 邦国想转向 大陆全拒绝 [EB/OL]. 中国时报, 2013 年 11 月 17 日, http://www.chinatimes.com/cn/newspapers/20131117000261-260102.
② 钟厚涛. 蔡英文执政后台湾与拉美"邦交国"关系走向 [J]. 拉丁美洲研究, 2018 (1).
③ 作者根据 2017 年台湾"经济部国际贸易局"进出口值表整理.

维纺织物、积体电路、钢铁制品、印刷电路等，而主要进口精炼铜、玉米、铁矿砂、化学木浆、调制动物饲料等。

其次，中国坚持"一个中国"的基本原则，这个原则是我国政府开展外交工作的基本原则，也是实现和平统一的基础和前提，是中国同世界各国保持和发展友好合作关系的前提和政治基础。在 2017 年召开的中共十九大中，习近平再次重申解决台湾问题、实现祖国完全统一，是全体中华儿女的共同愿望，是中华民族根本利益所在。中国是世界上最大的发展中国家，是联合国五大常任理事国之一。根据《中国对外援助（2014）》白皮书，2010～2012 年，中国对外援助金额为 893.4 亿元人民币。中国共向 121 个国家提供了援助，其中亚洲地区 30 国，非洲地区 51 国，大洋洲地区 9 国，拉美和加勒比地区 19 国，欧洲地区 12 国。此外，中国还向非洲联盟等区域组织提供了援助。到 2013 年底，我国共参加了 130 多个政府间国际组织，缔结了 300 多项多边条约，累计派出参加联合国维和官兵和警察 14500 多人次。中国积极参与反恐、防止核扩散和应对气候变化、金融危机、能源安全等领域的国际合作。根据 2017 年中国国家形象全球调查报告，中国对国际事务的影响力在所有国家中位居第二。台湾国际空间有限，不能举办或参加国际会议，与他国发展或维护政治、经济关系受到阻碍。因此，台湾的"邦交国"如果想同中国进行除经贸活动以外的其他活动，必须与台湾断绝所谓的"外交"关系。

最后，自 2018 年 8 月 21 日萨尔瓦多宣布与台湾"断交"后，目前与台湾建立"外交"关系的国家共有 17 个，分别为南美洲的巴拉圭，中美洲的尼加拉瓜、洪都拉斯、危地马拉、伯利兹，加勒比地区的海地（Republic of Haiti）、圣基茨和尼维斯（Federation of Saint Kitts and Nevis）、圣卢西亚、圣文森特和格林纳丁斯（Saint Vincent and the Grenadines），大洋洲的基里巴斯（Republic of Kiribati）、马绍尔群岛（Republic of Marshall Island）、瑙鲁（Republic of Nauru）、帕劳（Republic of Palau）、所罗门群岛（Solomon Islands）、图瓦卢（Tuvalu），非洲的斯威士兰（Kingdom of Swaziland）与欧洲的梵蒂冈（Vatican City State）（见表 2）。

表 2　台湾的所谓"邦交国"一览

台湾"邦交国"	国土面积（万平方千米）	人口（万人）
危地马拉	108889	1651
洪都拉斯	112492	830
巴拉圭	406752	678

续表

台湾"邦交国"	国土面积（万平方千米）	人口（万人）
尼加拉瓜	13668	638
斯威士兰	1.74	110
所罗门群岛	2.845	59.9
伯利兹	2.3	35.3
圣卢西亚	0.0616	163922
基里巴斯	0.0811	11.0136
圣文森特和格林纳丁斯	0.0389	10.99
圣基茨和尼维斯	0.0269	56183
马绍尔群岛	0.01813	7.2191
帕劳	0.0488	1.7
瑙鲁	0.00212	1
图瓦卢	0.00259	1.0072
梵蒂冈	0.000044	0.08
海地	2775	1100

资料来源：作者根据台湾"外交部"资料整理，数据统计至 2018 年 9 月。

上述台湾"邦交国"人口总数约为 5157 万人，面积约为 86 万平方公里。其中，伯利兹、瑙鲁、尼加拉瓜、圣卢西亚、马绍尔群岛、基里巴斯跟台湾属于"二度建交"，极有可能再次为利益所需与台湾"断交"。这些国家除了梵蒂冈外，普遍经济发展落后，国际影响力低，需要台湾的"对外援助"巩固其"外交"关系。台湾在维持现有"邦交国"十分困难的情况下，扩展"邦交国"几乎已成天方夜谭。

在当今国际社会，"一个中国"原则是世界潮流，任何试图将台湾分裂出去的行为都不被允许。多米尼加与台湾"断交"只是骨牌效应中的一环，随着中国综合国力的不断提升和国际影响力的不断扩大，越来越多国家将会加入到中国的"朋友圈"中来。习近平主席强调，台湾任何党派、团体、个人，无论过去主张过什么，只要承认"九二共识"，认同大陆和台湾同属一个中国，中国都愿意同其交往。中国与台湾前"邦交国"建交再次证明，坚持一个中国原则是国际社会普遍共识，是人心所向、大势所趋。

参考文献

［1］After US Plans steeper Tariffs on Chinese Goods Congress Approves Defence Spending Bill Targeting China，Aug 02，2018，https：//www.firstpost.com/world/after-us-plans-steeper-tariffs-on-chinese-goods-congress-approves-defence-spending-bill-targeting-china-4873681.html.

［2］Antigua Suárez，Audrys Yesenia. *Las Relaciones Diplomáticas de la Pepública Dominicana con Asia：Evolución del* 2004 *al* 2012［D］.台湾淡江大学硕士学位论文.

［3］Blanchard，Ben/Lee，Yimou. China Urges US Not To Allow Stopover By Taiwan President，July 21，2018，https：//www.reuters.com/article/us-china-taiwan-usa/china-urges-u-s-not-to-allow-stopover-by-taiwan-president-idUSKBN1KL1KC.

［4］Padilla Meardi，Rebecca Maria. Taiwan's Foreign Aid in Central America［D］.台湾国立政治大学硕士学位论文.

［5］陈瑶.多米尼加官员：多中两国在"一带一路"国际合作中大有可为［EB/OL］.一带一路网，2018 年 6 月 21 日，https：//www.yidaiyilu.gov.cn/ghsl/hwksl/58404.htm.

［6］程洪，李岩.试论中拉关系中的台湾因素［J］.江汉大学学报，2011，28（5）.

［7］黄丽芬.试析台湾问题中的美国因素［J］.常熟高专学报，2003（5）.

［8］《对外投资合作国别（地区）指南——多米尼加共和国》（2017 版）.

［9］黄筱筠，吴志中.台每年金援近 90 亿 多用于拉丁美洲［EB/OL］.中国评论新闻网，2017 年 5 月 15 日，http：//hk.crntt.com/doc/1046/8/0/2/104680228.html？coluid=0&kindid=0&docid=104680228.

［10］顾兴斌，章成.论中美关系中的台湾因素［J］.南昌航空大学学报，2011，13（3）.

［11］郭震远.中美关系中的台湾问题：变化与影响［J］.国际问题研究，2007（2）.

［12］马建英.美国对中国"一带一路"倡议的认知与反应［J］.世界经济与政治，2015（10）.

［13］邵育群.美国国会与台湾拓展国际空间的图谋——以支持台湾参加世界卫生组织为个案［J］.国际观察，2003（3）.

［14］潘芳.解读中国对中美洲和加勒比地区的援助［J］.拉丁美洲经贸季刊，2018（32）.

［15］漆海霞，周建仁. 军售与美国亚太地区战略布局［J］. 中国社会科学，2015（5）.

［16］沙丁，杨典求等. 中国与拉丁美洲关系简史［M］. 郑州：河南人民出版社，1986.

［17］台湾《“外交部”援外政策白皮书（2009）》，第 4 页。

［18］王铭义，李明贤. 传我 6 邦国想转向 大陆全拒绝［EB/OL］. 中国时报，2013 年 11 月 17 日，http：//www. chinatimes. com/cn/newspapers/20131117000261 - 260102.

［19］王晓峰. 美国重返亚太战略中的台湾问题［D］. 延边大学硕士学位论文，2013.

［20］王秀萍. 台湾与拉美国家“外交”关系的现状与前景分析［J］. 重庆社会主义学院学报，2014（5）.

［21］外交部. 驻多米尼加商代表处代表傅新蓉会见多米尼加旅游部长费尔南德斯［EB/OL］. 2018 年 5 月 3 日，http：//www. fmprc. gov. cn/web/zwbd_673032/wshd_673034/t1556316. shtml.

［22］西媒：中国与多米尼加深化贸易联系 将向该国三项目投资 54. 4 亿人民币［EB/OL］. 参考消息，2017 年 11 月 12 日，http：//www. cankaoxiaoxi. com/china/20171112/2242850. shtml.

［23］修春萍. 从世卫组织再拒涉台提案看“台独”的“国际活动空间”［J］. 两岸关系，2007（6）.

［24］许丹. 美国对台政策的演变及展望［J］. 法制与经济，2009（12）.

［25］徐伟真. 多米尼加与我断交 邦交国剩 19 个［EB/OL］. 联合报，2018 年 5 月 1 日，https：//udn. com/news/story/6656/3116814.

［26］阎学通，漆海霞. 中美竞争前景：加朋友而非新冷战［J］. 国际政治科学，2012（31）.

［27］杨守明. 台湾问题与中美关系［J］. 安徽师范大学学报，2002，30（2）.

［28］钟厚涛. 蔡英文执政后台湾与拉美“邦交国”关系走向［J］. 拉丁美洲研究，2018（1）.

［29］中国社会科学院. 当代中国拉丁美洲研究［M］. 北京：中国社会科学出版社，2017.

［30］中国外交部. 各方都清楚台湾地区领导人“过境外交”的政治目的［EB/OL］. http：//sputniknews. cn/society/201612071021342533/.

［31］中华民国与多米尼加大事记［EB/OL］. 中央社，2018 年 5 月 1 日，http：//www. cna. com. tw/news/firstnews/201805010154. aspx.

［32］周怡孜.“外交部”明年机密预算暴增4倍　巩固中南美洲“友邦”防“断交”［EB/OL］.风传媒，2017-9-21.

［33］左品.关于“一带一路”建设与中拉合作深化的若干思考［J］.国际观察，2015（5）.

中华文化在智利的传播途径与效果

陈　星[*]

摘　要：中华文化"走出去"是新形势下一项重要的国家战略。政府和民间组织通过各种途径扩大中华文化在海外的影响力，取得了一定的成效。然而，实质上为"送出去"的对外文化传播是有缺陷的。以智利为例，中华文化在智利的传播，内容和形式上缺乏针对性，缺乏具有深厚文化底蕴和根基的文化载体。因而，针对智利国情与民情制定有针对性的对外文化传播策略势在必行，同时要警惕对中华文化的误读和抹黑。

关键词：中华文化"走出去"；智利；传播途径；传播效果

一、引　言

在全球化的今天，各国文化的国际传播及跨文化的交流与碰撞、冲突与融合正成为一种常态。文化领域的互动已经深深融入国际经济、政治博弈的大背景下，世界各国普遍更加重视文化软实力。新时代以习近平同志为核心的中央领导集体高度重视文明交流互鉴，提出建设文化强国，推进政治、经济、文化外交是当前重要的战略任务。从建构主义看来，国家形象是国家间基于社会互动而建构的一种相互身份认同关系，文化符号的对外传播效果直接影响国家形象建构的成效。中华文化"走出去"既是国家"走出去"战略的重要组成部分，又是党和国家为扭转加入世界贸易组织后我国文化产业被动挨打局面，变消极应对为主动出击，通过积极扩大国家文化贸易、克服文化贸易逆差，实现维护国家文化安全、树立良好国家形象、提升中华文化国际影响力等目标的一项重大文化战略。中共

───────────

　　*　陈星，广东外语外贸大学西班牙语系讲师，广东外语外贸大学外国文学文化中心在读博士生，研究方向为跨文化交际与跨文化传播。

十九大报告强调，加强中外人文交流，推进国际传播能力建设。

中华文化"走出去"现存三大"缺乏"：缺乏核心价值观念的输出，在内容的选择上缺乏针对性；缺乏承载中华文化核心价值观念的文化载体；缺乏文化自觉和文化自信。中华文化在拉美的传播也大体如此。拉美由于地理和历史原因，意识形态、宗教信仰、文化传统、风俗习惯等受欧美影响较大，尤其是美国在政治、经济、文化等各领域对拉美的控制无孔不入。再加上中国在语言、文化产品、新闻等领域的对外传播能力相对落后于发达国家，中国在拉美的文化传播更多是他塑的结果，造成中国形象容易被误读，甚至中拉合作一再被西方甚至当地媒体炒作为"新殖民主义"。

中国政府重视与拉美的合作，近年来已把与9个拉美国家的关系提升到"战略合作"的水平。其中，还与巴西、委内瑞拉、墨西哥、阿根廷、秘鲁5国确立了"全面战略合作伙伴关系"。2014年，中国国家主席习近平提出共同打造"中拉命运共同体"的理论话语与发展愿景，将中拉关系的发展提升到一个全新的历史高度之上。2015年，习近平在中拉论坛首届部长级会议上总结了中拉关系蓬勃发展所展现出来的五大方面：政治互信进一步推进、务实合作进一步扩大、人文交流进一步密切、国际协作进一步增强、整体合作进一步推进。在这种背景下，拉美地区必定处在中国文化传播的前沿阵地。

在中国与拉美的关系发展长河中，无论是在外交、经济、军事还是文化艺术领域，智利始终是中国最有力的拥护者和合作伙伴，当仁不让地成为中拉战略关系的"排头兵"，这体现在几个"第一"上：智利是第一个同中国建交的南美洲国家，是第一个就中国加入世界贸易组织与中国签署双边协议、承认中国完全市场经济地位、同中国签署双边自由贸易协定、同中国签署自由贸易协定升级议定书的拉美国家。智利是中国拉美战略的重要基地，是发展和巩固与其他拉美国家各项合作的跳板和桥梁。相较于其他拉美国家，中国和智利政府有着积极正面的互动，智利人民对中国有着较普遍的好感。因此，智利作为中华文化走向拉美的突破口，并由智利向拉美其他国家辐射开去是有其坚实基础的务实之举。

二、文化与中华文化"走出去"

（一）文化

1. 文化的定义

古今中外，"文化"一词的定义不计其数。各学科分别从自身的视角对"文化"做出了相应的阐释。追本溯源，从词源的角度，"文化"在汉语和西班牙语中分别是什么含义？

在汉语中，"文""化"在很长时间里是单独使用的，较早见于战国末年儒生编辑的《易·贲卦·象传》："（刚柔交错），天文也。文明为止，人文也。观乎天文，以察时变；观乎人文，以化成天下。"西汉以后，"文"与"化"合成一个词使用，本义为文治和教化，如西汉刘向的《说苑·指武》："圣人之治天下也，先文德而后武力。凡武之兴，为不服也，文化不改，然后加诛。"又如王融的《文选·补亡诗·由仪》："文化内辑，武功外悠。"①同时，古人的"文"包含"天文"和"人文"两方面，强调以"天文"约束"人文"，最终得以"化"天下。这种"天人合一"的思想是中国传统思想体系的基础，是中华民族传统文化的基础和源头。

西班牙语的"cultura"（文化）一词源自拉丁语 *cultus*，主要有四个方面的含义：居住、栖息；种植、耕作；照顾、对待；尊重、欣赏。其意义的演变过程经历了从物质到精神的过程：其物质含义体现在人类和土地的关系上，意为耕种；进而逐渐向精神领域转变，体现了人类和土地神的关系；如今其物质和精神内核相融合，展现了其人文主义的本质，并最终用于文学艺术领域及精英阶层。从19 世纪起，"cultura"（文化）一词具有了社会集体属性，上升到民族和国家的层次，因而也被赋予了人类学的意义，涵盖了语言、传统习俗与民俗、信仰、行为方式和价值观念等。

2. 文化的功能和文化外交

从词源学的角度，中西"文化"的概念稍有不同。汉语"文化"里的"文"包含"天文"和"人文"，而西语里"人文"才是其本质和核心；汉语中早在西汉时期就提出，无论"天文"还是"人文"最终落于"化"，而"化"是教化，是治理天下；而西语里的"文化"到19 世纪才有了社会属性，文化是一个民族或国家的人民普遍的行为方式和价值取向，更多的是强调修为和素养，其含义并没有关注其对国家机器的作用。

无论是汉语中落于"化"还是西语中归于"人文精神"，我们必须承认现代社会中，任何国家都十分注重"文化"的传承与发展，文化在统治和治理国家中的作用不容小觑。尤其是现如今，国与国之间的竞争是综合国力的竞争，除传统的经济、军事等实力的竞争，文化软实力是一项重要考量，是各国竞相发展和占领的战略高地。国家纷纷通过文化输出、文化渗透等方式扩大在世界的影响力，文化外交由此产生。文化外交是指"由国家、地区政府或非政府组织等通过

---

① 吕长竑，夏伟蓉．文化：心灵的程序——中西文化概念之归类和词源学追溯 ［J］．青海民族大学学报（社会科学版），2009, 35（3）：137–141.

文化的传播、人员的互访、艺术的表达形式，来促进国家之间、地区之间以及人民之间的相互了解与信任，并以此达到本国的国际战略目标，从而提升本国形象的一种独特的外交方式"①。

法国是第一个将对外文化输出纳入官方外交的国家。18~19世纪法国外交的一大特色是委派文化名人出使海外，致力于树立法国威望，提高法国的国际地位。自此以后，英美等国也在发展文化外交方面不遗余力，"形成了一个庞大而相对完整、集合官方各部门和社会各方面能量、不断在技术和组织机制上创新发展的运作体系"②。

（二）中华文化"走出去"

中华文化是一个民族意义上的概念，是中华民族上下五千年文化的汇总：从时间上来说囊括了中华民族形成后延续下来的传统文化和经历了融合与变革的近现代文化；从空间和地域上来说包含了中国这片土地上不同民族和群体、不同地理位置和环境产生的所有文化。

改革开放以来，世界普遍关注的是中国经济领域的对外开放，实际上邓小平同志曾提出精神文明也要实行对外开放。2000年，中国政府第一次明确提出实施"走出去"战略，2002年7月文化领域也明确提出要实施文化"走出去"战略。2012年中共十八大报告提出"扎实推进公共外交和人文外交"。中华文化"走出去"战略成为了指导国家对外文化宣传、对外文化交流和对外文化贸易的长期文化战略，促进世界对中国的了解，提升中国国家形象，增强中国的软实力。

中华文化"走出去"是一个宏大的系统工程，主要包含两方面的内容：其一是中华文化产品和服务的输出；其二是中华民族文化观念和价值观念的输出。我国目前在这两方面的文化输出都呈现出明显的力不从心。首先，在国际贸易中文化贸易逆差现象严重，文化产业和文化产品的国际影响力较小，"中国制造"缺乏国际竞争力，而且国内受到了外来文化产业的巨大冲击；其次，一些别有用心的利益集团散布"中国威胁论"，将中国的文化外交恶魔化，排斥和抵制中华文化。

① 王新．文化外交视角下中国国家形象的构建［J］．长江论坛，2014（3）：85-90.
② 吴白乙．文化外交：历史、现实的审视与思考［J］．美国研究，2016（3）：9-33.

三、中华文化在智利的传播途径

中国和智利间的联系可以追溯到 150 多年前。可以说，中华文化在智利的传播即从那时萌芽。当时，中国移民进入智利北部，开始了频繁的贸易往来。他们打开了智利和智利人民认识中国的窗口，无形中他们成为了中华文化的传播者。1970 年 12 月 15 日中国与智利为进一步推动两国关系的发展，在巴黎签署联合声明，正式建交。自此，中华文化在智利的传播有了官方的保驾护航。总体上看，中华文化在智利的传播具有国际文化传播的普遍特征，如主要有民间和官方两种途径。但由于两国国情不同、地理文化差异显著，中华文化在智利的传播也有其不同之处，如民间文化往来先于政府间的文化交流。

（一）非官方传播途径

中华文化最早是通过移民在智利传播的。无意识是早期通过移民文化传播的最大特点，而且传播的主要是中华民族的精神和气节。第一批华人是以"苦力"的形式到达智利的，他们中绝大多数人在矿山工作，条件极为艰苦，但是他们以顽强的毅力挺过来了。在早期的中智交往的历史中，还有一件不得不提的事情。1879 年，智利、秘鲁和玻利维亚为争夺硝石和鸟粪爆发了南美太平洋战争。智利在此次战役中大获全胜，其中也有中国华人的功劳。秘鲁的华人劳工不堪秘鲁人的虐待，协助智利的北伐军打败了秘鲁的军队。为了表彰和感谢，智利政府将伊基克赠予这批华人劳工，同意他们成立自治镇，条件是继续帮助智利攻打秘鲁。华人劳工留在了伊基克，融入了当地社会，伊基克成为了智利首个华人移民聚集区。据不完全统计，如今该城市约 20 多万人拥有中国血统，占人口总数的 1/4 左右。伊基克是中华文化在智利传播的发祥地，那里仍保留着许多中国传统的风俗习惯，甚至语言，比如那里的中餐馆叫"chifa"，是从粤语的"吃饭"演变而来。他们将中华文化，尤其是岭南文化带到了智利，使智利对远隔万里的中国和中国人有了粗浅的印象。

20 世纪初开始，一些华人用省吃俭用的积蓄开始做小本生意，经营小百货，起早贪黑，通过辛勤的劳动改变自己的生存和生活环境。智利人民注意到这个默默无闻、低调封闭，却有着顽强生命力的社群。随着时间的推移，华人与当地人通婚，渐渐融入了当地社会，但坚持让他们的后代说汉语、学习中华文化，使中华文化在智利更大范围地得以传承。智利的华人为了更好地联络同胞及维护同胞的安全和权益，1893 年成立了智利亚洲会馆，1923 年改名为智利中华会馆。该华人协会也不遗余力地弘扬和宣传中华文化，拉近了智利和中国的距离。智利华人和华人团体有了稳固的经济基础后，还不忘帮助当地有需要的人和支持地方的建设，捐赠学校、医院、养老院等，发展公共慈善事业，在智利发生洪水、地震等自然灾害时也出钱出力，帮助智利和智利人民渡过难关。华人是中华传统文化的积极倡行者，是中华民族优良品质的积极实践者。

进入 20 世纪中叶，中华文化在智利的传播更具组织性和条理性，这主要归功于 1952 年成立的智中文化协会。值得一提的是，智利华人华侨是中华文化在智利传播的生力军，但智利亲华友人也功不可没，如著名诗人聂鲁达。他写下了《中国大地之歌》等和中国、中华文化有关的诗歌，以智利人民喜闻乐见的方式将中国介绍到智利。智中文化协会就是由以聂鲁达为代表的智利知识分子、艺术家和智利华人领袖筹备成立的。该协会在中智正式建交前践行着"文化外交"的使命，并积极促成了中智建交。1953 年智中文化协会举办中国艺术展，1956年邀请中国京剧代表团赴智利演出和邀请中国贸易代表团访问该国，1962 年推出以"中国和联合国"为主题的庆祝中华人民共和国成立十三周年暨协会成立十周年活动，1964 年举办中国商品展等。同时，智利成立了如智利中国振兴锣鼓艺术团、智利华人华侨艺术团、智利舞龙舞狮艺术团等民间艺术团体。智中文化协会举办的一系列活动和智利民间推广中华文化的艺术团体，增进了两国政府和人民的了解和好感，扩大了中国在智利的影响力，推动了中华文化在智利的传播，实现了文化外交的目的。

中智正式建交后，两国民间交往更加频繁，中国非政府团体与智利有了更多接触的机会。中国民间艺术团体经常赴智利交流访问演出，中国传统国粹受到了当地民众的热烈欢迎与赞叹，而且中国艺术团体还走进智利校园进行文化联谊。2017 年 10 月，中山中视文化传播有限公司主办了"中国和智利文化友好交流活动"，携中国传统艺术走访智利。此次出访是智利官方首次正式邀请中国民间组织赴智利进行艺术交流活动，也是中国传统艺术国粹首次亮相智利国际民俗艺术节，更是首次国际团体联合慰问当地华人华侨。中视文化董事长殷东表示："希望借助本次国际盛会的平台，提升中国传统艺术的国际影响力，传播中国声音。通过参加城市交流、文艺演出、文化体验、游行表演等系列活动，开展广泛的艺术交流，在国际文化交流中彰显中国文化的魅力。"①

智利的普通民众也成为中华文化的传播者。2013 年智利人拉米雷斯创办中智文化艺术中心，其前身是一所教授中国武术、气功和舞龙舞狮的学校。中心以在智利传播传统文化艺术为目标，学员近千人。另外，近年来，随着中国逐渐成

---

① https://www.sohu.com/a/201970719_99902355.

为智利的主要旅游目的地国和智利来华留学生人数的增加，越来越多的智利人亲眼目睹了中国的变化，亲身体会了中华文化的博大精深，将他们的感受和经历带回智利分享给更多的人。2012年，由80余名曾赴华留学的中华文化爱好者成立了中国文化之友协会。

（二）官方传播途径

中国与智利建交后，政治、经济交流迈上了新的台阶，两国贸易往来不断刷新纪录，文化领域的合作与交流也受到了两国政府的充分重视。两国政府在科教文化领域签署了一系列的协定，如《中华人民共和国政府和智利共和国政府文化协定》（1987年）、《中华人民共和国和智利共和国政府保护和收复文化财产协定》（2001年）、《中智两国教育部关于教育领域合作的谅解备忘录》（2010年）、《中华人民共和国文化部与智利共和国文化部关于在智利圣地亚哥设立中国文化中心的谅解备忘录》（2016年）等。中国政府通过在智利举办"中国文化周"、艺术展、文物展等弘扬和宣传中华文化。2016年，在习近平主席倡议成立的中国—拉共体论坛框架下举办了"中拉文化交流年"活动，郎朗的钢琴独奏音乐会、故宫博物院的"盛世繁华——紫禁城清代宫廷生活艺术展"、青岛交响乐团和唐山皮影剧团的巡演在智利掀起了中华文化的热潮。

2008年，中国国家汉办在智利首都圣托马斯大学成立了拉美地区第一家孔子学院。十年来，该院在推广汉语教学、宣传中华文化、加深当地民众对中国的了解方面成绩突出，多次受到所在市政府、大区政府的表彰，曾获国家汉办授予的"全球示范孔院"称号。随后，国家汉办在智利天主教大学设立智利的第二家孔子学院。2014年，孔子学院拉美中心在智利成立，该中心是中国设立的第二个海外地区中心。目前，智利有两家孔子学院和十多所孔子课堂。除了在课堂上教授汉语和展示中华文化，智利孔子学院还奉行"走出去"的战略，与当地政府和机构合作开展丰富多彩的文化体验活动，增进智利对中国和中国文化的了解，拉近两国人民的情感距离，推动两国友好合作关系的发展。

中国文化和旅游部的思想文化交流品牌项目——中华文化讲堂、中国国务院侨办的中华文化大乐园等活动纷纷走进智利，传承和弘扬中华文化。尤其是国侨办的活动旨在深扎中华民族在海外之根，广育播撒中华文化的种子，使华裔成为中华文化在智利的传承者和播撒者。

中国教育部设立"中国政府奖学金"，面向本科生、硕士及博士研究生和汉语进修生提供2~7学年不等的全额奖学金，每年有近20名学生获得到中国学习的机会，他们是中华文化在智利潜在的最具说服力的传播者。

为推动中华文化"走出去"，中国国家新闻出版广电总局推出了"经典中国国际出版工程""中外图书互译计划""丝路书香出版工程"等多项资助工程，国家社科基金推出了"中华学术外译"项目，一批经典的中华传统文化、文学和学术作品被翻译成西班牙语带到了智利，成为智利人民了解中国和中华文化的另一窗口。

四、中华文化在智利的传播效果

通过总结和归纳中华文化在智利的传播途径，我们可以发现其在智利的传播有以下特点和问题：

第一，传播方式多样，但缺乏顶层设计和总体规划。我国开始重视文化软实力的建设和推行中华文化"走出去"战略时间还不长，因此还处于摸索和实践阶段。此阶段，国家希望动员和调动一切可能的力量，为弘扬中华文化和树立积极健康的国家形象添砖加瓦。这样的传播形式虽然覆盖面广，但是传播内容过于集中，集中于容易吸引眼球的中华文化符号，难以触及中华文化的精髓，同时容易造成资源的浪费和内容的重复。因而顶层设计和总体规划迫在眉睫，需要有步骤、有计划、遵循文化传播规律地推动中华文化"走出去"，真正意义上实现文化外交的目的。此外，树立文化传播品牌、打造精品文化活动、创立文化龙头企业和善用智利本土媒体的力量都应该从国家层面进行设计和规划。

第二，传播形式多为文化输出，缺乏具有地区特色的表达方式。中华文化在智利的传播内容主要是汉语和中华传统曲艺，如京剧、杂技、舞狮舞龙和武术等，传播方式与在其他国家无大的差异。"传统文化的对外传播，从来都不是单向度、灌输式的过程，而是双向、互动式的跨文化交流。我们要着重从对方角度考虑，善于从受众的角度和话语体系去建构传播内容、考虑传播策略，在知己知彼中增强优秀传统文化的传播实效。"①真正有效的文化传播应该根据"不同受众的文化传统、价值取向和接受心理，因地制宜、一国一策地开展工作，使中华文化不但能'走出去'，而且能'走进去'"②。智利是与中国地理上相距最远的国家之一，两国的文化差异显著，因此"中国故事，智利表达"显得尤其重要，寻求智利人民更能接受的传播模式，达到最佳的传播效果。

第三，多为非市场机制的文化传播，缺乏市场化机制的路径。从目前的情况来看，中华文化"走出去"实际上是中华文化"送出去"。也正是因为"送出去"这种自上而下行政化和任务式的运作，执行者缺乏积极性和主动性，缺乏对

---

①② 于运全. 创新中华优秀传统文化对外传播方式［N］. 光明日报，2016-03-30（11）.

传播内容和传播流通规律的考量，传播效果大打折扣。另外，我国的文化贸易存在较大逆差，其中一个原因是忽视了文化也是一种产业，在市场机制下有其发展的规律，也会带来经济效益。在经济效益的驱动下，文化产品的质量和数量能够得以改善，将出现更多的文化精品，形成以市场需求和传播效果为导向的良性循环。中华文化在智利的传播即明显缺乏市场导向，中华文化"送出去"的多，"卖出去"的少之又少。

自我形象与他者形象并不处于同一个平面上，我们重视中华文化在海外的自我建构，但正如前面提到的，中华文化的传播从来不是单向的，应该是双向的、互动式的跨文化交流，传播效果同样也不能单边评估，反而对于对象国的调研收集的效果反馈才是最真实的传播效果评定，是评估对外文化传播成效的最重要依据，是改善传播模式和途径的基本立足点。基于此目的，我们试图从智利媒体对中华文化的报道中窥探一二。出于对样本抽取难度和代表性的考虑，我们选取 www. emol. com 在线新闻客户端为研究对象。EMOL 是智利访问量最高的新闻集团之一，收录了旗下 El Mercurio（《信使报》）、Las Últimas Noticias（《最新消息报》）和 La Segunda（《第二报》）的所有内容，其中《信使报》是从 1990 年 6 月 1 日开始发行的日报，至今从未间断，是智利历史最悠久的报纸之一。此外，本文重点关注智利对于中华文化传播总体走向的评价及智利媒体在谈到中华文化时会与哪些因素变量相关，因而在搜索关键词中我们只设定"Cultura China"（中华文化），一些具体的中华文化元素和符号不在检索范围内。通过此方法，截至 2018 年 6 月 1 日共得到新闻语篇样本 151 篇；人工阅读剔除与研究无关样本后，最终研究样本为 96 篇（见图 1）。

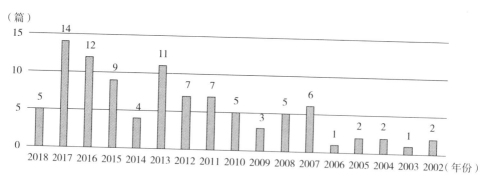

图 1　报道数量

我们主要通过内容分析法对新闻样本进行分析，借助 Nvivo 的词频分析功能，我们发现 EMOL 对于中华文化在智利传播的关注集中于以下几个方面：

第一，孔子学院。"孔子学院"一词在所有新闻语料中出现频率高达 68 次，可见国家汉办的举措和孔子学院得到了当地媒体的广泛关注和报道；"汉语"出现 44 次。细读文本，我们了解到孔子学院在教授汉语和中华文化方面做出了不懈的努力，得到了智利社会的普遍认可和好评。此外，孔子学院不局限于课堂，还会走出课堂，与智利政府和组织机构合作开展丰富多彩的文艺活动和展览（"展览"出现 34 次，"音乐会""兵马俑""书法"等都属于高频词，出现 20 余次不等）。值得一提的是，随着中智贸易的不断升温，智利政府鼓励和奖励年轻人学习汉语和中华文化，其中一个重要原因是支持年轻人创业，与中国做生意。

第二，智利主要还是关注中华传统文化，如书法、兵马俑等，而对中华文化的思想内核明显关注度不够。其中，仅有一篇报道提到了中国的风水，介绍了中国人追求外界和内在的"和谐"。2017 年 11 月 18 日的报道 *Existe una cultura china hoy?*（《今天还存在中华文化吗?》）提到，中国社会现在只谈政治和经济，不谈文化；即使有学校进行儒家教育，但是作用微乎其微。此外，能够引起智利媒体和受众好奇的是一些奇闻异事、异域风情，或站在自身文化立场较难理解和接受的事物，比如中国机器人主题餐厅和血袋饮料、中国的奢侈品文化等。

第三，中国文化与政治的关系是智利媒体关注的另一大热点，如中国政府因外国明星言行不当婉拒其赴华演出、禁歌黑名单、网络和网游监管、禁止生活小区和商业中心取洋名等。不可否认，智利媒体为了吸引眼球，刻意夸大和抹黑政府在文化领域的监督和管制。但是，我们能够理解这种误读是基于文化的差异和利益的驱使。实际上，任何国家或政府都会采取适当的措施引导和规范文化朝健康有序的方向发展。

综上所述，站在他者的角度，中华文化在智利的传播有一定的成效，尤其是孔子学院在智利获得了积极正面的形象。今后，我们要以更自信的姿态，以更具中华文化底蕴和根基的文化载体，向智利传播中华文化博大精深的思想精髓。

五、结　语

中国已经跻身世界经济大国的行列，国家形象成为了新形势下关注的焦点。中国要在世界舞台上讲好中国故事，中华文化要"走出去"，必须要与时俱进、因地制宜，如此才能真正"走进"世界人民的心中。中国和智利是世界上相距最遥远的两个国家，两国有着友好而稳定的邦交，为中华文化在智利的传播奠定了坚实的政治和民众基础。但是，毕竟两国文化相去甚远，仅依赖新鲜感很难维系智利对中国和中华文化的好感，因而针对智利国情与民情制定有针对性的对外文化传播策略势在必行。通过对智利媒体关于中华文化报道的分析，我们发现总体上智利社会对中华文化的接受度较高，孔子学院和华人华侨功不可没，在各方力量的宣传和支持下，智利掀起了学习汉语和中华文化的热潮。但同时我们也发现，中华文化在智利的传播内容和传播形式较单一，对于中华文化的经典精髓和价值观念宣传得不够，智利社会仍存在部分别有用心的人将文化与政治混为一谈，混淆视听。由于时间和材料的限制，本文对于中华文化在智利的传播效果研究还较粗浅，今后可更专注于此方面的研究，通过对智利中华文化传播效果的调研，为对外文化传播提出更贴近现实的改进意见。

参考文献

［1］吕长竑，夏伟蓉. 文化：心灵的程序——中西文化概念之归类和词源学追溯［J］. 青海民族大学学报（社会科学版），2009, 35（3）：137-141.

［2］王新. 文化外交视角下中国国家形象的构建［J］. 长江论坛，2014（3）：85-90.

［3］吴白乙. 文化外交：历史、现实的审视与思考［J］. 美国研究，2016（3）：9-33.

［4］于运全. 创新中华优秀传统文化对外传播方式［N］. 光明日报，2016-03-30（11）.

［5］https：//www. sohu. com/a/201970719_99902355.

巴西报业的历史与现状

杨　菁*

摘　要： 巴西报业发轫于19世纪殖民地经济末期，与巴西社会现代化民主进程相伴而生。本文旨在梳理巴西报业两个多世纪来的发展沿革，分析其在巴西坎坷的民主化进程中的影响及作用。

大众媒体亦称大众传媒，是向大量受众广播的传播媒体。由于大众媒体的活动范围已渗入社会的一切过程和现实生活的一切领域，且很大程度上媒体能够控制向大众传播的信息的性质、数量及方式，传播学认为大众媒体在公共生活中扮演着重要角色。现代政治学亦指出，大众媒体公共领域的性质使其具有重要的政治影响力："大众媒体的政治影响力具有广泛性、深刻性、历史性和逻辑性，涉及政治生活的各个领域，并突出表现在设置政治议程、形成公共舆论、改变政治关系、影响公共政策、实施政治监督、塑造政治文化等方面。"①

报纸是巴西大众传媒最为传统及重要的载体，自19世纪以来，报纸在巴西公共生活及政治生活中都扮演着不可或缺的角色。本文旨在梳理巴西报纸两百余年的发展历程，探讨这一传统媒体的自身沿革及其在巴西坎坷的民主化进程中的影响及作用。

一、巴西报纸之由始

尽管巴西是拉美最早被殖民的地区之一，但与整个拉丁美洲的大众传媒发展史相比，巴西本国报纸的诞生迟滞了三百余年——它是拉美地区最晚拥有自由媒

---

* 杨菁，广东外语外贸大学西方语言文化学院葡萄牙语系讲师。
① 刘文科. 论大众媒体的政治影响力 [J]. 政治学研究，2012（2）：37.

体的欧洲殖民地。拉美传媒业起步于 16 世纪，并在 19 世纪独立运动后得到迅速发展，而葡属拉美殖民地（如今的巴西）在 19 世纪之前却没有任何印刷设备，更毋论创办任何报纸。

巴西报业发展的迟滞一方面归结于葡萄牙皇室对拉美葡属殖民地文化产业发展的不支持态度以及严格的审查制度——在殖民经济早期，葡萄牙宗主国都对殖民地印刷业进行了严格的管控，1706~1746 年，葡萄牙王廷曾先后向葡属拉美殖民地总督颁发过两次国王敕令，责其取缔所有殖民地范围内的私人印刷工坊并禁绝相关活动。另一方面，殖民地社会自由民众的缺乏、迟缓的城市化进程、居高不下的文盲率，甚至拉丁美洲各殖民社会之间的沟通不畅都导致了现代传媒的萌芽在很长一段时间内都未能在葡属拉丁美洲地区出现——现代传播学视角下，报纸出现的前提条件是在现代化城市中有足够的读者群体，这些读者有自由、有意愿、有能力、有条件消费报纸。归根结底，报纸的出现及发展依托于公众对于"信息"的需求，读者群体的缺失必然使有关"某一事件"的新闻失去消费价值，报纸的存在意义自不必言。

在葡属美洲殖民地拥有自己的报纸之前，1778 年起《里斯本报》（*Gazeta de Lisboa*）和其他同时期的 15 份报纸都已经在葡属美洲范围内传播。这些报纸的目标读者是殖民地受过良好教育的精英阶层，内容集中于新闻、科技或文学、历史知识等范畴。1808 年，葡语报纸上第一次出现了不同政见的讨论，由此葡语报纸设立了专门的政治评论栏目，并第一次引入了"公众意见"这一词条①。

因拿破仑军队的入侵，1808 年葡女王玛利亚一世携王室贵族和政府迁往巴西南部城市里约热内卢。王廷在迁移中随行携带了大量书籍及设备，1808 年 9 月 10 日，葡王室用随船带到巴西的第一部印刷机印刷了巴西第一份报纸《里约热内卢报》（*Gazeta do Rio de Janeiro*）。这份报纸最开始为双周刊，主要按照皇室意愿刊登官方公告并转载《里斯本报》有关对拿破仑战争的内容。《里约热内卢报》② 更像是葡萄牙国王在巴西设置的一系列为了保证其王廷运作的行政机构之一：一方面，其出版部门是皇家印刷厂；另一方面，这份报纸一直受葡皇室成员的领导③。

民间报业也同样于这一时期开始兴起。第一份私人性质的刊物《巴西邮报》（*Correio Brasiliense*）由依波利多·若泽·科斯塔（Hipólito José da Costa）在 1808

① Morel, Marco. Os primeiros passos da palavra impressa, In: Martins, Ana Luiza. Luca, Tania Regina (Orgs.). *História da imprensa do Brasil*. São Paulo: Contexto, 2008: 30.

② 《里约热内卢报》在这种运作方式下发行至 1821 年，整顿两年后更名为《政府日报》（Diário do Governo）重新开始发行。

③ Ribeiro, Lavina Madeira. *Imprensa e espaço público*: A institucionalização do jornalismo no Brasil 1808-1964, Editora E-papers, 2004: 36.

年9月创刊,"对于葡萄牙政府采取了极端批判的立场"①;1811年另一份带有政治性质的私人期刊《巴西之黄金时代》(*Idade d'Ouro do Brasil*)由葡萄牙商人马努埃尔·达·席尔瓦·塞尔瓦(Manoel da Silva Serva)创立发行。该报每周发行两次,捍卫君主制及奴隶制②。

至1828年,巴西已有报纸和期刊共25种,主要受众为殖民地精英阶层。由于本土势力集团第二代、第三代继承人通常在欧洲接受过完整的精英教育,殖民地中后期的报纸大多体现出对于欧洲文化以及资产阶级自由思想的亲近。它们极富个人色彩,大多由一位评论家或者社会运动家主办:"它们都是意识形态的、具有战斗性及宣传性。其出版目的主要是表明立场、以不同理由煽动读者。新闻,作为政治斗争中最主要的手段之一,从根本上来说是观念性的③"。以观点和言风吸引读者的民间小报,无论捍卫或反对政府,言辞都是极其激烈且有煽动性的,作为政治斗争另一种形式的表达,报纸充满了战斗性。事实上,私人报纸间的对抗折射出上层政治势力的风起云涌,随着殖民地与宗主国的利益冲突逐渐激化,殖民地精英阶层急于摆脱葡萄牙宗主国的统治与束缚,报纸上的唇枪舌剑正是不同政治群体之间的前期试探与博弈。

拿破仑失败后,葡萄牙国王若昂六世于1821年返回里斯本,留下王子佩德罗在巴西主持政务。1822年佩德罗王子自封为帝,正式宣告巴西独立,史称佩德罗一世。佩德罗一世称帝后,于1824年签发了帝国宪法,这部宪法是欧洲复兴时期自由主义和君主制的混合体,从法律角度保障了思想及言论的自由以及新闻自由。尽管如此,报刊自由在佩德罗一世时期并未真正来临。帝国政府不断通过颁布皇室敕令对整个行业的发展设下种种限制及规定以实现对媒体的控制。

佩德罗一世执政期间,由于皇帝的个人集权统治倾向以及政治上对于葡萄牙籍贵族的亲近引发了大地主贵族为代表的利益集团的不满,民间报业对佩德罗一世政权进行了激烈抨击。帝国政府与反对派媒体逐渐呈现出针锋相对的态势。巴西历史学教授马克·莫雷尔(Marco Morel)在分析了这一时期的报纸文本后指出,法国的自由主义深刻地影响了佩德罗一世执政后期的巴西报纸并进一步地影响了民间舆论。即便是涉及君主专制或是民众反抗权利的敏感话题,相关言论的

---

①② Tardáguila, Cristina. *Jornais do início do século XIX traziam retratos da sociedade e polemizavam sobre monarquia*, Disponível em: https://oglobo.globo.com/cultura/livros/jornais-do-inicio-do-seculo-xix-traziam-retratos-da-sociedade-polemizavam-sobre-monarquia-15526877.

③ Ribeiro, Ana Paula Goulart. *A imprensa da independência e do primeiro reinado: Engajamento e mercado.* Disponível em: http://www.ufrgs.br/alcar/encontros-nacionais-1/encontros-nacionais/5o-encontro-2007-1/A%20imprensa%20da%20independencia%20e%20do%20primeiro%20reinado.pdf.

表述仍然大胆而激进①。1831 年，内外交困的佩德罗一世抵御不住报纸引领的汹涌民意，被迫让位于儿子佩德罗二世，返回葡萄牙。

1831 年佩德罗一世退位后至 1841 年佩德罗二世正式执政前的十年摄政期间②，新兴力量乘虚而入，新的党派登上了政治舞台，主要党派有复辟党（右翼保守党，Caramuru）、温和自由党（右翼自由党，Chimango）以及激进自由党（左翼自由党，Jurujubas/Farroupilhas）。报纸言论也在这一时期获得了更大的自由度，其刊发言辞之激烈、思想之激进，甚至被认为是整个 19 世纪舆论最为自由的时期③。历史学家马塞洛·巴希勒（Marcello Basile）的研究显示，摄政时期的报刊话语并不宣扬省份的独立性，而是更多地强调国家的统一及联系④。报纸与生俱来的大众传播特质使其成为巴西政坛不同党派发声的最理想的平台，围绕"人民"的观念以及国之政体，三大党派在各自的阵地上唇枪舌剑，宣扬己方意识形态（见表 1）。

表 1　1831~1841 年巴西主要党派及政党报刊

	主要政党报刊	人民观	政治立场
温和自由党	《里约曙光》（Aurora Fluminense）《独立者》（O Independente）《人与美洲》（O Homem e a América）	"人民"没有肤色的限制，公民概念可以延伸至黑人及具有自由身份的混血人种	代表乡村贵族阶级（精英阶级）的利益、坚定捍卫奴隶君主制。抨击共和制度，认为那是一种无政府概念、将国家碎片化的表现
激进自由党	《新巴西之光》（Nova Luz Brasileira）《大地之子》（O Filho da Terra）《共和国人》（O República）《自由哨兵》（Sentinela da Liberdade）	人民是由所有自由人组成，毋论肤色、收入、性别，女性也应当参与到公共生活中	一方面，捍卫激进自由主义。他们认为社会平等是国家建立的支柱之一，由此表露出强烈的反贵族阶级、反葡萄牙倾向。激烈地鼓吹各省自治。另一方面，激进派仍然反对短时间内废除奴隶制

① Morel, Marco. A imprensa periódico no século XIX. Rede da memória virtual brasileira. Fundação Biblioteca Nacional. Disponível em: http://catalogos.bn.br/redememoria/periodicoxix.html.

② 佩德罗一世退位后，由于佩德罗二世尚处幼年，帝国议会迅速通过了摄政委员会制度，选举准将 Francisco de Lima e Silva 以及两位参议员 Nicolau Pereira de Campos Vergueiro 和 José Joaquim Carneiro de Campos 摄政。

③ Sordé, Nélson Werneck. História da imprensa no Brasil. Rio de Janeiro: Mauad, 1999.

④ Basile, Marcello. Projetos de Brasil e contrução nacional na imprensa fluminense（1831–1835）. In: Neves, Lúcia Maria Bastos, Morel, Marco e Ferreira, Tania Maria Bessone（Orgs.）. História e Imprensa – Representações culturais e práticas de poder. Rio de Janeiro: DP&A/Faperj, 2006.

续表

	主要政党报刊	人民观	政治立场
复辟党	《号角》(*A Trombeta*) 《欧洲人》(*Caramuru*) 《卡里若人》(*O Carijó*)	与温和自由派相近，主张女性在协助"市民"的辅助地位上，并不鼓励她们"参与"到政治生活中	捍卫奴隶君主制，寻求佩德罗一世回归以及集权制度建立

1841~1889 年佩德罗二世统治的第二帝国时期，废除联邦制度，再次建立中央集权政府并加强对各省的控制。尽管如此，从言论自由的角度来看，佩德罗二世仍然是一位温和的君主。他对报纸上的不同政见，甚至针对其个人的尖锐批评都采取了包容的态度。虽然各省的报纸监管制度有所不同，即便是那些对政府的变革批评得最为尖刻的报纸都未曾因此受到削弱和管制。也因此，19 世纪后半叶的巴西报纸获得了缓慢而稳定的发展。第二帝国初期，报刊种类甚至不升反降，报纸的发行频率和发行数量则有所上升。在这一时期，报纸的版面也作了进一步的细化，且以政治辩论为目的的文章有所减少。一些主要报纸开始进行一些更为大胆的革新，比如将版面更新为更大、印刷更清晰的纸张。报纸的版面设定也从单纯的政治目的为主，向商业活动及信息发布的功能转向。这一时期出现了画报以及一些针对特定群体的报纸。诸如 1860 年创刊的《一周画报》(*A Semana Ilustrada*)，针对女性读者于 1852 年创刊的《女士报》(*Jornal das Senhoras*)，以及针对移民于 1836 年创刊的《德国农夫》(*O Colono Alemão*)。

这一时期，两个外部因素也同样推动了巴西报业的发展。从 1854 年巴西第一条铁路落成至帝国末期，巴西全境已修建大约 9000 公里的铁路。尽管铁路线路之间并未完全连通，这一运输网络仍然使报纸的发行更为快捷。而随着铁路线路同时修建的电报系统使信息的传递更有时效性。至 19 世纪末，这个国家无论在基础设施还是信息传递上，都为报业的下一步发展积蓄了更大的力量。

然而，从受众群体来看，此时的巴西仍然是一个以奴隶手工劳动为主要生产力的农村经济国家。即便到了帝国末期，仍然有 90% 的人口住在农村，85% 的人口不识字，这其中甚至包括很大一部分农场主①。因此，尽管 19 世纪后半叶印刷机已经逐渐普及，报业从业人员也更为职业化，外部环境仍然桎梏着巴西报业的发展节奏②。

---

① Sordé, Nélson Werneck. *História da imprensa no Brasil*. 4. ed. Rio de Janeiro: Mauad, 1999.

② Romancini, Richard, Cláudia Lago. *História do jornalismo no Brasil*. Florianópolis: Editora Insular, 2007: 51.

19 世纪后半叶，君主立宪制下皇帝代表的个人皇权、代表早期殖民者的乡村贵族阶级以及外来的葡萄牙籍贵族代表的政治力量之间的博弈贯穿于整个帝国时期。报纸"表达观点"的天然属性使其成为各方政治集团发声的"喉舌"，不同政治力量及意识形态在此激烈碰撞，作为"观念"载体的报纸也间接得到了更广阔的发展空间，并在帝国的几次重大政治变革中都留下了浓墨重彩的一笔。从报纸形式来看，20 世纪以前的私人报纸多为较为短小的出版物，出版架构普遍比较简陋，形式随性自由，出版时间也很不固定。许多报纸单纯为了政治论战而出版，在双方对抗激烈时出版频次密集，形势较为和缓时则可能销声匿迹。

总之，19 世纪的巴西报业砥砺前行，获得了持续的发展。在此后的一百余年间，这些报纸有的几经更迭，湮灭于历史长河中；有的遇水迭桥，在巴西纸媒中牢牢占据一席之地——根据巴西国家报纸协会的统计数据，19 世纪创刊的报纸有数家如今仍在发行，包括《伯南布哥日报》（*Diário de Pernambuco*，1825 年 11 月 7 日创刊）、《商报》（*Jornal do Commércio*，1827 年 10 月 1 日创刊）、《坎普斯动力报》（*Monitor Campista*，1834 年 1 月 4 日创刊）、《圣保罗省报》（*A Província de São Paulo*，1875 年 1 月 4 日创刊，后更名为《圣保罗州报》*O Estado de São Paulo*）、《新闻报》（*Gazeta de Notícias*，1875 年 8 月 2 日创刊）、《里约热内卢州人》（*O Fluminense*，1878 年 5 月 8 日创刊）、《巴西报》（*Jornal do Brasil*，1891 年 4 月 9 日创刊）、《讲坛报》（*A Tribuna*，1894 年 3 月 26 日创刊）以及《人民邮报》（*Correio do Povo*，1895 年 10 月 1 日创刊）。其中，《圣保罗州报》《巴西报》及《新闻报》都发展为当代巴西最主要的报纸之一。

二、现代报业的形成

1889 年，由于农场地主和新兴阶级不满王室废除奴隶制在巴西境内发动军事政变，佩德罗二世的统治被推翻。巴西由君主立宪政体变革为共和政体，成立巴西联邦共和国（亦称旧共和国）。1889～1964 年，巴西的共和制度几经坎坷。1891 年第一部宪法由欧洲民主政治制度"嫁接"而来①，带有浪漫的政治理想主义。这部宪法给予联邦各州最大的自治权和政党活动自由②，却导致了尾大不掉

---

① 边振辉. 巴西民主化进程及其特点 [J]. 高校社科信息，2004（3）：38.
② 张宝宇. 巴西现代化研究 [M]. 北京：世界知识出版社，2002：172.

的地方寡头政治①。之后 1930~1945 年热图利奥·多内列斯·瓦加斯（Getúlio Dornelles Vargas）打击地方势力，却矫枉过正地打造了一个个人权力过度集中的中央集权政府。1945 年 5 月，巴西历史上还出现了第一次民粹主义运动，被称为"我们要主义"，由此开辟了群众参政的道路。1964 年反对派军人及保守派再次发动政变，推翻民选总统若昂·高拉特（João Goulart），建立军事独裁政权，新共和国时期结束。

共和国时期，打字机及活字排版机的出现给报纸行业带来了巨大的变革。从报纸生产者的角度看，新技术的引入使新闻信息来源更为迅捷，排版及发行效率迅速提高，无论是发行数量还是印刷质量都有了一定的提升，甚至在 1907 年《新闻报》（Gazeta de Notícias）第一次采用了彩色印刷。这一行业的竞争格局开始由内容上的比拼转向多样化综合实力的比拼。为了提高报纸的竞争力必须在报纸的采编印刷过程中采用更多的新技术，而新技术的引入则需要大量资金。于是，19 世纪单枪匹马即可创办报纸的景况不再，报纸的运作及发行所需的资金门槛越来越高，个人运作的报纸逐渐被以企业方式管理的报纸所取代。在自由市场规律下，报业公司开始向外寻求更多的获利方式，由此推动了报纸深层次变革，发行报纸的目的不再是单纯地为特定政治思想或团体摇旗呐喊，而是在新兴的印刷行业中占据一席之地：一方面，报纸继续保持与精英团体的政治利益与意识形态的一致性，从而获得他们的支持；另一方面，电影放映机、留声机、照相机的出现为市民的公共生活打开了广阔的视野，对于各类信息的需求直线上升。这一时期的报纸亦开始向城市及乡村公共生活的各个层面渗透，报纸的社会功能由此发生转变。它的受众不再限于国家的精英阶层，为了在公共生活中保持舆论权威的地位，一些报纸开始尝试以"中立"及"不偏不倚"的形象出现，其主要内容也不再只是政治思想、党派意见的发布，而更多地转向了信息的输出。

在这一背景下，旧共和国时期的期刊呈现出丰富的多样性，各种期刊百家争鸣，"仅在里约热内卢一地，20 世纪 20 年代发行的、有据可查的期刊就有 800 余种。"②这一时期的报纸更为专业化，对受众群体也进行了细分，有针对工人的期刊、非洲后裔的期刊、移民的期刊，如此种种，不一而足。根据巴西国家报业协会官方网站的数据，1890~1923 年，针对工人的报纸数量增长迅速，最高峰时达到了 343 种，主要分布于圣保罗和里约热内卢地区；而到 1930 年时，仅在圣保罗一地，已经有了以 7 种语言出版的 30 余家针对移民群体的期刊。

20 世纪 30 年代开始，巴西联邦政府选择了"受托人"模型（Trusteeship

---

① 从日云. 当代世界的民主化浪潮 [M]. 天津：天津人民出版社，1999：81.

② Barbosa, Marialva. *História cultural da imprensa*：Brasil—1900-2000. Rio de Janeiro：Mauad X., 2010：84.

Model），即将广播电台交与私人公司进行商业化运作，同时放松了对报业的监管，依赖对于纸类及其他出版基础原材料的配额的控制、对媒体的资助以及免税政策对报纸出版进行调控①。由于当局并未在法律层面对其运营模式进行严格的限制，同一个集团公司可以同时控制报纸、杂志、广播及电视，这使巴西传媒业最终形成了一个高度集中且掌控在少数财阀手中的传播系统②。

20 世纪中叶被认为是巴西媒体发展的一个重要节点。在此之前，巴西媒体处处模仿欧洲模式。传播学教授安娜·宝拉·里贝罗（Ana Paula Ribeiro）指出，"总体上看，我们的绝大多数的报纸都追随法国报业模式，其写作风格更偏于文学性。自由体及观点文章，如散文、政论文以及社论受到更多重视"③；50 年代之前，报纸的主要功能是对政治进行评论，人们不认为报纸需要是中立客观的，报纸带有政党偏见、代表特定人群的利益这一性质被广泛接受④。

1950 年前后，报纸行业有了巨大的变革。首先，媒体向彻底的商业运作模式过渡，单个领导者对报纸的影响力减弱。这也使报纸的个性化色彩逐渐消退。然而由于报业公司大多难以实现财务独立，为了保证正常运作，报社需要接受政治力量与当地政府以信贷、税务优惠或者广告刊登等方式提供的经济帮助。公司形成了现代化管理架构与个人管理模式并存的状态，报纸仍然在很大程度上受到政治力量支配：一方面，某些媒体企业需要政治势力的支持以维系其运作，同时持续地向读者传递政治题材的信息能够巩固和发挥报纸的政治作用；另一方面，政客们仍然需要报纸保持他们在公众面前的曝光度，尤其是在选举或是政治游戏的博弈之中。只不过政治团体开始以一种更为不易察觉的方式传播其理念及意识形态：意识形态及政治立场通过精心的设计融入报纸话语及主题中，报纸与政治生活相互交融、密不可分。例如瓦加斯执政末期，内外交困下的巴西社会各阶层展开了对总统瓦加斯的日益尖锐的批判，报纸成为政治论战的主要平台。除了《最后时刻》（Última Hora）报，几乎所有报纸都站在了瓦加斯的对立面，并最终导致了瓦加斯专制政府的终结。巴尔博萨（Barbosa）指出，"1954 年的媒体之战或许可视作报纸与政治紧密相关的最具代表性的例子，它同样亦是政治党派将

① Ribeiro, Ana Paula Goulart. *Imprensa e História no Rio de Janeiro dos anos 50*. Rio de Janeiro：Epapers, 2007.

② Lima, Venicio. Artur de. *Mídia Crise Política e poder no Brasil*. São Paulo：Fundação Perseu de Abramo, 2006：60.

③ 作者译，原文为："Em termos gerais, a maioria dos nossos periódicos seguia o modelo francês de jornalismo, cuja técnica de escrita era mais próxima da literária. Os gêneros mais valorizados eram os mais livres e opinativos，como a crônica, o artigo polêmico e o de fundo." 引自 Ribeiro, Ana Paula Goulart. *Imprensa e História no Rio de Janeiro dos anos 50*. Rio de Janeiro：Epapers, 2007.

④ Ribeiro, Ana Paula Goulart. *Imprensa e História no Rio de Janeiro dos anos 50*. Rio de Janeiro：Epapers, 2007.

媒体认可为高级统治力量的有力佐证"①。

在报纸生产方式上，新闻从业者们开始更多地采用美国模式进行采编。他们在报道中加入了引言部分，并采用倒金字塔结构的叙事结构以及功能性更强的图表模式。报纸的版面也有了进一步的革新，报纸的字体进行了统一，每个版面的页数也规定下来，不再随心所欲。新闻配图不仅仅充当图示的作用，它们开始有了信息传递的功能。

1964 年反对派军人推翻若昂·高拉特政府后，对报业施行了严苛的监管制度。1960~1970 年，《圣保罗州报》《下午报》多期被禁止发行，《晨邮报》老板尼奥玛·毕坦考特（Niomar Bittencourt）被捕入狱并导致该报最终停刊。"里约媒体在 20 世纪 70 年代最具代表性的场景就是无数刊物的消失……除了《晨邮报》（1901~1974 年）之外，《新闻日报》（1930~1976 年）、《里约日报》（1928~1965 年）和《报纸》（1919~1974 年）也都停止发行。其他的诸如 50~60 年代最受欢迎的《最后时刻》报，也在这一时期走向了彻底的没落"②。

60 年代后政府施加于政治及社会题材的严格审查以及这一时期巴西经济的利好发展使媒体报道中经济新闻的比重日益增大，无论是专题特刊，还是整体报道，经济类报刊都呈现出蓬勃的生命力。此外，贴近百姓生活、关心读者喜怒哀乐的大众化报纸也获得了巨大成功，发行量跃居各类报纸之首，例如 20 世纪 70 年代末期，《日报》的发行量达到了 40 万份。同样在这一时期，圣保罗取代里约热内卢成为报纸行业的中心，这一地区发行的刊物达到了 229 种报纸及 210 种杂志。

20 世纪 80 年代的巴西重新迎来了民主政府，自由的舆论环境以及迅速发展的科技推动了巴西报业的整体发展。80 年代中期，由《环球报》引领的写作信息化为整个行业带来了深层次的变革，不仅更改了写作的工作方式，重构了报纸内容，还使信息的传递更为便捷。

报业第一次与学术界发生了紧密的联系：一方面，报纸行业自身被以科学的方法进行研读；另一方面，报纸被赋予了研究者的角色，新闻从业者成为了日常

① 作者译，原文为："［a campanha da imprensa em 1954］talvez seja o exemplo mais emblemático da sua vinculação ao campo político e de seu reconhecimento como força dirigente superior mesmo aos partidos e as facções políticas."引自 Barbosa, Marialva. *História cultural da imprensa*：Brasil—1900-2000. Rio de Janeiro：Mauad X, 2010：151.

② 作者译，原文为："［Nota-se］um dos cenários mais expressivos da década de 1970, na imprensa carioca：O desaparecimento de inúmeros periódicos（…）deixam de circular além do Correio da Manhã（1901-1974）, O Diário de Notícias（1930-1976）, Diário Carioca（1928-1965）e O Jornal（1919-1974）. Outros, como Última Hora em nada mais lembra o jornal popular dos anos 1950/60, estando em processo de franca decadência."引自 Barbosa, Marialva. *História cultural da imprensa*：Brasil—1900-2000. Rio de Janeiro：Mauad X, 2010：181.

生活的研究者。报纸的象征力量由此进一步扩大，报纸被赋予了市民身份。在这一身份下，媒体的日常活动被要求具有社会价值，应当为"市民的具体利益服务，帮助读者面对生活中的难题"①，媒体由此担负了重要的社会作用。

同样是这一时期，巴西报纸迎来了版面的巨大革新——专题副刊开始出现，结束了传统的被一个个小短文分割得支离破碎的写作模式，军事独裁时期发展起来的经济社论以及经济副刊成为了报纸最为核心的部分。"媒介对于主流经济景象的宣传至关重要。在自由经济意识形态的内化过程中，媒介扮演的角色具有战略意义，生产出这样一种共识：开放经济具有优越性，新自由主义的设想是唯一出路。"② 经济题材的新闻权重进一步加大，经济社论成为报刊文章的"领头羊"。

新的传播技术的引入还推动了报业的深层次改革——以电子传输为手段，文本的生产、发行、派送可以成为彻底的个人行为，且一个文本的发表与阅读几乎可以在同一时间完成。20 世纪最后 10 年的报纸呈现出前所未有的最为多元化的信息源，新媒体出现，诸如付费电视、网络电视、数字化报纸、社交网络及其他新型信息分享渠道出现，传统媒体与新兴媒体间的竞争进入了白热化阶段。

三、当代报业格局——大型媒体集团与小型区域媒体

随着传播学、社会学及政治学研究的深入，大众媒体在公共空间及政治生活上的巨大能量已经被清晰地勾勒，媒体的独立性成为当代新闻工作者恪守的主要职业规范。"媒体应当服从政治和经济权力之外的职业精神和服务公众的自觉态度，不依仗任何势力来决定媒体的报道和其他决策。"③ 在巴西，电视、广播、报纸等大众传播渠道都被划归为公共资源，且 1988 年宪法第 54 条明确规定：

---

① 作者译，原文为："interesses concretos dos cidadãos，ajudando os leitores a enfrentar dificuldades quotidianas." 引自 Abreu，Alzira Alves de. *A modernização da Imprensa*（1870-2000）. Rio de Janerio：Jorge Zahar Editor，2000：45.

② 作者译，原文为："os meios de comunicação são fundamentais para a divulgação de cenários econômicos dominantes，desempenhando papéis estratégicos na naturalização ideológica da economia liberal de mercado，fabricando o consenso sobre a superioridade das economias abertas e insistindo que não há saída fora dos pressupostos neoliberais." Barbosa，Marialva. *História cultural da imprensa*：Brasil—1900-2000. Rio de Janeiro：Mauad X，2010：124.

③ 刘建明. 新闻学前沿：新闻学关注的 11 个焦点 [M]. 北京：清华大学出版社，2005：248.

"众议员及参议员自就任之日起（……）不得与从事公共服务的公司签订或保持合同关系。"① 当然，这并不意味着当代巴西报纸实现了"去政治化"。罗德里格·达·希尔瓦（Rodrigo da Silva）在他的《巴西政治的非政治正确指南》一书中这样调侃道："如果你没有坐拥百万家产，亦无身为政要的亲戚，不要灰心。在巴西你有另一种方法让自己在选举中占据一席之地：当上一家媒体的老板"。② 路易斯·菲利普·米盖尔（Luis Felipe Miguel）亦在他的《巴西政治与媒体》一书中这样写道："今天，绝大多数的政治话语仍然通过媒体传播，这是党派领导与其市民群体的最主要接触方式。"③

在两个多世纪的发展过程中，巴西媒体逐步形成了不同的发展模式。传播学学者从意识形态和组织架构上将巴西媒体划分为大型媒体集团和小型区域媒体两大类型：前者是覆盖全国的大型媒体集团或以企业模式运作的报纸，后者是州以下区域发行的与地方政治势力结合紧密的地方性小型媒体。

20世纪30年代，巴西联邦政府以"受托人"模型（Trusteeship Model）运作媒体促成了第一家传媒集团"联合日报"④ 的诞生，这亦标志着巴西传媒现代化的开始⑤。自1924年起，"联合日报"陆续将南方新闻社（Agência Meridional）、图皮语广播（rádio Tupi）、O Cruzeiro 杂志等多家传媒企业纳入旗下，并于1950年发展为拉丁美洲最大的传媒王国⑥。而到了19世纪60年代末，Roberto Marinho 执掌的环球集团超越"联合日报"，成为巴西第一大传媒集团。传媒集团的出现将不同类型、不同层次及不同受众的多家媒体资源整合在一起，其传播效应及话语权力远超过单个媒体的简单叠加，从而以更大的体量、更广阔的覆盖面以及更多元化的视角参与到公共及政治活动中。

参考表2可见，巴西的大型媒体集团总部所在地基本集中于巴西东南部地区的圣保罗和里约热内卢两大州，只有"联合日报"集团总部位于巴西利亚。如果将这一布局与巴西国家地理统计研究院（IBGE）的经济数据进行比对，可以发现大型媒体集团牢牢占据了国家最重要的经济中心及政治中心（巴西利亚），

① 引自《巴西联邦宪法》（1988 年版），https：//www. senado. leg. br/atividade/const/con1988/CON1988_05. 10. 1988/art_54_. asp.

② Silva, Rodrigo da. *Guia Politicamente incorreto da Política Brasileira*. Rio de Janeiro：LeYa, 2018.

③ 作者译，原文为："Hoje, a maioria dos discursos políticos é transmitida pela mídia, principal meio de contato entre os líderes partidários e o conjunto dos cidadãos." 引自 Miguel, Luis Felipe. Política e Mídia no Brasil：Episódios da história recente. Brasilia：Plano Editorial, 2002：14.

④ 联合日报集团（Os Diários Associados, D. A.），至今仍是巴西第三大传媒集团公司。

⑤ Miguel, Luis Felipe. Política e Mídia no Brasil：Episódios da história recente. Brasilia：Plano Editorial, 2002.

⑥ Lima, Venicio. Artur de. Mídia Crise Política e poder no Brasil. São Paulo：Fundação Perseu de Abramo, 2006：101.

并以此为基础将其业务范围向全国辐射——2013 年巴西东南部 8 个州的生产总值占据国内生产总值的 55%，仅圣保罗一州就为全国经济贡献了 18.7% 的生产总值，里约热内卢亦占有 11.8% 的份额。与之相反，北部、中西部地区则经济基础十分薄弱①。

表 2 巴西大型媒体集团基本信息

排名	传媒集团	总部	年营业额（亿雷亚尔）	数据年份	创建日期	主要刊物
1	环球集团 Grupo Globo	里约热内卢州	153	2016	1925	O Globo Extra Expresso da Informação Valor Econômico
2	西尔维奥桑托斯集团 Grupo Silvio Santos（SBT）	圣保罗州	59	2017	1959	以广播电台及电视台为主
3	四月集团 Grupo Abril	圣保罗州	45	2013	1950	Veja Almanaque Abril Exame
4	页报集团 Grupo Folha	圣保罗州	27	2010	1921	Folha de São Paulo，Agora São Paulo
5	记录集团 Grupo Record（RecordTV）	圣保罗州	22	2013	1989	Revista Record Correio do Povo
6	先锋集团 Grupo Bandeirantes de Comunicação	圣保罗州	14	2011	1937	Metro Jornal Primeiramao
7	RBS 集团 Grupo RBS	里约热内卢州	11	2015	1957	Diário Gaúcho Pioneiro Zero Hora

---

① 各主要区域生产总值比重分别为：北部 7 个州 5.5%，东北部 9 个州 13.6%，东南部 8 个州 55%，中西部 3 个州及首都 9%。数据来源：IBGE 官方网站，https：//agenciadenoticias.ibge.gov.br/agencia-sala-de-imprensa/2013-agencia-de-noticias/releases/9631-contas-regionais-de-2010-a-2013-pib-do-mato-grosso-acumula-a-maior-alta-21-9-entre-todos-os-estados。

续表

排名	传媒集团	总部	年营业额 （亿雷亚尔）	数据 年份	创建 日期	主要刊物
8	OESP 集团 Grupo OESP	圣保罗州	8.72	2010	1875	O Estado de S. Paulo
9	联合日报集团 Diários Associados	巴西利亚			1924	Diário de Pernambuco Aqui BH Aqui DF Aqui Maranhão Aqui PE Correio Braziliense Estado de Minas O Imparcial

资料来源：https://pt.wikipedia.org/wiki/Lista_dos_maiores_grupos_de_m%C3%ADdia_do_Brasil；各媒体集团官方网站。

　　基于发达地区的经济基础及人口密度，大型媒体集团更容易通过市场运作达到经济上的独立，也因此注重读者的中心地位以及广告商的诉求。巴伊亚州联邦大学传播学教授威尔森·戈麦斯（Wilson Gomes）指出，"大型媒体内部，新闻板块被赋予了一定的抵御及过滤能力，幸运地建构了一个不为政治力量攻陷的新闻阵地。政治党派的利益让位于公司利益或新闻职业环境的利益"①。也因此，大型媒体集团总部与具体政治力量的纽带并不那么紧密，他们更注重自己本身的媒体文化，并为公共空间的巩固做出了更大的贡献。

　　与之相反，区域性的小型媒体则很难摆脱政治势力的控制，最为关键的一点在于，很多区域性媒体的东主自身就是当地的议员或政客，这些媒体正是被其用来为政治活动服务的。即便没有如此直接的从属联系，另一个阻碍小媒体脱离政治束缚的因素在于它们无法实现经济的完全自主。当代巴西媒体运营的独立与否很大程度取决于其经济基础的强弱，区域性媒体则大多都在经济次发达地区，它们的广告及销售收入无法支撑报社的独立运营。

　　此外，巴西地方势力掌控当地媒体资源的传统由来已久，巴西当代传播学有

---

① 作者译，原文为："na grande imprensa, felizmente, constituiu-se um campo jornalístico que não se deixa substituir pelo campo político, oferecendo-lhe resistências e filtros e dobrando o interesse do campo político aos interesses da empresa ou dos ambientes profissionais do jornalismo." 引自 Gomes, Wilson. *Transformações da Política na era da comunicação de massa*. 2 ed. São Paulo：Editora Paulus, 2007：63.

一个经典案例：20 世纪 80 年代初期，圣卡塔琳娜州康科迪亚市当地电台对该市前参议员阿提里奥·方塔纳（Atílio Fontana）做了一期访谈节目。节目中，主持人将话筒转给这位政治家时说道："参议员先生，现在麦克风完全是你的了。"① 而方塔纳则回答道："我的孩子，不只是麦克风，整个电台都是我的。"② 这一片段被《巴西报》（Jornal do Brasil）记者艾尔维拉·罗巴托（Elvira Lobato）的一篇报道记录下来。在这篇名为《老板在广播》（No ar a voz do dono）③ 的报道中，罗巴托详细列举了 16 个州 103 名从政者直接或间接控制的广播电台及电视台资源的情况。《巴西政治的非政治正确指南》一书同样给出了这样一组数据：2014 年大选期间，巴西各级候选人完全拥有或者占有部分股份的媒体涵盖 32 家电视企业、141 个广播电台以及 16 家纸质报纸——塞阿腊州社会民主党议员塔索·杰雷伊萨迪（Tasso Jereissati）是其中翘楚，他持有先锋集团旗下的 Jangadeiro 电视价值 320 万雷亚尔的股份。在巴伊亚州，巴西老牌政治世家麦哲伦家族的新一代掌门人安东尼奥·麦哲伦·内托（Antônico Magalhães Neto）自 2012 年起就任州府萨尔瓦多市市长，而他的家族掌控了巴伊亚电视台④和《巴伊亚邮报》，类似的情况还发生在巴拉那州、阿拉戈斯州以及帕拉州⑤。

巴西地方势力或政治家族与当代大众媒介的结合使 20 世纪 80 年代巴西传播学兴起了有关"电子上校主义"（coronelismo eletrônico）的研究。"电子上校主义"由"上校主义"与表明现代电讯技术的"电子"一词结合而来。由于旧共和国时期手握地方政治大权的特权阶级通常以"上校"为尊称，人们便将这一时期特有的地方寡头政治形态称为"上校主义"。20 世纪 80 年代初，新闻从业者们在尝试向读者解释议员们在大选中可能与广播和电视媒体之间发生的暗含的利益关系时发明了"电子上校主义"这个词条。大约在十年之后，以塞尔吉奥·卡帕雷利（Sérgio Capparelli）、维尼西奥·德·利马（Venício de Lima）和苏兹·杜斯·桑托斯（Suzy dos Santos）为代表的巴西传播学者在讨论国家传媒环境的民主权力时正式将"电子上校主义"引入传播学研究。利马给出了这样的定义："电子上校主义是一种在巴西历史上具有深刻历史根源的反民主行为，它历经数任政府，存在于不同党派。通过这一机制，广播及电视传播与本地或区域政治势力之间存在的联结进一步加强，使越来越多的广播传播经营者及/或他们

---

① 作者译，原文为："Senador, o microfone é todo seu"。
② 原文为："Não só o microfone, meu rapaz, mas a rádio toda"。
③ Lobato, Elvira. *No ar a voz do dono*, Jornal Brasil.
④ 隶属于环球电视台。
⑤ Silva, Rodrigo da. Guia Politicamente incorreto da Política Brasileira. Rio de Janeiro：LeYa, 2018.

的直接代表被推举上了政治职位，尤其是作为众议员及/或参议员。"①

桑托斯在具体描绘地方媒体的运营模式之后，指出地方寡头势力控制的传媒公司无法遵循普遍的市场及行业规律："（属于上校们的）传播公司由政府广告资助，而（由他们）管理的政府的传播媒体则由公共经费资助。本地或区域性媒体通常会舍弃'效率优先'这样的西方资本主义价值观，由亲戚或党派的下属机构管理。上校们的公司所提供的传播服务少得可怜，在内容的质量或信息的有效性传播上没有任何竞争力。"②

因此，威尔森·戈麦斯认为，区域性媒体身上难以观察到新闻板块的独立性——它们不为现代新闻原则及价值观引导，且新闻利益无法与当地主流政治群体的利益抗衡。在他的论文集《大众传媒时代的政治变革》中，戈麦斯还对巴西政体的大众媒体格局进行了考察，他认为从最偏远的内陆地区，到经济最发达的城市，巴西的传播媒体虽然呈现了丰富的多样性，但大致都隶属于大媒体集团和区域小媒体两种范畴。整体来看，受政治势力影响的媒体多于新闻自主的媒体，大众传播网络被不同的政治集团及经济势力所分割：政治集团在其中寻求政治上更多的利益，经济势力则寻求将其发布或出版消息的权利转化为政治筹码，政治、经济势力相互勾连、难以拆分。当代新闻学者认为："思想表现的独立性是报纸的一种基本品质，要按照媒体正确的观念发表意见，而不考虑它是党派的还是非党派的。"③ 在巴西大众传媒的整体利益格局之下，如何保持和发展新闻独立性、执行媒体监察的作用，于当代巴西报业是一个巨大的挑战。

参考文献

[1] 边振辉. 巴西民主化进程及其特点 [J]. 高校社科信息，2004（3）.

---

① 作者译，原文为："O coronelismo eletrônico é uma prática antidemocrática com profundas raízes históricas na política brasileira que perpassa diferentes governos e partidos políticos. Através dela se reforçam os vínculos históricos que sempre existiram entre as emissoras de rádio e televisão e as oligarquias políticas locais e regionais, e aumentam as possibilidades de que um número cada vez maior de concessionários de radiodifusão e/ou seus representantes diretos se elejam para cargos políticos, especialmente como deputados e/ou senadores. " 引自 Lima, Venicio. Artur de. *Mídia Crise Política e poder no Brasil.* São Paulo: Fundação Perseu de Abramo, 2006: 27.

② 作者译，原文为："Os veículos de comunicação sob sua propriedade são financiados por anúncios publicitários governamentais e os veículos de comunicação governamentais sob sua gestão pelas verbas públicas. A direção das empresas no âmbito local e regional é usualmente cedida aos parentes ou afiliados, prescindindo dos valores do capitalismo ocidental como, por exemplo, eficiência. Os serviços de comunicação oferecidos pelas empresas dos coronéis são pobres, não têm condições de competitividade em termos de qualidade de conteúdo ou de distribuição eficaz. " 引自 Santos, Suzy. dos e Capparelli, Sérgio. Coronelismo, Radiodifusão e Voto: A nova face de um velho conceito in V. C. Brittos e C. R. S. Bolaño (orgs.), Rede Globo-40 anos de poder e hegemonia. São Paulo: Paulus, 2005: 88.

③ 刘建明. 新闻学前沿：新闻学关注的 11 个焦点 [M]. 北京：清华大学出版社，2005：248.

［2］陈力丹. 巴西：一部从零开始的新闻史［J］. 新闻与传播研究，1999（2）.

［3］从日云. 当代世界的民主化浪潮［M］. 天津：天津人民出版社，1999.

［4］刘建明. 新闻学前沿：新闻学关注的 11 个焦点［J］. 北京：清华大学出版社，2005.

［5］刘文科. 论大众媒体的政治影响力［J］. 政治学研究，2012（2）.

［6］张宝宇. 巴西现代化研究［M］. 北京：世界知识出版社，2002.

［7］Abreu, Alzira Alves de. *A modernização da Imprensa*（1870－2000）. Rio de Janerio：Jorge Zahar Editor，2000.

［8］Barbosa, Marialva. *História cultural da imprensa*：Brasil—1900－2000. Rio de Janeiro：Mauad X，2010.

［9］Basile, Marcello. Projetos de Brasil e contrução nacional na imprensa fluminense（1831－1835）. In：Neves, Lúcia Maria Bastos, Morel, Marco e Ferreira, Tania Maria Bessone（Orgs.）. *História e Imprensa－Representações culturais e práticas de poder*. Rio de Janeiro：DP&A/Faperj，2006.

［10］Gomes, Wilson. *Transformações da Política na era da comunicação de massa*. 2 ed. São Paulo：Editora，2007.

［11］Kieling, Camila Garcia. *Imprensa na história e história na imprensa：Jornalismo e opinião no Brasil Regência*. XXXIII Congresso Brasileiro de Ciências da Comunicação. Disponível em：http：//www. intercom. org. br/papers/nacionais/2010/resumos/R5－1529－1. pdf.

［12］Lima, Venicio. Artur de. *Mídia Crise Política e poder no Brasil*. São Paulo：Fundação Perseu de Abramo，2006.

［13］Miguel, Luis Felipe. *Política e Mídia no Brasil：Episódios da história recente*. Brasilia：Plano Editorial，2002.

［14］Morel, Marco. Os primeiros passos da palavra impressa, In：Martins, Ana Luiza. Luca, Tania Regina.（Orgs.）. *História da imprensa do Brasil*. São Paulo：Contexto，2008.

［15］A imprensa periódica no século XIX. Rede da memória virtual brasileira. Fundação Biblioteca Nacional. Disponível em：http：//catalogos. bn. br/redememoria/periodicoxix. html.

［16］Ribeiro, Ana Paula Goulart. *Imprensa e História no Rio de Janeiro dos anos 50*. Rio de Janeiro：Epapers，2007.

［17］*A imprensa da independência e do primeiro reinado：Engajamento e mercado*.

V Congresso Nacional de História da Mídia. Disponível em: http: //www. ufrgs. br/al-car/encontros − nacionais − 1/encontros − nacionais/5o − encontro − 2007 − 1/A%20imprensa%20da%20independencia%20e%20do%20primeiro%20reinado. pdf.

[18] Ribeiro, Lavina Madeira. *Imprensa e espaço público*: *A institucionalização do jornalismo no Brasil* 1808−1964, Editora E−papers, 2004.

[19] Romancini, Richard. & Cláudia Lago. *História do jornalismo no Brasil.* Florianópolis: Editora Insular, 2007.

[20] Saldanha, Nelson Nogueira. *História da Idéias Políticas no Brasil.* Brasília: Senado Federal, Conselho Editorial, 2001.

[21] Santos, Suzy. dos e Capparelli, Sérgio Coronelismo, Radiodifusão e Voto: A nova face de um velho conceito in V. C. Brittos e C. R. S. Bolaño (orgs.). *Rede Globo−40 anos de poder e hegemonia.* São Paulo: Paulus, 2005.

[22] Silva, Rodrigo da. *Guia Politicamente incorreto da Política Brasileira.* Rio de Janeiro: LeYa, 2018.

[23] Sordé, Nélson Werneck. *História da imprensa no Brasil.* 4. ed. Rio de Janeiro: Mauad, 1999.

[24] Tardáguila, Cristina. *Jornais do início do século XIX traziam retratos da sociedade e polemizavam sobre monarquia*, Disponível em: https: //oglobo. globo. com/cultura/livros/jornais−do−inicio−do−seculo−xix−traziam−retratos−da−sociedade−po-lemizavam−sobre−monarquia−15^{1}526877.

中国戏曲对拉美国家的
传播模式初探

——以粤剧在古巴的传播为例

刘　柳[*]

摘　要： 随着中国和拉丁美洲的联系日益紧密，本文选择粤剧在古巴的传播作为研究对象，以点带面，主要探索在中国文化"走出去"的大背景下，如何利用高质量、有针对性的西班牙语译文，结合拉美各国的地域环境、人文历史、风俗习惯、文化心态、审美观念以及民族语言等诸多因素生成一个有效的、可复制的传播模式，使中国戏曲这种艺术形式在以殖民文化、印第安文化和非洲文化等多元文化融合的拉丁美洲得以传播和发展，甚至焕发新生。

关键词： 中国戏曲；拉美；传播；粤剧；古巴

一、引　言

　　粤剧，作为最早输出到海外的中国传统艺术形式之一，不但深受广东人喜爱，更受到了港澳同胞以及海外华人的青睐，是中国最先走向世界的剧种。粤剧既是岭南文化之明珠，亦是中华文化之瑰宝。虽然它未能跻身中国戏曲的五大剧种之一，但这门艺术却在海外大放异彩。因此，它不仅于 2006 年成为第一批国家级非物质文化遗产，更于 2009 年被正式列入联合国教科文组织《人类非物质

　　* 刘柳，广东外语外贸大学西班牙语系讲师。研究方向：西班牙语语言学、翻译学、拉丁美洲研究。本文为广东省哲学社会科学"十三五"规划 2017 年度青年项目《中拉文化交流视角下岭南非物质文化遗产的传播与翻译研究》（批准号：GD1YWW02）的阶段性研究成果。

文化遗产代表作名录》。粤剧的成功输出可以作为中国戏曲对外传播的范例。但仅一项文艺精品的传播，并不能形成一个有效的、可复制的传播机制，以供其他剧种在输出之际参考和借鉴，故有关于粤剧在海外传播模式的构建，不单有助于中国戏曲越来越多地走出国门，更能在对外交流时弘扬中华文化，培养受众，增进国外民众对中国的了解，为赢得良好的国际舆论奠定基础。

粤剧向海外的成功输出有其历史原因。可以说，这项传统艺术形式的振兴与广东人口向海外的流动有着密不可分的关系。但它并不像其他的中华文化精品外宣，虽通过某些传播手段，在海外产生了一定影响，但其后大多遭受了水土不服的尴尬。粤剧之独特在于它在海外的落地生根和蓬勃发展，而这一切在某种程度上可以说与粤剧被大量翻译有关。吕俊（1997）认为，"翻译是一种跨文化的信息交流与交换的活动，其本质是传播"，"翻译同样具有传播学的一般性质，即是一种社会信息的传递，表现为传播者、传播渠道、受信者之间一系列关系"。由此可见，翻译作为一种跨文化交流的必要手段，在文化传播的过程中起着举足轻重的作用。本文将着重从翻译的角度来探讨戏曲的对外传播。

中国与古巴历来交好，虽中途历经波折，但两国人民之间一直有愿望交流，因而民间的联系和互动颇为频繁。作为拉丁美洲最早与中国建立友好往来的国家，中国文化很早便来到这个位于加勒比海的岛国，对当地文化产生了积极的影响。本文将粤剧在古巴的传播作为主要的研究对象，以点带面，讨论中国戏曲在拉美的传播模式的构建。

二、粤剧在古巴传播的历史和现状

鸦片战争之后，清政府与西方列强签订了一系列不平等条约。其中大量的华工被当作猪仔贩卖到东南亚各国以及美洲等地。他们大多因受到欺骗而远渡重洋，不但失去人身自由，更被奴役、被迫害，遭受了惨无人道的虐待。1847 年 6 月，两艘满载着华工的英国轮船从厦门港起航，横跨太平洋，最终抵达古巴哈瓦那，从此正式开启了契约华工在拉丁美洲的血泪史。

契约华工的合同以八年为限，劳动强度极大，生产毫无安全可言，且工资微薄，生活条件恶劣，稍不注意还会被鞭子打得皮开肉绽。这些苦力中不乏各行各业的人士，有农民、商贩、手工匠、渔民、医生甚至妇女和幼童。他们大多来自广东、福建等地，虽然背景不甚相同，但远离故土，在异国他乡的惨淡岁月中，粤剧成为了他们借以安抚心灵、寄托思念的方式。这也为粤剧在拉丁美洲的传播奠定了基础。

根据袁艳（2011）对古巴中国戏院历史的研究，第一批到达古巴的华人劳工中，90%被卖到甘蔗种植园，剩下的或被卖到工厂，或成为家庭帮佣，或修建铁路等。八年的奴役生活使很多人早早离世，客死他乡，只有少部分在契约期满后重获自由。1860 年前后，一些原来在美国加利福尼亚淘金的自由华人，因美国国内愈演愈烈的排华事件辗转到古巴，另有一些华人从国内和墨西哥前往该国。他们大多手上携有资本，故而在当地以从事小工商业者居多。契约劳工逐渐获得自由以及自由华人的大量涌入使哈瓦那唐人街逐渐兴起，各类华人社团陆续成立，各种中国文化活动也相继开展。人口的增加为粤剧的发展提供了市场。1873 年，第一家中国戏院在唐人街诞生，最初表演木偶戏，之后开始进行地方戏，如粤剧的表演。1875 年 1 月第一个粤剧团到哈瓦那演出后，粤剧便成为了中国剧院主要的表演形式之一。中国戏院的引入让粤剧在当地开始流行起来。值得一提的是，粤剧不只在古巴的华人圈中流行，也受到了当地人的青睐。这不单是因为中华文化给深受西班牙殖民文化影响的他们耳目一新的感受，更是因为华人劳工在古巴独立战争中的英勇表现赢得了古巴人民的尊敬①，使中国文化对古巴的方方面面产生了积极的影响，例如费尔南德斯和冈萨雷斯（2008）就古巴音乐中使用的 corneta china（中国号）这种乐器的来源进行了深入研究，发现其原型为粤曲中常使用的唢呐。

与很多传统艺术一样，粤剧在古巴也历经了兴衰。根据袁艳（2011）的研究，粤剧最兴盛的时期，哈瓦那同时有四家本土的粤剧剧团，几乎每天都有粤剧表演。剧团中除了来自中国的演员，不乏当地土生华人。但 20 世纪 40 年代开始，古巴的粤剧剧团开始遭遇危机，"二战"后人们生活方式的改变使电视在古巴兴起，粤剧开始衰落，一部分剧团难以为继，纷纷解散。粤剧似乎已经淡出历史舞台，但它的魅力却深植于喜爱它的人们心中②。

中华人民共和国成立以后，古巴是第一个与中国建交的国家，两国一直交好，虽然有过分歧，但最困难时期两国关系也处于"冷而不断"的状态。这一时期粤剧在古巴的传播主要由政府组织，是国家文化外交政策的一部分。2007

---

① 1511 年，古巴沦为西班牙的殖民地。自 1868 年开始，古巴人民经历了长达 30 年的反抗西班牙殖民的独立战争。契约华工在当地遭受的非人虐待，让古巴独立战争期间越来越多的华工加入起义军。为了表彰和纪念他们在古巴独立战争中的无私奉献，1931 年古巴政府在哈瓦那建立了华人纪念碑，碑身上刻有古巴政治家贡查罗·德·圭萨达（Gonzalo de Quesada）的题词"No hubo un chino cubano desertor. No hubo un chino cubano traidor"（没有一个古巴华人是逃兵，没有一个古巴华人是叛徒）。

② 2011 年 5 月，来自古巴哈瓦那的华人何秋兰、黄美玉老人来到广州进行了寻根之旅。她们两人中一人曾是华人粤剧团的演员，另一位虽只有一半的中国血统，却因父母的影响而热爱粤剧。旅行的主要目的是来到粤剧的发源地，满足"寻根"的夙愿。可见古巴粤剧虽然日渐式微，其独特魅力却在喜爱它的人们心中经久不衰。

年，中国教育部代表团访问古巴，中国汉办与哈瓦那大学签订了协议，第一所孔子学院在当地建成。孔子学院的建立使当地民众对中国语言文化有了崭新的认识。哈大孔院成立之初注册人数仅为 225 人，如今累计注册人数已超过 5000 人。各种中国文化活动的定期举办，让粤剧等沉寂已久的梨园艺术枯木逢春。

中古两国间的文化交流既是传统，也是未来。古巴人民对中国人民历来友好，在中国加强软实力建设，鼓励中国文化"走出去"的背景下，运用适当的传播策略，粤剧将能够在古巴得以传承，甚至焕发新生。

三、翻译与传播的关系

一直以来，翻译和传播之间的关系就不断被学者们讨论，特别是当今这个时代，科技的发展加速了信息的流动，各国文化之间的渗透与交融逐渐加强。在信息的传播与交流过程中，翻译的作用不容小觑，它既是连接各个文明之间的桥梁，更是弘扬本国文化的舞台。在此背景下，越来越多的学者认为传播学和翻译学不再是两个相对独立的学科，故而在文化精品的外宣研究中，翻译被置于与传播同等重要的位置。

中文中的"传播"一词实际上是英文中"communication"的汉译。这个词最初源于拉丁文"communis"，意思是共同分享。所以从字面意思上来看，我们可以认为传播就是与他人共享信息、想法和意见的过程。古往今来，学者们对传播的定义不甚相同，但对其基本属性的看法一致，即传播是一种有意识、有目的的社会行为，是一种信息交流和传递的过程，其过程表现出一种互动性，各要素之间组成一个系统、动态的有机整体（杨雪莲，2010：5）。

有关翻译的定义有很多种版本。美国的翻译理论家奈达认为如果译文不起交际作用，不能被译文读者理解，这种译文就是不合格的，没有任何价值。也就是说，译文质量的高低直接影响交际效果，决定能否达到与他人共享信息的目的。实际上，奈达是从传播学的视角审视翻译的，他把翻译活动的重心放在译文的交际作用上。和奈达一样认为翻译和传播之间存在着互相依存的关系的学者不在少数，如吕俊（1997）就提出了翻译传播学的理论，认为"翻译应是属于传播学的一个分支，是传播学中的一个有一定特殊性质的领域"。

翻译和传播一样，都是有目的的行为。虽然不同学派的解释不同，但其根本目的是传递有效信息。以中国戏曲的翻译为例，作为译者，我们可以简单将其理解为把中国戏曲文本中所表达的内容用另一种语言进行转换的行为或过程。但如果是以这种原则作为翻译指导，因文化差异的客观存在，难免出现译文不被译入语使用者理解，且无法获得与原语使用者大致相同感受的情况。简单来说，就是无法达到不同语言的使用者进行信息与情感交流的目的。假设我们翻译戏曲的主要目的是文化外宣，此类译文就无法满足其根本目的，即通过传播的方法和渠道让外国读者了解中国文化，从而达到影响对象的意识和行为的目的。所以，我们应该从传播学的视角出发来进行戏曲翻译，把传播的目标作为翻译的指导思想，同时把翻译作为传播的关键工具。

四、传播视域下戏曲的翻译

　　黄友义（2008：6）认为，中国文化能否"走出去"，能走多远，走出多少，在很大程度上都取决于翻译工作的力量。所以对于中国戏曲在拉美的传播，翻译作为重要的方法和手段，乃是本研究的重点。历史上来看，中国戏曲中最为国外所熟知的是粤剧，这都要归功于海内外华人华侨的大力推广。粤剧的成功传播在很大程度上取决于其剧本被大量翻译，代表性的翻译家有香港英语粤剧的创始人黄展华、新加坡八和会馆主席胡桂馨及其先生黄仕英，遗憾的是他们翻译唱本的译入语皆以英语为主。前面我们已经提出以传播为目的，以翻译为主要手段来研究中华戏曲的对外传播，这其中就有必要规范一些专有名词的翻译，以免因译者不同、译法各异而造成传播内容碎片化，为外国观众带去不连贯的信息。关于戏曲的西班牙语翻译，我们也以粤剧为例。首先需要讨论的，就是"粤剧"一词的翻译。

　　在联合国非物质文化遗产名录中，京剧的译法是"La ópera de Pekín"（北京歌剧），而粤剧则是"La ópera yueju"。两者翻译略有不同，前者使用戏曲剧种的成形地来表达，后者直接采用音译法。造成两者翻译方法不同的原因是京剧虽未起源于北京，但它是在徽戏和汉戏的基础上，吸收了昆曲和秦腔等戏曲的优点演变而成的，之后广泛流行于京、津、沪地区乃至全国，在某种程度上具有唯一性。相反，虽然也有人采用该方法把粤剧翻译为"La ópera de Guangdong"，但事实上粤剧并不能代表所有的广东戏剧。除粤剧以外，广东省还有潮剧、正字戏、雷剧等其他地方剧种。所以粤剧的官方译名中使用了音译法，遵循了"名从主人，物从中国"的翻译原则。为了避免与曾称为"绍兴戏"的越剧重合，译名中把"粤剧"作为整体音译，而越剧则被译作"La ópera yue"或"La ópera de Yue"。有关该译法是否准确，潘福麟（2000）和曾雯洁（2013）都进行过讨论。值得一提的是，潘福麟建议可以舍弃用发源地或成形地翻译剧种的思维定式，而改用戏曲的演绎语言来翻译。比如粤剧因用白话表演，可将其译为"La ópera cantonesa"，即用广东话演唱的戏剧。

除"名"的翻译外，"物"的翻译也值得思考。中国戏曲与西方的歌剧虽然都与音乐、舞蹈、语言等艺术形式有关，但两者体系不同，并不可简单进行类比。中国的戏曲具有虚拟化的特点。以舞台为例，戏曲的舞台往往是空的舞台，没有景物造型，依靠演员的表演调动观众想象。而歌剧舞台使用大量的写实性装置道具和布景，虚少实多。歌剧演员的表演力图表现生活的真实，观众不用想象便能直接沉醉其中（黄春玲和刘超，2007）。由此可见，用"ópera"翻译戏曲其实是不准确的。

翻译是传播的有效工具，因此戏曲的对外传播中必须要考虑到翻译的重要性。因为西班牙语在国内起步较晚且师资不足，培养出来的人才数量较少，专门从事戏曲翻译工作的更是屈指可数。再者，文化精品的外宣时常面临时间紧、任务重的情况，加上翻译水平有限，对项目的理解不够，导致翻译质量参差不齐。尤其戏曲的剧本，因难度较大且相对生僻，译文容易出现令人啼笑皆非的情况。以戏曲的"四功"（即唱、念、做、打）为例，有人将它们译为"cantar, hablar, actuar, luchar"。唱，顾名思义指唱歌、演唱，翻译成"cantar"未尝不可，但剩下的三功"念、做、打"的译法都值得商榷。

首先，"念"虽然指念白，但不是简单的念白，而是既具有节奏感，还具有音乐性的戏曲语言，翻译成"hablar"无法表现其美。其次，"做"指做功、表演，是戏曲有别于其他表演艺术的主要标志之一。中国戏曲除前文提到的虚拟化之外，还具有程式化的特点，这一点在"做"上得到了充分体现。演员在创造角色时，其形体动作要遵循既定程式，运用多种技法，同时要将内心的体验用外部的舞蹈表达出来，不若一般的表演自由。故简单译作"actuar"略显潦草。最后，"打"并不是字面意思，指两人或多人间的对战。实际上，戏曲中的打是传统武术和杂技的综合体，以舞蹈化的形式展现，所以翻译成"luchar"也是不准确的。根据联合国非物质文化遗产名录中京剧的介绍，我们提出了"唱、念、做、打"的参考译文（见表1）：

表1 "唱、念、做、打"参考译文

中文	释义	西文翻译
唱	唱功	el canto
念	念白	la recitación
做	做功	la actuación teatral
打	武打、刀枪剑戟、杂技	las artes marciales

由此可见，中国戏曲的译介并非一朝一夕之功，在全面了解的基础上方可提出准确翻译。结合我国西班牙语教学和实践的现状，中国戏曲的有效传播应首先建立一套国标，将戏曲行当的专有名词及高频词句的翻译规范化。但国标的出台并不意味着文化项目的盲目输出，针对特定拉美国家的文化交流应培养专门的戏曲翻译人才，使戏曲的传播不再昙花一现。

五、戏曲在拉美地区的传播模式初探

粤剧在世界各地广为传播，可以说，只要是有华人的地方皆有粤剧。最早有粤剧团演出的国家主要在东南亚地区，如新加坡、马来西亚等，之后美洲大陆甚至澳大利亚等地也出现了粤剧热，而今其目的地已经转向欧洲。粤剧在海外的成功说明，东西方的文化差异并未使中国戏曲的传播价值降低。相反，国外观众有了解中国戏曲的兴趣和需求。但这一切皆要求合理运用传播五要素①，使它们形成一个科学的系统，系统中各个环节互相影响、相互作用，再配以高质量的翻译，才能取得理想的结果。

针对中国传统戏曲在海外传播面临的困境，陈国华（2013：70）从传播五要素出发，总结出了以下几个问题：

（1）传播者。传播组织偏于官方，忽视培养民间文化传播组织；传播个体综合素质不硬；国人对民族的传统戏曲心理上和情感上的认同度不高。

（2）传播信息。传播的戏曲固守传统、流于表层，传播的剧目较为单调，对外输出的戏曲内容缺少对文化内涵的挖掘，较少阐释戏曲文化意象背后的文化喻义。

（3）传播媒介。传播方式主要依赖大众传播途径，忽视了网络媒体的运用；传播渠道选择单一，没有稳定和广泛的海外演出渠道；传播运作是临时的、随机的，没有形成国际演出运作机制；传播手段有限，影响了戏曲海外传播项目的辐射面。

（4）传播受众。异质文化环境、语言、戏剧文化差异等是影响中国戏曲海外传播的障碍。长期以来，由于忽视传播受众的研究，缺乏对传播受众的兴趣爱

---

① 哈罗德·拉斯韦尔（1948）把传播的过程归纳为五个要素的互动关系与活动过程，简称传播的"5W"。这五个要素为谁（Who）、说什么（Say What）、通过什么渠道（In Which Channel）、对谁说（To Whom）、产生什么效果（With What Effect）。它包括传播主体、传播内容、传播渠道、传播对象和传播效果五个方面。

好等接受心理的揣摩，观看戏曲的海外观众多数还是处于外行人看热闹的层次。

（5）传播效果。传统戏曲海外传播缺乏战略规划、交流效果缺乏评估反馈、交流数据缺乏分析统计，传播效果不理想。

陈国华的观点中强调了传播学的部分，却忽略了翻译的部分。事实上，翻译对中国戏曲的作用是不容忽视的。笔者认为，戏曲的翻译面临三个主要问题：第一，外宣翻译实践中过度归化的策略，一味迎合外国观众，却忽略保留中国文化的个性和特色；第二，翻译时未能形成统一标准，使同一剧种的翻译缺乏连贯性，容易给外国观众造成理解障碍，且无法衡量译文质量；第三，戏曲翻译人才的极度缺乏，导致译文无法准确传达内容和信息，直接影响到传播的质量和效果。

面临这些问题，我们应该研究粤剧在海外传播的这种模式能否被复制，并在其基础上进行完善，构建出一个更有效可行的传播机制。不得不说，粤剧在海外的成功有偶然性，也有必然性。偶然性在于其特殊的历史背景：明清时期广东人大规模移居海外，为粤剧的传播和流行提供了原动力，因此早期粤剧在海外的演出，观众大多是华侨。此外，古巴人民对中国人民天然的友好，使传统文化在传播的过程中少了很多噪声。必然性则在于粤剧对中华文化的传承和开放的创新意识。传统的粤剧内容多来自中国历史故事，但一大批粤剧的传承者不拘泥于此，他们吸收新元素，甚至借鉴西方戏剧的表现形式，将现当代题材融入粤剧的创作，形成了近代粤剧新鲜活泼、兼收并蓄的艺术风格。在对外传播的过程中，不仅让外国观众容易理解和接受，还能让他们了解一个更为全面的中国。

值得一提的是，近年来出现了英语粤剧、马来语粤剧这些名词，即以英文或马来语来演唱粤剧的经典曲目。香港英语粤剧的创始人是黄展华先生，他1947年就开始创作英语粤剧，初衷是向海外推广中国戏曲文化。这样的传播方式别出心裁，把传播对象的需求作为考虑的首要因素。这种创新的形式值得我们在对中国戏曲进行传播时借鉴，但要注意不能生搬硬套传统戏剧，翻译时既不能一味迎合、过度归化而失去了中国文化的特色，又不能为了保留原汁原味而坚持异化。应将两者进行有机结合，使国外观众在赏析的过程中产生认同，获得审美愉悦。

在英美文化等强势文化的影响下，当代拉美对中国的了解甚少，很多人对中国的印象还停留在清朝男子留长辫、穿长袍马褂的时代。因此，把拉美各国作为中国文化传播的目的地，于国家层面来看具有重要的战略意义。中国和拉丁美洲文化既有各自的特点，也有相似之处。由于欧洲殖民者的入侵，美洲原有的原住民文化被割断，殖民者的文化和印第安文化、非洲文化相互融合。因此拉美文化是一个多种文化的混合体，对外来文化颇有包容性。这一点和中国文化"你中有我，我中有你"的结构十分相似。"同源派"的学者们认为拉美古代文化起源于中国，加上 19 世纪华人向美洲的大量移民，使拉美民众在某种程度上对中华文化有亲切感，为戏曲的传播奠定了良好的受众基础。因此，中国戏曲在拉美的传播比起其他国家地区具备一定的先天优势。

从传播策略上来看，虽然语言和文化上的差异的确存在，但我们可以借助华人社区、公共事业机构以及媒体的力量对拉美民众进行中国戏曲的前期审美教育，以便观众在接触到戏曲作品后能够理解和接受，达到"期待视域"①。比如古巴中国戏院的建立，以及后期孔子学院的建立，都对戏曲的推广起到了良好的作用。当然，为了实现一种跨文化的传播，需要让更多的非华人群体也接触戏曲这种艺术形式，这不仅对戏曲本身的创作，也对戏曲的翻译提出了更高的要求。我们应该将一些剧目打造成精品，借助现代媒体和技术手段进行包装和宣传，比如可以利用电视媒体、网络媒体拍摄一些和中国戏曲有关的节目，以吸引更多当地民众关注中国戏曲，对中国戏曲产生兴趣，为其在拉美的可持续发展提供动力。从传播受众上来看，由于海外观众的出身不同，经历不同，文化程度各异，接受传播信息的方式也各不相同，传播时应针对不同的观众群提供不同版本的演出，以适应不同群体的需求，从而达到最好的传播效果。

六、结　语

华人向拉丁美洲的大规模迁徙已有近两百年的历史，这也意味着中国文化很早便传播到了拉美。粤剧最初也是因为移民人口大多来自广东而在古巴华人中广泛流行。随着华人及其子女逐渐融入当地社会，华人的文化也慢慢被一些国家接受，甚至与自身的文化进行了融合，生成了新的文化形态。在选择传播项目的时候，应考虑该国的地域环境、人文历史、风俗习惯、文化心态、审美观念以及民族语言等诸多因素以及当地华人的组成情况，包括人口数量、人口分布、方言地域群体、职业构成等，选择一些传统戏剧的经典剧目和中西合璧的创新剧目，既可在华人圈中引起关注，满足华人群体的需求，也可吸引对华人社区、华人文化有一定了解或者不甚了解，但颇感兴趣的非华人群体，使戏曲可在传承的同时进行跨文化交流。此外，为了避免中国戏曲在拉美的传播昙花一现，我们必须要考虑到它的可持续发展，使其由被动传播转为主动传播，就必须要在当地培养戏曲

---

① "期待视域"的概念最早由姚斯提出，指的是"文学接受活动中，读者原先各种经验、趣味、素养、理想等综合形成的对文学作品的一种欣赏要求和欣赏水平，在具体阅读中，表现为一种潜在的审美期待"。本文中我们把这个概念用在对戏曲作品的赏析过程中。

的传承人，指导当地民众养成戏曲的审美情趣。成立剧团，开办戏院，与当地大学合作建立孔子学院，开设戏曲课程，定期安排国内团体来演出，邀请专家收徒、举办讲座，参加学术会议等都可成为可持续传播的有效手段。当然，这些方法的实施都需要高质量的翻译支持。翻译作为文化传播的充分必要条件，其重要性不言而喻。因此，中国戏曲对拉美国家传播应首先建立一套翻译标准，培养专门的戏曲翻译人才，再结合传播目的国的特点进行有针对性的西班牙语翻译，为戏曲在这个区域的传播提供支撑，让经典剧目的传唱成为可能，甚至与当地文化融合，产生新的艺术形式，从而最终达到可持续传播的目的。

参考文献

［1］陈国华．中国传统戏曲海外传播问题探究［J］．中国戏剧，2013（10）：70-71.

［2］黄春玲，刘超．论中国戏曲与西方歌剧的差异［J］．四川戏剧，2007（3）：36-37.

［3］黄友义．发展翻译事业，促进世界多元化的交流与繁荣［J］．中国翻译，2008（4）：6-9.

［4］吕俊．翻译学——传播学的一个特殊领域［J］．外国语，1997（2）：39-44.

［5］潘福麟．粤剧的外文翻译及其他［J］．南国红豆，2000（6）：42-43.

［6］杨雪莲．传播学视角下的外宣翻译——以《今日中国》的英译为个案［D］．上海外国语大学博士学位论文，2010.

［7］余勇．粤剧在世界各地的传播及其文化意义［J］．广府文化，2015（2）.

［8］袁艳．古巴中国戏院的历史变迁——从表演木偶戏、粤剧到放映电影［J］．拉丁美洲研究，2011（6）.

［9］曾雯洁．试论粤剧翻译——以著名剧目《帝女花之香夭》为例［J］．科技资讯，2013（1）：244-245.

［10］Fernández, Rolando Pérez, Santiago Rodríguez González. La Corneta China (suona) En Cuba: Una Contribución Cultural Asiática Trascendente. *Afro-Hispanic Review*, 2008, 27（1）：139-160. http://www.jstor.org/stable/23055228.

第四部分　中国—拉丁美洲合作发展案例

中国在厄瓜多尔的能源投资：
外围开发

威尔·希基[*]

一、概　述

厄瓜多尔是中国在全球范围内寻求资源投资的南美外围国家。它可以作为"晴雨表"，为亚投行（亚洲基础设施投资银行）或"一带一路"预测如何才能在其他大宗商品丰富的国家成功投资。厄瓜多尔是中国在南美/安第斯地区成功投资的重要"试金石"。

历史上，西班牙管辖的领地（哥伦比亚、委内瑞拉和基多）在 1819~1822 年获得独立，并组成了一个名为大哥伦比亚的联邦，该联邦包括南美洲大陆北部和西部的大部分地区。1830 年，基多（厄瓜多尔的现代首都）退出了联邦，改名为厄瓜多尔共和国。最初，大哥伦比亚联邦代表哥伦比亚、厄瓜多尔、巴拿马和委内瑞拉，以及有争议的巴西、圭亚那和秘鲁的领土。

厄瓜多尔现在是一个小国，人口只有 1600 万，严重依赖石油商品资源，截至 2015 年，石油商品资源占该国出口收入的 57%，占公共部门收入的 26%。中国几乎垄断了这些出口。石油的大量出口增加了社会支出，在此期间厄瓜多尔的贫困率从 37.6% 下降到了 22.5%，基尼指数也从 0.54 下降到了 0.47，这意味着该国的经济不平等现象有所加剧。在透明国际发布的腐败印象指数中，厄瓜多尔得分为 32 分（高）。厄瓜多尔的大部分财富仍然掌握在少数人手中。这种高度的经济不平等，以及维持这种不平等的社会结构，可

---

[*] 威尔·希基，广东外语外贸大学工商管理学院管理学外籍教授、博士。

以追溯到殖民时期。在这一时期，种族歧视、财产模式和以欧洲为中心的文化主导的各种表现众所周知。我们进一步注意到，传入厄瓜多尔的中国文化已被同化而消失殆尽，但其后来在很大程度上融入了西班牙民族的文化和当地文化。

早期厄瓜多尔与中国的接触开始于广东省的中国移民，他们为的是逃离当时动荡的政治经济局势。大多数人试图在秘鲁定居，但最后在 19 世纪晚期定居于厄瓜多尔的瓜亚斯省地区，他们成为了当地的工人、矿工、农民和商人，最终融入了厄瓜多尔文化。多年来，这些中国人已经融入了厄瓜多尔，只保留了一小部分中国文化。

厄瓜多尔和中国直到 1980 年才正式建立外交关系，建交时间较晚。尽管在建交前 10 年，厄瓜多尔领导人就一直对中国很感兴趣。1971 年，时任厄瓜多尔总统伊瓦拉开始与中国建立商业关系，然而随后掌权的军政府对两国关系非常矛盾。1984 年，时任总统奥斯瓦尔多·乌尔塔多对中国进行了首次国事访问，然而，直到 2016 年中国国家主席习近平才对厄瓜多尔进行了国事访问。

二、经　济

厄瓜多尔以美元作为法定货币，经济实行美元化。南美洲大陆的经济长期不稳定，厄瓜多尔在经历了 1999 年严重的金融危机后，于 2000 年采用了美元，以促进经济的长期稳定。厄瓜多尔的名义人均国内生产总值约为 6000 美元，是南美洲收入较低的国家之一。尽管厄瓜多尔的经济明显受到"荷兰病"的困扰，即石油收入丰厚，但人口贫困，经济发展受阻，但石油仍被誉为厄瓜多尔的经济救星。经济增长与石油价格和石油生产息息相关，而石油价格和石油生产呈周期性变化，时而繁荣时而萧条。为了向该美元化经济提供资金，厄瓜多尔的经常账户需要大量的石油出口收入。为了满足这一需求，厄瓜多尔已经就以石油换贷款和中国进行了商谈。以石油换贷款的协议结合了两国石油公司和银行的贷款和石油销售。

中国是厄瓜多尔的主要债权人，也很可能是其最重要的投资者（Schneyer and Perez, 2013）。目前，石油是厄瓜多尔对中国的主要出口商品，占 2010 年出口总额的 77%。到 2019 年，中国对厄瓜多尔的石油消费量预计将超过美国。然而，向中国出口石油最多的南美国家却是厄瓜多尔的近邻委内瑞拉。同时，中国是厄瓜多尔汽车和卡车轮胎的主要来源国（占向中国进口商品总额的 5%）。此外，中国向厄瓜多尔出口摩托车（零件和自行车成品），以及其他资本货物和电子设备。厄瓜多尔进口总额中约有 7% 来自中国。

厄瓜多尔分为三个截然不同的地理区域：沿海种植园（种植香蕉、咖啡和可可）、山区农田（种植小麦、水果、蔬菜、土豆）和亚马孙地区（生产石油）。以南部瓜亚基尔为首、面向大规模出口的沿海农业公司，不断与以首都基多为代表的塞拉（安第斯）小型农场和企业竞争。这种区域之间的持续竞争往往决定了国家经济政策。在厄瓜多尔的劳动人口中，40% 从事农业，20% 从事工业，40% 从事服务业。

除了石油之外，厄瓜多尔最重要的出口产品被称为"初级产品"，如香蕉、咖啡、可可、大米、甘蔗和鱼类。这些都是附加值相对较低的产品，与工业产品贸易不相平衡（见表 1）。例如，厄瓜多尔出口可可，却进口巧克力棒和加工原料。这显然无益于厄瓜多尔实现经济多样化，反而助长了其对原材料销售的依赖，无法向增值链上游移动，最终导致经济不稳定。

表 1　厄瓜多尔主要的初级产品出口

产品	比例（%）
原油	22
虾	19
香蕉	17
贵金属废料	8
木材	8
冷冻虾	6
废铜	3

三、腐　败

腐败也是厄瓜多尔值得关注的问题。在透明国际组织发布的腐败印象指数中，厄瓜多尔得分为 32 分，该指数根据公民个人对公共部门腐败的印象，按照从 0 分（腐败程度高）到 100 分（腐败程度非常低）给各国排名。十年来，厄瓜多尔的得分都在 20~26 分，这意味着拉斐尔·科雷亚总统执政期间腐败情况并没有发生重大变化。厄瓜多尔目前在 167 个国家中排名第 127 位，是世界上最腐败的国家之一。

四、厄瓜多尔的石油和中国的贷款

石油产业是厄瓜多尔经济中最关键的部门，约占该国 GDP 的 17%，也是厄瓜多尔未来经济增长和融资的明确驱动力。厄瓜多尔是众所周知的"石油国家"。尽管厄瓜多尔是石油输出国组织（OPEC）最小的成员国，但它拥有南美洲第三大石油储备（60.3 亿桶），仅次于委内瑞拉和巴西。厄瓜多尔每天生产约550000 桶奥瑞特原油，其中 60% 归其国有公司厄瓜多尔石油公司所有，其余归外国生产商所有［《厄瓜多尔商业报》（El Comerio Ecuador），2015］。厄瓜多尔从 1972 年开始出口原油，在过去 25 年里，其石油业不断增长。石油业由政府通过国有企业厄瓜多尔石油公司所控制，该公司是厄瓜多尔所有其他国有石油业务的控股公司。石油价格的变动是厄瓜多尔政府主要关注的问题，对石油价格的预测已纳入其政府预算。石油业的表现严重影响着厄瓜多尔宏观经济基本面的表现，该部门若受到冲击将对该国经济产生广泛影响。尽管近年来厄瓜多尔对中国的石油出口总量一直在下降，但石油出口仍然是厄瓜多尔整体经济的重要组成部分（见表 2）。

表 2　厄瓜多尔对中国出口石油的比例　　　　　　　单位：%

年份	2009	2010	2011	2012	2013	2014	2015
石油/出口	64	70	0	46	54	12	22

资料来源：厄瓜多尔中央银行 2015 年数据。

厄瓜多尔奥瑞特不同于世界基准西德州中质原油（WTI），因为其精炼成本更高，所以在世界市场上折价交易。大部分国际原油贸易涉及轻质至中质原油［美国石油指数或美国石油协会（API）比重为 300~400］。厄瓜多尔的石油被归为轻质原油，尽管亚马孙地区的一些石油是重油。

中国石油公司也很清楚厄瓜多尔的石油情况，因此中国炼油厂要想加工厄瓜多尔石油并不容易。这不仅发生在厄瓜多尔，许多产油国，特别是南美洲的产油国，也同样存在石油质量低的问题。委内瑞拉出产重焦油类油，是最有名的出油国，但这种油的加工费用十分昂贵，能进行加工的少数几家炼油厂大多位于发达国家。厄瓜多尔这样的发展中国家试图通过与进口国签订商品协定来实现出口收入的稳定。然而，这些协议并未取得成功。平准基金、或有融资和出口多样化等其他方法也未能使石油出口收入趋于稳定。

2008 年，当时的科雷亚总统使厄瓜多尔拖欠了 32 亿美元的国际债务。厄瓜多尔因为与世界银行和国际货币基金组织（IMF）（最终贷款人）决裂，所以无法从国外市场获得信贷。厄瓜多尔指望中国能维持其经济，中国石油的财团和中国石油天然气集团公司以 7.25% 的利率借给厄瓜多尔 10 亿美元，限定其在两年内偿还（见表 3）。厄瓜多尔国家石油公司保证，在四年时间里每天向中国石油公司输送 36000 桶奥瑞特原油或 Napo 原油或燃油。总之，厄瓜多尔国家石油公司每天向中国输送 96000 桶亚马孙石油。

表 3　2009~2011 年中国对厄瓜多尔的以石油为支撑的贷款和利率

日期	借款人	贷款人	金额（百万美元）	项目	利率（%）
2009.7.22	厄瓜多尔国家石油公司	中国石油	1000	厄瓜多尔石油国家公司石油预付	7.25
2010.6.4	政府	中国进出口银行	1682.7	科卡科多—辛克雷大坝	6.90
2010.8.31	厄瓜多尔国家石油公司	中国红十字会总会事业发展中心	1000	80%任意项目，20%石油产业	6
2011.1.28	厄瓜多尔国家石油公司	中国石油	1000	厄瓜多尔石油国家公司石油预付	7.08
2011.6.28	政府	中国红十字会总会事业发展中心	2000	70%任意项目，30%石油产业	6.90
2011.10.18	政府	中国进出口银行	571	索普达拉	6.35

资料来源：厄瓜多尔财政部。

此后，厄瓜多尔继续向中国借款，利用贷款来开采石油、炼油、修建道路和开展水力发电项目。中国的部分贷款被用于资助科卡科多—辛克雷大坝（Coca-Codo Sinclair dam）（17 亿美元）和极具争议的索普达拉大坝（Sopladora dam）（5.7 亿美元）。此外，中国开发银行向厄瓜多尔贷款 20 亿美元，其中 14 亿美元用于厄瓜多尔的各种政府项目，6 亿美元专门用于未来的石油采购。中国的贷款一直以 6%~8% 的利率作为门槛，并且所有即期付款都与石油相关，即亚马孙石油。值得注意的是，这些利率仍然略低于外国主权债务贷款人收取的利率，后者利率大约为8.5%。

尽管如此，厄瓜多尔国家石油公司还被要求保持最低剩余量，相当于本金和利息的130%，可以在任意指定的计息期内支付。但是中国对厄瓜多尔的贷款几乎没有上游投资，出口量也极不稳定。中国公司拥有生产资产，包括中化集团2003年从康菲石油公司收购的16号区块14%的股份，以及中石油和中石化2006年收购的加拿大能源公司（Encana）的石油和管道股份。但是，自从中国在2016年向厄瓜多尔发放了更多贷款以来，中石油获得了在环境受到高度争议的亚马孙—亚苏尼ITT石油区块开采石油的权利，该项目开采难度可能很大。此外，厄瓜多尔原油出口在中国几乎没有吸引力。尽管贷款偿还额应该接近100000桶/天，但是根据中国海关的数据，2009～2014年，中国向厄瓜多尔进口的石油平均为18000桶/天。2015年，进口量增至28000桶/天，2016年上半年，进口量总计为22000桶/天，这表明中国贸易商（即中间商，某些来自香港地区）在销售偿还贷款的原油，因为中国很少有炼油厂加工这些等级的厄瓜多尔石油。换句话说，厄瓜多尔正在偿还给中国的大部分石油实际上并没有被中国使用，而是被转移到第三国，而且通常会有很大的折扣。此外，厄瓜多尔无法加工本国所有原油，而是依靠从其他国家进口的石油来为本国提供燃料。缺乏炼油能力也减少了其净出口收入。

因此，中国是否会进一步向厄瓜多尔贷款将取决于中石油和中国石油天然气集团公司等国有石油公司所能够获得的上游优惠，但即使追加贷款也不太可能使对中国的贸易流通产生实质性的改变。

此外，厄瓜多尔（采用美元体系）是通过向中国提供石油来偿还贷款，而不是在公开市场上以美元出售，因此一直十分渴望现金。厄瓜多尔的邻国委内瑞拉也同样面临着经济崩溃的困境，尽管该国拥有世界上最多的石油储备，但这种石油的质量很低。

五、石油抵押所带来的环境和部落问题

中国几乎垄断了厄瓜多尔的石油，厄瓜多尔越来越依赖中国的融资。对于中国资助厄瓜多尔，反对最强烈的是环保主义者，他们认为厄瓜多尔之所以继续推动石油开采活动，例如亚苏尼公园和亚马孙地区的石油开采，是为了偿还其不断增多和持续的债务。厄瓜多尔少数民族部落居住在亚马孙边境和亚苏尼公园，中国在这些地区推动石油开采和生产，相应地推动了贷款证券化。所有石油勘探和

生产（在世界任何地方，不仅仅是厄瓜多尔）都伴随着基础设施建设，即合同各方要修建道路、桥梁、管道和房屋。施工意味着有大批人会来到这一区域，技术问题也随之而来：污染问题、道路交通问题、污水问题、供水问题、电气化问题、农业扩张问题和居住地扩建问题。2013 年，当时的科雷亚总统叫停了在亚苏尼公园 ITT（Ishpingo-Tambococha-Tiputini）地区进行石油勘探的计划。该计划失败后不久，一个由中国石油公司的投资者牵头的财团投标承包了公园周边的街区。这些街区也是萨帕拉、克丘亚和希沃林少数民族部落的家园，更不用说珍稀濒危的鱼、青蛙和鸟类等亚马孙生物物种了。

有几项社会文化和环境研究建议厄瓜多尔政府立即禁止在这个原始地区（亚马孙边境地区的亚苏尼公园）进行石油勘探和生产。尽管如此，厄瓜多尔经济部很快向时任总统科雷亚、中石油和一个由中国石油投资者牵头的财团作出保证，希望他们继续支持在亚苏尼公园 ITT 区块进一步进行石油勘探。此外，在厄瓜多尔决定放弃 ITT 区块后，厄瓜多尔又从中国获得了一笔总额为 12 亿美元的贷款。

除此之外，厄瓜多尔的环境冲突还包括从事露天开采的中国公司，尤其是参与米拉多铜矿和金矿项目的国有中国公司 Ecuacorriente。Ecuacorriente 的所有权为中铁建铜冠投资有限公司，该公司由铜陵有色金属集团和中国铁路建设公司（CRCC）组成（Chichaza，2014）。露天采矿加剧了与原住民之间的紧张关系。考虑到开采的程度以及用大量水冲洗和开采矿石所产生的废物和尾矿的毒性，采矿，特别是露天开采或露天采矿（挖掘巨大的洞）是最具环境破坏性的活动之一。少数民族部落在基多游行，要求停止任何新的采矿和石油项目以及大型水坝建设。厄瓜多尔的经济发展政策由于与环境和人民团体发生冲突而受到越来越多的关注。

六、厄瓜多尔的其他能源项目

尽管拥有巨大的石油储备，厄瓜多尔仍是一个电力贫乏的国家，电气化率只有 92%。水力发电是厄瓜多尔最大的电力来源，也是第二大能源来源（仅次于化石燃料），具有相当大的潜力，但由于资金问题，水力发电对厄瓜多尔整体能源结构的贡献不大。尽管如此，厄瓜多尔政府的目标是最终用水力发电取代矿物燃料进口。在这种情况下，中国进出口银行出资，在厄瓜多尔亚马孙地区修建了索普达拉水电站（装机容量为 487 兆瓦），还修建了科卡科多—辛克雷大坝（Coca-

Codo Sinclair dam）（装机容量为 1.5 千兆瓦），一家中国公司承包了该大坝的施工任务。

如今，因为燃煤电厂的使用减少，可再生能源的整合增加，水力发电大约占厄瓜多尔发电量的 60%。2012 年，科雷亚总统面临着一个艰难的困境。一方面，索普达拉水电站代表了该国的基础设施战略项目，该项目将使厄瓜多尔减少精炼化石燃料的进口，提高能源安全，同时能为厄瓜多尔这个没有货币政策的国家节省资金。另一方面，虽然中国贷款所要求的名义利率与西方主权贷款者相差无几，但要求雇用大量中国工人，而且通常要求在预售石油时给予优惠。中国建筑公司在其合同中强制要求使用中国的劳工，这样做可以避免当地工人获取丰富的知识和技能，这是修建过程中对方最想获得的两项技术外溢。此外，当地工人在他们自己的国家可能遭受歧视，因为他们经常会被随意解雇，而中国的项目工人却受到更多的保护；再加上很少有中国工人能讲西班牙语，因此难以与当地工人沟通或融合（Kraus and Bradsher，2015）。此外，气候变化导致降雨量减少，可能会影响项目的生产力，使厄瓜多尔面临大量中国贷款，但却无法靠发电来加以偿还。

目前（截至 2018 年），厄瓜多尔正在建设 8 个大型水电项目，完工后总装机容量将增至 2.8 千兆瓦（Vela）。总的来说，亚马孙流域的水电资源虽然急需开发，但由于会给环境带来明显的负面后果，所以仍然遭到原住民社区和环境保护团体的强烈反对。让中国公司做最具附加值的劳动并发起贷款并不能增强这种观点。要使水电对厄瓜多尔产生重大影响，厄瓜多尔还需要与亚马孙下游邻国，特别是巴西相协调，以实现整体能源结构多样化和一体化。

七、主权问题

到 2013 年，厄瓜多尔政府开支的 61% 都由中国贷款支付，这一比例令人吃惊，使中国要求厄瓜多尔以原油出口收入的 90% 作为抵押。自 2014 年以来，中国又增加了 90 亿美元的信贷额度，用于建造一座炼油厂，每天处理 20 万桶石油。此外，中石化还向厄瓜多尔提供了 20 亿美元的贷款，用于预售石油。总的来说，这些持续的贷款接近厄瓜多尔国内生产总值的 15%。一个外国国家对厄瓜多尔经济提出如此巨大的要求，这让厄瓜多尔的决策者感到震惊。从长远来看，这显然不是长久之计。尽管前总统科雷亚等官员公开抱怨贷款和石油抵押，但同时他们却私下授权立法，允许中国石油公司在厄瓜多尔任何地方扣押当地的石油，以防贷款违约。

但是对厄瓜多尔主权来说，最糟糕的可能是与中石油、厄瓜多尔国家石油公司、中国开发银行和厄瓜多尔财政部签署的所谓"四方协议"。该协议的第 15 条是一种特殊工具，允许中国在厄瓜多尔不偿还贷款的情况下扣押厄瓜多尔非政府资产，并免除厄瓜多尔豁免权。本质上，中国的权利已凌驾于债权人的权利之上，仅无法触碰厄瓜多尔法律所不包括的财产，即军事设备和政府建筑/财产。当时看来，厄瓜多尔正在将主权拱手让给中国，以换取贷款。

尽管如此，当地的厄瓜多尔团体组织（不仅仅是外国团体）也试图开发亚马孙和亚苏尼公园边境地区。这些团体为能源公司（采掘业和服务业的私营和上市企业）及其工会。此外，厄瓜多尔军方也试图开发这一地区。军方担心边境安全，因为秘鲁和哥伦比亚边境附近地区与世隔绝，人口稀少，扩大产油区将巩固军方对这些地区的控制（Bebbington and Bebbington，2011）。

八、分 析

从长远来看，关于中国和厄瓜多尔的投资关系，还有两个问题有待回答：第一，中国是否会持续进口厄瓜多尔石油（和矿业）产品；第二，如何处理中国越来越多地参与厄瓜多尔能源部门（石油、水坝、采矿）所带来的后果。有人担心中国的参与会加剧厄瓜多尔对商品出口的过度依赖，损害制造业的多样化，并产生不良的环境和社会影响（Gallagher and Porzecanski，2010）。此外，中国以贷款换取石油可以缓解其国内的改革压力，推迟对可再生能源的紧急能源政策改革。向中国贷款被认为是厄瓜多尔克服财政困难的短期解决方案，中国贷款使时任总统科雷亚（2016 年莱宁·莫雷诺接任总统，誓要坚持厄瓜多尔的发展道路）推行相互矛盾的政策，而没有将这些政策整合为连贯的长期能源政策。

九、主要建议

本文提出了厄瓜多尔可以遵循的一些道路，以确保其发展道路，同时强调了厄瓜多尔与中国合作的条件，避免其处于依赖状态，并促进中国的国际投资更加平衡（以及更全面的"一带一路"能源投资战略）。

十、本地化

中国必须像世界银行、国际货币基金组织和联合国等多边组织一样对其贷款施加一些结构性/政治性的条件，因为中国目前的贷款和融资条件通常很苛刻，而且是以融资为基础的：早期的石油销售、高利率和对厄瓜多尔的中国公司的担保，这些都被允许引进专业（和非专业）劳动力，但未向厄瓜多尔工人正式传授任何专门知识。此外，厄瓜多尔（和其他发展中国家）必须吸取以往的经验，不要继续依赖低附加值"初级产品"的旧商品出口模式。

简单地说，目前中国的对外直接投资模式不利于向东道国工人传授知识，因为它向投资所在国出口自己的劳动力和专业技术人员。要寻求更好的本地化方案以获得政治认可，培训当地人是核心。例如，中国和厄瓜多尔的工人将建造一座工厂。大多数熟练工人和经理是中国人，厄瓜多尔人只提供低技能的劳动力。进出口银行合同的一项要求是，索普达拉水电站大坝必须由中国公司使用中国设备建造，并由随行的中国工人操作。

对于"一带一路"或其他中国对外直接投资路线（例如亚投行）上的任何石油或商品国家来说，无论是苏丹、厄瓜多尔、加纳还是马来西亚，所有项目都需要一个条件模板。根据中国在这些国家的投资水平，条件模板可能分为核心模板和外围模板。中国关键是要支持外围国家的生产。向中国出口石油的核心国家仍然是俄罗斯、沙特阿拉伯、伊朗、伊拉克、安哥拉和委内瑞拉。

十一、降低利率

前中国驻厄瓜多尔大使蔡润国为中国的贷款条款辩护道："如果将中国贷款利率与世界银行或国际货币基金组织等机构的利率进行比较，后者的利率很高，但应该澄清的是这些贷款是商业贷款，我认为厄瓜多尔在其他（主权贷款）外国银行找不到利率更低的贷款。"在进出口银行向南美洲提供的所有信贷中，向厄瓜多尔开出的条件是最好的。对于贷款来说，存在很多条件，利息只是其中之一。其他机构可能会提供较低的利率，但是他们提出了厄瓜多尔政府由于主权原因而不能接受的其他条件。

十二、在本土化和以资源抵债之间取得平衡

总体而言，中国的放款核准要求厄瓜多尔与中国签署 96000 桶石油/天的预售协议。这类贷款被称为"以石油为支撑的贷款"，以市场价格预售石油为条件进行融资。出售厄瓜多尔石油的所得收入将存入进出口银行的转账账户，其中一部分将用于偿还贷款，其余资金将转给厄瓜多尔。其中 60% 的石油运输将由中国石油（世界第二大上市石油公司）和中国石油天然气集团公司处理。中石化的营销部门中国国际石油化工联合有限责任公司和其他中国公司将持有较小的股份。出于对敏感的环境地区和原始部落的尊重，这些地区的石油不会作为抵押。条件模板将有助于实现这种理想化的平衡，这将赢得厄瓜多尔国内的赞誉和认可（见图 1）。

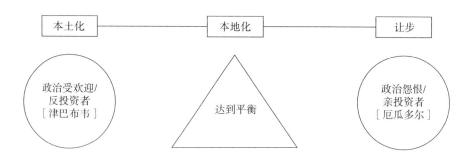

图 1　在实现本土化和作出让步之间达到平衡

资料来源：威尔·希基。

十三、结　论

从全局来看，厄瓜多尔是中国海外总体发展计划中的一个外围国家。然而，厄瓜多尔为中国提供了一个机会来通过有效的本地化计划，与"一带一路"和亚投行沿线的外围发展中国家一起创建"双赢"方案的模板。虽然这些外围国家肯定不会取代核心国家，但是它们对于中国在该地区建立共识和营造良好关系

不可或缺。在这种情况下，中国选择了南美/安第斯经济区。厄瓜多尔虽然很小，却拥有令人垂涎的商品资源。中国在厄瓜多尔和其他大宗商品丰富的外围发展中国家取得成功的障碍重重，中国究竟是这些国家国内矛盾的推动者还是这些国家的开发者，全世界都拭目以待。

参考文献

［1］Sabrina Valle, Denyse Godoy. Petrobras Gets ＄10 Billion Chinese Loan in Oil Supply Deal, Bloomberg, 26 February 2016.

［2］Ecuador economy：Debt rises as new Chinese loan agreed, Economist Intelligence Unit, 3 August 2011.

［3］Kevin P. Gallagher, Amos Irwin, Katherine Koleski. The New Banks in Town：Chinese Finance in Latin America, op. cit.

［4］Jonathan Kaiman. Controversial Ecuador oil deal lets China stake an ＄80-million claim to pristine Amazon rainforest, LA Times, 29 January 2016.

［5］Chicaiza, G. *Mineras Chinas en Ecuador：La nueva dependencia*, 2014.

［6］A. Bebbington, D. Humphreys Bebbington. An Andean Avatar：Post-Neoliberal and Neoliberal strategies for securing the unobtainable *New Political Economy*, 2014, 16 (1)：131-145.

［7］The Economist. Ecuador obtains ＄7. 53 billion in credit, loans from China, http：//economic times. indiatimes. com/news/international/business/ecuador-obtain-7-53-billion-in-credit-loans-from-china/articleshow/45801566. cms.

［8］M. A. Ponce-Jara, M. Castro, M. R. Pelaez-Samaniego, J. L. Espinoza-Abad, E. Ruiz. Electricity sector in Ecuador：An overview of the 2007—2017 decade, Energy Policy, 2018 (113)：513-522.

［9］G. Escribano. Ecuador's energy policy mix：Development versus conservation and nationalism with Chinese loans Energy Policy, 2013 (57)：152-159.

［10］Krauss, Clifford, Keith Bradsher. China Global Ambitions, with loans and strings attached. In New York Times. http：//www. nytimes. com/2015/07/26/business/international/ chinas-global-ambitionswith-loans-and-strings-attached. html？_r=0.

［11］M. de la P. Vela. Plan maestro de electrificación 2010—2020 Promesas Cargadas Energy Opcion. Crecer Gest. Econ. Soc. , 2013 (224)：9.

［12］C. Larrea, L. Warnars. Ecuador's Yasuni—ITT initiative：Avoiding emissions by keeping petroleum underground Energy for Sustainable Development, 2009, 13 (3)：219-223.

比亚迪新能源车在拉美地区的市场战略优化研究

吴易明　赵国翔[*]

　　摘　要：加入世界贸易组织（WTO）以来，中国与拉美国家关系稳步转型升级；"一带一路"倡议极大地推动了我国汽车海外出口市场向新兴市场国家转移，拉丁美洲因而成为中国汽车出口最大市场之一。目前业内对于新能源汽车行业在拉美市场的关注度还不够，而拉美地区又是新能源汽车的国际营销重点战略区域。本文以比亚迪汽车在拉美地区的市场战略为例，探讨中国自主品牌汽车制造企业的国际化发展道路。

　　关键词：新能源汽车；拉美市场；比亚迪；市场战略

　　2001 年，中国终于打破 50 年自我封闭的樊篱，加入了世界贸易组织，接受全球化贸易规则的约束和享有通畅互惠的开放。对于中国汽车行业来说，另一个 50 年禁忌被打破：中共中央和全国人大以决议的方式，首次正式提出了"鼓励轿车进入家庭"。加入世界贸易组织后的 2002 年，中国轿车产量从上年的 70 万辆增加到 110 万辆，增长 53%，"井喷"之状让全球汽车业目瞪口呆。在"全球化"和"轿车进入家庭"的两大推举力下，中国汽车工业发生了史无前例的大变革，开启一个新时代的征程，踏上民族汽车工业之路。①

　　此外，进入 21 世纪以来，国际工业化进程仍在加快，传统化石能源日益枯竭，人们对于环境污染、气候变暖等现象也开始高度重视，必须逐步改变能源消费结构，大力开发以太阳能、风能为代表的新能源发电技术，发展以电动汽车绿色用电减少石油依赖的汽车技术，实现从能源获取到使用的绿色可持续发展道

---

　　* 吴易明，教授，博士；赵国翔，广东外语外贸大学国际商务英语学院，广东外语外贸大学经贸学院学生。

　　① 《比亚迪轨迹》，2015 年 3 月修订版，比亚迪内部发行，第 18 页。

路。据中国汽车工业协会数据统计，2018 年 1~6 月，中国汽车出口量为 55 万辆，同比增长 25%，其中，新能源汽车出口 40810 辆，同比增长 73%。① 从出口的目标市场来看，我国整车出口集中在中东、拉美、北美等地区。2018 年 1~3月，对伊朗出口 5.4 万辆，为最大的汽车出口市场；对墨西哥出口 2.69 万辆，跃居第二，增长了 5 倍多；智利位居第三，出口 1.56 万辆，同比增长 9.2%；秘鲁排名第四，出口 0.94 万辆，同比增长 25.1%。② 可以看出，目前我国汽车出口逐渐向新兴市场国家转移，而拉美也成为中国汽车出口最大市场之一。近几年拉美各国对于能源利用与环境保护问题也越来越重视，拉美地区成为了新能源汽车的国际营销新的重点战略区域。

本文通过分析拉美新能源汽车市场状况、拉美地区新能源汽车行业的特点以及未来的发展空间，以比亚迪公司在拉美新能源汽车市场的实践为例，总结其成功经验，针对存在的问题进行诊断，提出战略优化建议。

一、拉美汽车市场现状

拉美，又称拉丁美洲，是指美国以南的美洲地区，包括墨西哥、中美洲、西印度群岛和南美洲，共有 33 个国家，面积为 2070 万平方公里，总人口为 5.88亿，除古巴以外均为资本主义国家。③ 在"二战"后，拉美地区国家相继实行进口替代工业化战略，城市工业飞快发展，农村人口大量流入城市，使城市人口急剧膨胀，城市规模不断扩大，2010 年城市人口高达 80%，成为世界上城市化程度最高的地区。表 1 列出了拉美一些国家的 GDP 及人均 GDP，巴西 2017 年 GDP为 20809.2 亿美元，居拉美洲 GDP 总量第一位，但巴西 2017 年的人均 GDP 只有9895 美元；波多黎各的人均 GDP 在拉美地区是最高的，已经超过 3 万美元，而且乌拉圭、智利和阿根廷的人均 GDP 也都超过 1 万美元。

---

① 资料来源：中国汽车工业协会，http://www.caam.org.cn/zongheshuju/20180510/1605217105.html，2018 年 11 月。

② 资料来源：根据中国海关公布数据整理。

③ 资料来源：根据百度百科资料整理。

表 1　2017 年拉美部分国家 GDP 情况

国家	波多黎各	乌拉圭	智利	阿根廷	巴西	墨西哥
GDP（亿美元）	1032.43	602.66	2632.06	6198.72	20809.2	11424.5
人均 GDP（美元）	30488	16722	15346	14402	9895	9304

资料来源：根据国际货币基金组织公布数据整理，2018 年 11 月。

（一）拉美汽车产业发展现状

依据汽车生产制造厂分布划分，拉美地区汽车的生产制造主要集中在巴西、阿根廷、乌拉圭、智利、哥伦比亚及委内瑞拉（见表 2）。2007 年 3 月，奇瑞和阿根廷 SOCMA（索克马）集团联合投资组建 Chery Socma S.A. 公司，确定以乌拉圭 OFEROL 工厂为生产基地；2011 年，日产决定在巴西建厂，年产量为 20 万辆；2014 年 4 月，福特在巴西落成一座发动机厂；2018 年 7 月 31 日，比亚迪中标巴西的萨尔瓦多轨道交通项目，将建全球首条跨海云轨。各大跨国车企的竞相角逐，使拉美车市竞争逐步趋于激烈。

表 2　拉美地区主要汽车制造厂概况

国家	生产制造
巴西	丰田、日产、本田、铃木、通用、福特、纳威司达、帕卡、大众、戴姆勒、标致雪铁龙、雷诺、依维柯、沃尔沃、现代、北汽、陕汽、哈飞、宝马、奥迪、奇瑞、吉利、江淮、力帆、捷豹、路虎、MINI、比亚迪
阿根廷	丰田、本田、通用、福特、大众、戴姆勒、标致雪铁龙、雷诺、菲亚特、依维柯、塔塔、奇瑞、比亚迪
智利	五十铃、通用
哥伦比亚	马自达、雪佛兰、通用、雷诺、日野
乌拉圭	雷诺、沃尔沃、现代、起亚、东风、奇瑞、吉利、比亚迪
厄瓜多尔	铃木、马自达、通用、现代、起亚
委内瑞拉	丰田、三菱、大发、通用、福特、克莱斯勒、标致雪铁龙、菲亚特、沃尔沃、伏尔加、现代、东风、奇瑞

资料来源：比亚迪公司内部调研报告。

此外，中国汽车工业协会数据表明，2017 年拉美地区汽车销量接近 613 万辆，同比增长7.47%，其中，巴西是南美区域的主要汽车消费国家，2017年汽车销售224万辆，同比增长9.2%；阿根廷汽车销量90万辆，同比增长26.91%，而厄瓜多尔和委内瑞拉的汽车销量虽不多，但是增长幅度惊人，分别同比增长86.11%和170.84%（见表3）。据智利汽车协会资料，2018年1~4月，智利汽车进口总量达115596辆，同比增长35%，其中从中国进口商用和乘用轻型轿车13007辆，同比增长279%。中国汽车在当地市场销售的增速高于日韩汽车以往增速，中国的制造业也开始慢慢进入拉美的土地。

表3 2013~2017年拉美各国汽车销量 单位：辆

国家、地区 \ 年份	2017	2016	2015	2014	2013
拉美地区	6128100	5702394	5821327	6748599	7370858
墨西哥	1570764	1647723	1351648	1176305	1100542
哥伦比亚	233960	246500	272400	314100	286800
阿根廷	900403	709482	605933	613848	963917
巴西	2238915	2050321	2568976	3498012	3767370
智利	376682	319606	297785	353525	397643
秘鲁	180020	169718	172503	187081	201326
厄瓜多尔	118281	63555	82600	120015	113812
委内瑞拉	14084	5200	14700	23707	98878

资料来源：中国汽车工业协会，http://www.caam.org.cn/newslist/a190-1.html，2018年11月。

从图1可以看出，2013~2017年，整个拉美市场的汽车销售量是呈下降的趋势，其中汽车销售量最大的巴西市场下降的幅度也是最大的，这是由于近些年各国汽车进口的贸易壁垒（如关税）以及环境保护等不利因素，使自主品牌在出口到拉美市场时受到多方的压力。但是，我们也看到，在2017年，各国的汽车销售量又转头向上，一方面是由于拉美地区贸易壁垒的逐步降低，更多的车企加大对拉美地区的资源投入；另一方面，新能源电动汽车的技术及其配套设施越来越成熟，使新能源汽车更加安全，续航更远，人们开始接受可以解决能源使用问题和环境保护问题的电动汽车。

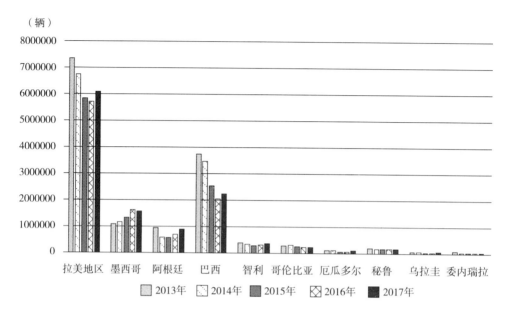

（辆）

图1　2013～2017 年拉美各国汽车销量

资料来源：根据表3数据整理。

（二）拉美新能源电动汽车市场现状

联合国《2030 年可持续发展议程》提出：扩大电动汽车的使用，包括私家车、出租车、公共汽车和铁路，是推进可持续交通议程，减少空气污染和减少全球温室气体排放的重要组成部分。①

2017 年全球电动乘用车库存达到 310 万辆（见图 2），比上年增长 57%。这类似于 2015 年和 2016 年 60% 的增长率。我们也看到，市场上还是以电池电动汽车（BEV）为主，占全球电动汽车的 2/3，另外的 1/3 是插电式电动汽车。此外，2017 年全球电动汽车销量创历史新高（110 万辆），2016 年销售增长率与 2015 年相比放缓，但 2017 年销售额增长，同比增长 54%（2016 年为 38%），这将有望实现 2017 年电动汽车计划（EVI）推出的 EV 30 @ 30 目标：通过设定到 2030 年电动汽车平均 30% 市场份额的集体目标，包括汽车、公共汽车和卡车来确定 EVI 目标，以帮助满足《巴黎协议》（见表 4）。

---

① 资料来源：根据联合国《2030 年可持续发展议程》及 17 个可持续目标中的 No. 13 气候行动整理。

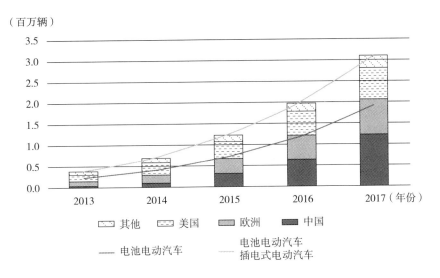

（百万辆）

其他　美国　欧洲　中国

—— 电池电动汽车

电池电动汽车
插电式电动汽车

图 2　2013~2017 年世界各主要国家电动汽车库存量

资料来源：Global EV Outlook 2018. 国际能源署发布，2018：19.

表 4　根据《巴黎协议》拉美各国确定的排放目标

	无条件目标	有条件的目标
哥伦比亚	到 2030 年，相对于常规（Business-As-Usual，BAU）情景，减少 20% 的排放量	到 2030 年，相对于 BAU 情景减少 30% 的排放量。有条件地提供国际支持
墨西哥	到 2030 年，相对于 BAU 情景，减少 25% 的温室气体（GHG）和黑炭排放	到 2030 年，相对于 BAU 情景，温室气体和黑炭排放总量减少 40%。有条件获得财政资源和技术转让
智利	到 2030 年，相对于 2007 年的水平，将国内生产总值的排放强度降低 30%	到 2030 年，相对于 2007 年的水平，国内生产总值的排放强度降低 35%~45%。取决于国际金融支持
巴西	相对于 2005 年的水平，到 2025 年减排 37%，到 2030 年减排 43%	无

资料来源：Guy Edwards, Lisa Viscidi, Carlos Mojica. Charging Ahead：The Growth of Electric Car and Bus Markets in Latin American Cities. The Dialogue, 2018（9）：18.

就目前拉美汽车市场来看，电动汽车的占有率依然还很低，主要集中在墨西哥、哥伦比亚、巴西和智利等几个国家。截至 2017 年，墨西哥电动汽车库存量为 920 辆，巴西为 680 辆，而哥伦比亚和智利只有 190 辆和 250 辆。另外，2017年巴西和智利的电动汽车库存量同比增长 112.5% 和 150%，这一增长趋势在未来几年将会延续（见图 3）。

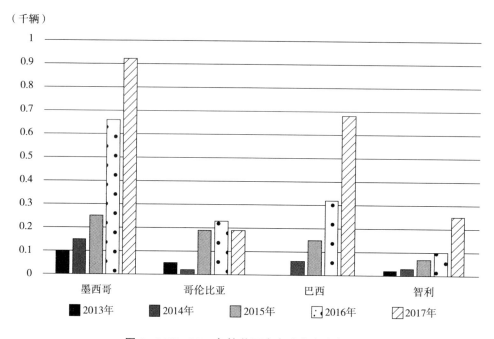

图 3　2013～2017 年拉美国家电动汽车库存量

资料来源：根据国际能源署（IEA）和 Asociación Colombiana de Vehículos Automotores（ANDEMOS）公开数据整理。

（三）拉美新能源电动汽车支持设备情况

（1）公共充电基础设施仍不健全。电动汽车的采用率与公共充电基础设施的投资密切相关，并且扩大电动汽车市场的最大潜力显然在于该地区的城市化度。拉丁美洲是世界上城市化程度最高的地区，80%的公民居住在城市，到 2050年，这一数字预计将达到 90%。虽然几乎所有电动汽车充电都是在家中完成的，但公共充电网络可以减轻行程焦虑，并为电动车车主提供一个专用停车位的地方。然而，现阶段拉美地区的充电基础设施几乎没有普及，这也是拉丁美洲地区推广电动汽车的巨大挑战。

（2）新能源汽车后市场不完善。汽车后市场即指汽车销售以后，围绕汽车使用过程中的各种服务，它涵盖了消费者买车后所需要的一切服务。电动汽车在售出以后的售后以及维护服务也是非常重要的一个环节，作为消耗品，它的维护和维修服务也是购买者考虑是否购买思考的另一个问题，而拉美地区本身这一市场起步就晚，市场占有率也低，市场上针对新能源汽车的售后服务极少，而且当地也还没有提供相关培训。

（四）拉美新能源电动汽车未来发展前景

从目前的市场情况来看，随着拉美经济的增长和政府对新能源汽车产业的支持，在未来十年内，阿根廷、巴西、智利、哥伦比亚、墨西哥和秘鲁将成为该地区插电式混合动力电动汽车和纯电动汽车的最大市场。根据监管变化、消费者接受度和技术发展情况，这20个国家的年度电动汽车销量在2023年可达27万辆，市场渗透率仅为2.8%。其中，巴西将引领市场，有望成为拉丁美洲最大的电动汽车市场，墨西哥和智利将紧随其后。

此外，拉美市场将会推出更多的车型。电动汽车最初是为加利福尼亚和挪威等特定市场开发的，但汽车制造商正在向全球电动汽车分销过渡，这将带来更大更多的选择。许多汽车制造商承诺在未来十年内为其主要线路提供电气化，并且将从几十种增长到几百种类型的电动车，包括踏板车、公共汽车、乘用车以及轻型、中型和重型卡车。专家预计，拉丁美洲的电动汽车销量将在2025～2030年有一个突破性增长，因为这些新车型进入市场并且基础设施投资已经建成。

更重要的是，联合国环境部通过其MOVE平台并在"Euroclima+"项目的支持下，正在协助阿根廷、哥伦比亚和巴拿马实施其国家电动交通战略，并正在帮助智利和哥斯达黎加扩大电动公交车的使用计划。2018年6月，哥伦比亚推出了新的路线图，其主要目标之一是推进电动交通，目标是到2030年达到60万辆电动汽车，该计划还要求电动公交车在公交招标中占100%的购买量，目标是45%的人口使用公共交通。在拉美大陆南部，智利正在努力建立世界第二大电动公交车队，紧随中国之后。2017年，智利政府批准了一项计划，逐步将200辆电动公交车引入圣地亚哥Transantiago的运输系统，并计划到2025年超过2000辆公交车。乌拉圭最近在这一领域采取了重要措施。该国在其主要旅游道路300公里处建立了充电站，现在是该地区第一条"电气化"路线。该南美国家计划到2020年覆盖其9000公里国家公路的20%。此外，它还免除了商用电动车的进口税。阿根廷也表现出决心：政府最近批准了一项法令，将电动汽车进口关税从35%降至2%，并在国民议会提出了一项法律。

二、比亚迪新能源车在拉美地区的市场表现及分析

（一）公司概况

1995 年公司成立之初，比亚迪股份有限公司是一家以生产电池为主的制造型企业，2003 年通过收购中国一家车企进入汽车行业，目标非常明确，就是在未来打造中国新能源汽车品牌，以其先进的电池技术为基础，生产出具有竞争力的电动汽车。自踏入汽车生产及制造行业，比亚迪就将新能源电动车作为发展中的重中之重，先后投了大量人力物力进行电动汽车的研究。经过多年发展，比亚迪已完全掌握电动汽车"电机及其控制系统""电源及其控制系统""整车匹配控制"三大核心技术，并在全球率先推出商业化电动汽车。

截至 2017 年，比亚迪新能源汽车已经出口到世界 50 多个国家和地区，随着对环境保护的愈加重视，新能源汽车市场需求也在不断扩大，市场成长空间巨大。比亚迪新能源汽车在国际市场占有率从 2013 年到 2016 年不断提高，其中 2013 年到 2015 年每年的增速更是均在 35% 以上（见表 5）。

表 5　2013~2016 年比亚迪国际市场占有率　　　　　　　　　　单位：%

	2013 年	2014 年	2015 年	2016 年
市场占有率	4.6	6	11	13
增长率	37.5	35	83	18

资料来源：根据比亚迪 2013~2016 年统计年报整理。

（二）拉美投资之路

2003~2010 年是比亚迪在国内高速扩张的时期，但是在 2010 年业务遭遇瓶颈，为了寻求新的市场，决策者开始着眼于国外市场的开拓。2012 年开始，公司决策层开始制定国际化战略，走上国际化发展之路。目前，比亚迪作为中国新能源汽车行业的领军企业，2016 年国内市场占有率大于 50%，而在国际市场上，比亚迪作为一个新兴品牌尽管已经在欧洲市场取得一些骄人成绩，但在拉美市场上还有很长的路要走。2013 年 5 月 21 日，乌拉圭最大的旅游运输公司 BUQUEBUS 与比亚迪当地代理商 CTS 汽车公司共同举办了比亚迪纯电动大巴在乌拉圭的首发仪式；2013 年 9 月 2 日，比亚迪组建南美首支纯电动出租车队并投入运营；2014 年 3 月 28 日，K9 电动大巴登陆巴西里约热内卢试运营；2017 年

11月22日，首批比亚迪纯电动巴士正式在智利首都圣地亚哥投入运营；2018年7月31日，比亚迪中标巴西萨尔瓦多轨道交通项目，标志着轨道交通项目进入拉美市场。

拉美国家一向非常重视环保，新能源汽车在拉美市场比较受欢迎，市场增长迅速，而比亚迪选择将新能源汽车应用于拉美的公共交通运营市场，树立这样一个"绿色节能环保"的企业形象，不但改变了人们的出行方式，也改变人们的能源消费习惯，使比亚迪在拉美各国被越来越多的人认可。

（三）比亚迪的创新路径

STP理论是"现代营销学之父"菲利浦·科特勒于20世纪90年代在其《营销管理》一书中全面提出的，分为市场细分（Market Segmentation）、目标市场（Market Targeting）、市场定位（Market Positioning）。他认为，市场营销战略的关键是进行市场细分，也是STP战略的首要步骤。正确的市场细分变量使企业能够快速发现潜在市场，发挥企业竞争优势，选择最有利可图的目标市场，进而进行市场定位。

对于比亚迪来说，作为一家汽车生产企业，企业的资源、人力、物力、资金都是有限的，如何运用最少的公司资源，争取最大的经济效益，这需要从细分市场中选出目标市场，最后把产品或服务定位在目标市场中的确定位置上。

1. 市场细分与目标市场

比亚迪在2010年国内高速发展遇到挫折之际，开始积极拓展海外业务，在全球化经济的浪潮中，当时很多中国企业纷纷走出国门进行国际化战略，拓展海外市场，然而很多海外国家对中国品牌的第一印象就是廉价，而比亚迪汽车在国内也被认为是廉价的产品，一听说比亚迪是中国企业，就会先入为主地贴一个中国制造的标签。比亚迪一开始进入海外市场，甚至没有从零开始的机会，而是从"负"开始的。

（1）按进口量划分。比亚迪在准备布局拉美地区时，通过对拉美的几个汽车市场规模较大的国家调查发现，随着拉美地区的贸易壁垒逐渐降低，全球的汽车企业纷纷瞄准拉美地区的市场。在墨西哥、哥伦比亚、巴西、阿根廷和委内瑞拉几个人口大国中，都有数十家车企竞争，并且它们均已经有一定的市场占有率。拉美地区汽车市场虽受到了众多车企的青睐，但每千人拥有车量仍处于一个较低的水平，市场的增长前景很大。通过对拉美汽车市场中的进口车辆调查来看，目前拉美地区轻型车进口车的份额仍然处于25%以上，而主要汽车市场中，智利、秘鲁、玻利维亚、哥伦比亚等对进口车的依赖相对较高，如表6所示。

表 6　2013 年拉美地区进口车辆占比

单位：%

国家	巴西	阿根廷	智利	哥伦比亚	秘鲁	委内瑞拉	厄瓜多尔	乌拉圭	古巴
份额	8.9	14.2	92.8	52.0	88.0	12.3	26.7	46.4	78.5

资料来源：根据中国汽车工业协会 http：//www. caam. org. cn/data/sa. shtml 数据整理，2018 年 11 月。

（2）按产品类型划分。从汽车产品类型的需求方面来看，根据市场所占份额排序依次为轿车、皮卡、SUV、厢货、MPV（多用途汽车）、SPORT。其中，轿车占的份额约 68%，市场容量较大。其他品类从品类 CARG 与品类市场份额变化综合来看，SUV 与皮卡增速较高，市场份额逐渐增大，呈现出较好的发展态势。表 7 所示为拉美地区汽车类型市场份额与增速。

表 7　拉美地区汽车类型市场份额与增速

品类	销量（万辆）		CAGR（%）	市场份额（%）		市场份额变化（%）
	2004 年	2013 年		2004 年	2013 年	
轿车	182.5	401.8	9.2	72.8	67.8	−5.0
皮卡	22.1	67.3	13.2	8.8	11.4	2.5
SUV	14.1	61.1	17.7	5.6	10.3	4.7
厢货	22.4	41.6	7.1	8.9	7.0	−1.9
MPV	9.5	19.5	8.4	3.8	3.3	−0.5
SPORT	0.05	1.3	10.0	0.02	0.2	0.2
合计	250.65	592.6	11.2	100.0	100.0	—

注：CAGR 是 Compound Annual Growth Rate 的缩写，意思是复合年均增长率。

资料来源：汽车工程师. 行业观察，2015（3）：15.

（3）按交通网络划分。从拉美各个国家的交通网络来看，阿根廷和巴西交通较发达，委内瑞拉、乌拉圭、智利等国拥有较稠密的公路网。并且拉美各国也在加大对基础设施的投入，哥伦比亚政府此前宣布，将在未来几年内使交通基础设施的投资增至国内生产总值（GDP）的 3%，这包括一系列增强国家公路、港口、机场、铁路间运输网络的计划；墨西哥政府正在加快实施"国家基础设施方案"，其中由政府推动的公共投资超过 GDP 的 5%。玻利维亚、阿根廷、秘鲁、委内瑞拉、尼加拉瓜等国纷纷制定出庞大的基础设施建设规划。

2. 市场定位

借助于国家支持政策以及先发优势，比亚迪在新能源汽车市场较为领先，从2006年开始新能源汽车的研发，2014年实现批量出货，在2017年，比亚迪新能源汽车销量达到11万辆，同比增加14.6%，销量蝉联全球第一。其中，纯电动大巴销量14336辆，乘用车销售接近10万辆。2017年年报显示，比亚迪整体营收为1059.15亿元，同比增长2.36%。其中，汽车及相关产品业务收入约566亿元，而新能源汽车业务收入390.6亿元，占汽车业务比重达70%，占比亚迪整体收入比重36.38%。新能源汽车已经成为比亚迪收入和利润的重要来源。

比亚迪有着极强的技术创新能力，在行业中领先的电池技术成为超越众多的新能源汽车品牌的"撒手锏"。此外，随着全球污染问题的加剧，人们对于改善传统汽车行业带来的污染越发关注，传统汽车的普及对于现代社会的能源与环境质量造成了很大的威胁，因此，各国都制定了新能源汽车企业准入法律，规范了新能源汽车市场。再结合美国市场的经验，最终，比亚迪将拉美汽车市场定位在新能源公共交通运营市场。

（四）比亚迪在拉美的营销组合策略

1. 产品策略

比亚迪以电池行业起家，从电池行业跨界到汽车行业再转到新能源汽车领域的开发，比亚迪几乎具备了新能源汽车制造的全产业链。比亚迪也利用其自身独特的优势，用"垂直整合"的发展模式，即整车到零部件，甚至生产零部件的设备都由自己生产。这也是比亚迪在新能源领域取得成功的重要因素。因为，在新能源汽车制造行业，电动汽车的供应链与燃油车有很大的不同：研发一个新型号的产品，需要懂电池、变速箱、电机、电控等，而在产品初期成长阶段，相关技术路线和关键技术并不成熟，产品的设计方案也需要反复修改，很难找到一个既懂技术又愿意全力配合的供应商。并且这期间的沟通效率和成本也是非常高的。所以，根据产业生命周期理论，在产业发展初期，"垂直整合"模式在产品创新效率和成本上具有很大的优势。

比亚迪首先瞄准的是拉美各个国家的公共交通领域，主要产品有纯电动大巴K9、纯电动出租车。比亚迪不断发挥其技术优势，克服重重挑战，打造出符合当地交通局技术要求、通过官方认证的纯电动大巴。比亚迪在这个领域的成熟经验确保比亚迪可以成功地交付高质量的产品和服务，为用户带来舒适的乘坐体验。

2. 价格策略

比亚迪作为一家前身为生产电池的汽车生产商，在汽车品牌及产品品质方面相对于竞争对手都没有多少优势，于是低成本竞争战略就成为比亚迪的合理选择及核心竞争力。当年比亚迪就是用低 40% 以上的价格优势击败了日韩等国企业的竞争对手，获得了台湾大霸、摩托罗拉等公司的电池订单，从而在手机电池领域迅速崛起。进入汽车行业以后，比亚迪同样是凭借较高的性价比迅速打开销路，在激烈的市场竞争中占据一席之地。

但是，比亚迪在国内采用的"人海战术"（机器+人的"机器人"生产模式）的低成本造车理念在拉美却不适用。由于拉美国家的劳动力价格相对较高，并且会有工会为劳动者提供保障，加上拉美的新能源汽车技术人员相对较少，难以保证生产的质量和效率。在这样的背景下，比亚迪就需要做出适当的调整，提高智能自动化比例，降低劳动力的成本。而且随着中国传统汽车行业逐渐走向成熟，比亚迪汽车的性价比优势不再突出，产品毛利率也在降低，品质方面的问题也时有发生。并且在进入 2017 年后，国家对于新能源汽车的补贴下降，使比亚迪电动大巴业务的毛利率急剧下降，而电动大巴业务又是比亚迪的主营业务。

3. 全渠道策略

2015 年 4 月，比亚迪正式发布了"7+4"市场战略布局。其中，"7"代表七大常规领域，即城市公交、出租车、道路客运、城市商品物流、城市建筑物流、环卫车、私家车；"4"代表四大特殊领域，即仓储、矿山、机场、港口（见图 4）。比亚迪力图把道路交通领域所有用油的地方全部用电替代，逐步实现全市场布局，将新能源进行到底。

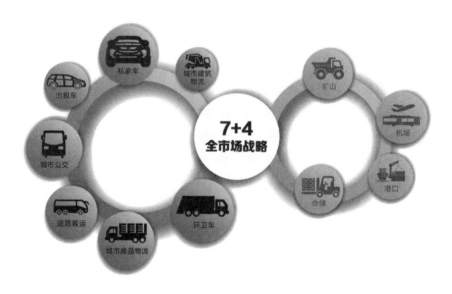

图 4　比亚迪"7+4"全市场战略

资料来源：比亚迪官方网站，http://www.bydauto.com.cn/energy-74.html，2018 年 11 月。

在进入拉美市场初期，即 2013 年，比亚迪首先选择用纯电动大巴进入乌拉圭市场，随后在巴西建立新能源大巴工厂并打造南美研发中心，并在 2014 年 7 月宣布与巴西出口与投资促进局在巴西利亚总统府正式签约，将在巴西投资兴建南美最大的铁电池工厂。2015 年 5 月 19 日，比亚迪与巴西最大巴士车身制造商马可波罗正式签约，宣布双方将在纯电动校巴领域展开战略性合作。这是继 2017 年比亚迪宣布在巴西成立电动大巴工厂和铁电池工厂以来，又一次历史性的突破，标志着比亚迪新能源巴士正式进军巴西校园公共交通市场。2018 年 7 月 31 日，比亚迪中标巴西萨尔瓦多轨道交通项目，标志着轨道交通项目进入拉美市场。比亚迪通过在当地设厂、与当地公司合作、与当地政府和当地组织结成战略联盟等多个渠道，瞄准城市公交、道路客运和出租车等领域布局拉美市场，期望实现"公交电动化"战略。

4. 促销策略

比亚迪在拉美国家通过大力宣传新能源汽车无污染、低噪声的环保优势和低运作成本优势，用适合当地文化的营销策略来提高品牌知名度，稳定并扩大拉美新能源汽车的市场份额。

（1）环保理念。拉美国家很注重对于环境的保护，而车辆尾气排放又是各国环境污染的主要原因之一。比亚迪正是大力宣传比亚迪电动汽车的清洁能源结构，并借助于网络媒体加强对各国政要出席参加新能源大巴交车仪式宣传力度，让更多国家和政府接受比亚迪的新能源汽车。比如，2017 年 11 月在智利首都圣地亚哥的交车仪式上，比亚迪智利市场负责人玛拉·贝尔里奥斯（Tamara Berrios）解释了智利政府选择比亚迪的原因，即"运行 1 辆电动公交大巴可减少 33 辆汽油车所产生的污染，电动公交车的引入，将极大地减少城市尾气排放"。

（2）低成本优势。在拉美的一些国家，如智利，交通行业的能源消耗占国家能耗总量的 1/3。从减少能耗的角度考虑，与传统的柴油巴士相比，比亚迪纯电动巴士的运营成本减少了 70%。虽然电动公交车的前期成本较高，但比亚迪声称，在公交车的使用寿命期内，运营商的成本将会低得多，正如其他市场所证明的那样（见图 5）。

三、战略优化建议

虽然比亚迪在巴西、乌拉圭等国已经取得了不俗的成绩，但是目前在拉美的发展仍处于推广阶段，在产品和市场开拓等方面仍面临一些问题和挑战。

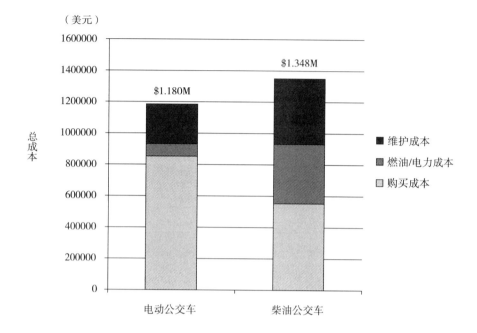

图 5　电动公交车成本 VS 柴油公交车成本

资料来源：Judah Aber. Electric Bus Analysis for New York City Transit. Note：Does not include cost savings associated with health benefits.

（一）比亚迪新能源汽车在拉美遇到的问题与挑战

自从 2013 年布局拉美市场以来，新能源汽车公共交通这一市场一直难以有很大突破的原因首先是由于新能源汽车技术尚不成熟，新能源汽车电池存在固有缺陷，比亚迪生产的新能源汽车电池曾出现过多次安全问题，在电动汽车结构和安全领域与国际先进水平仍存在较大的差距。①

其次，拉美各国的新能源汽车配套基础设施很不完善。新能源电动汽车相对于燃油汽车续航较短，而且需要足够的充电基础设施作为保障，而目前拉美的新能源汽车充电设施和售后服务依然不健全，难以支撑新能源汽车的快速推广。

再次，来自竞争对手的技术威胁。拉美市场成为新能源汽车销售的最大目标市场之一，越来越多的国内外品牌也进军拉美市场，与其争夺市场份额，如蔚来汽车、拜腾汽车、法拉第未来也纷纷加入拉美新能源汽车市场的竞争中，比亚迪的市场地位受到了影响。

---

① 资料来源：《中国经营报》2018 年 8 月 20 日第 C06 版，第 1–3 页。

最后，面临政策补贴退坡。在 2016 年以前，国家对新能源汽车的补贴很高，特别是纯电动客车，造成新能源汽车的单车利润远高于传统燃油汽车。但是到了 2017 年，国家对于新能源汽车的补贴政策退坡，这给新能源客车销量最高的比亚迪的业绩带来了很大的冲击。比亚迪 2017 年年报显示，2017 年比亚迪在营收与 2017 年基本持平的情况下，净利润大幅下滑，2017 年实现归属母公司的净利润 40.66 亿元，同比下降 19.51%，而 2018 年第一季度净利润更是同比下滑了 83%。[①]

(二) 战略优化建议

第一，组合营销，加强合作。比亚迪可以采用"捆绑销售"模式，与当地政府合作，利用自身在太阳能电站和储能电站领域的优势，协助当地政府建设太阳能充电站，与此同时推广比亚迪的新能源汽车产品，这不但可以帮助解决配套基础设施问题，也能够增加产品与市场的"黏合度"，提高比亚迪新能源汽车在拉美市场的接受度。

第二，迭代创新，开放平台。随着汽车产业的各个价值链的技术的不断成熟，"垂直整合"模式的优势也被弱化。比亚迪企业的零部件供应部门只能把优秀的产品供应内部，从而缺乏改善产品的动力，而整车采购部门也因为只能采购内部零部件且无讨价还价能力而感到无奈。此外，比亚迪还遇到"新能源车优势减少""补贴缩减""动力电池领域被赶超"和"光伏、云轨盈利前景不明"等诸多难题。因此，比亚迪一方面需加大产品研发，降低成本，延长续航能力，扩大产品优势；另一方面也需要重新审视自身的发展阶段，选择改革开放的道路，做一个开放平台，加速产业结构的转型升级，提升企业的综合竞争力，做一家新能源解决方案的提供者。

第三，加强品牌建设。想在国际市场上站稳脚跟，产品和企业形象也是不容忽视的。比亚迪在拉美市场拓展时与当地政府建立和谐的社会关系和良好的企业形象，通过大力宣传比亚迪新能源汽车的环保节能优势，赢得当地居民的信任和好感，让人们真实感受到新能源汽车的舒适与便捷。可以通过以下三种方式开展：一是可以采用适合当地文化的营销策略，如在巴西，充分利用当地的足球文化进行体育营销，通过赞助各大足球比赛等方式提升品牌认知和影响力，赢得政府和人们的认同。二是多做慈善等公益活动，参与到当地的公共事业中去，提升在当地人心中有责任的企业形象。三是"授人以鱼不如授人以渔"，通过雇用本地的员工进行培训，教会他们产品的生产装配技术，也可以培训他们售后的一些技术，不仅可以解决新能源汽车后市场问题，也可以提升当地就业率，拉动当地

[①] 资料来源：比亚迪 2017 年年报和 2018 年第一季度财务报表。

的经济增长。比亚迪不但要做到"走出去"，还要力争"走进去"。

四、结束语

古人云："不谋万世者，不足谋一时；不谋全局者，不足谋一域。"比亚迪要在观大势、谋全局、干实事的基础上，认清新能源电动汽车在拉美市场未来发展将要面临的严峻形势，变革经营发展战略，增强忧患意识，打造更加高效的竞争文化，真正做到立足当前抓长远，转型发展创一流，实现人类的可持续发展。

参考文献

［1］工信部．新能源汽车生产企业及产品准入管理规定（修订征求意见稿）［Z］．2016-08．

［2］新能源汽车生产企业及产品准入管理规则（工产业〔2009〕第 44 号公告）［Z］．2009．

［3］沈翀．新能源汽车需发掘潜在细分市场需求［N］．中国信息报，2015-10-08（002）．

［4］徐扬．ZX 公司进入巴西市场的国际化战略选择及实施［D］．上海交通大学硕士学位论文，2012．

［5］中国现代国际关系研究院拉美研究所课题组．"一带一路"视角下提升中拉合作的战略思考［J］．拉丁美洲研究，2018，6（40-3）．

［6］黎孝先．国际贸易实务（第四版）［M］．北京：对外经济贸易大学出版社，2008．

［7］《比亚迪轨迹》，2015 年 3 月修订版，比亚迪内部发行．

［8］Kolter P. Analysis Planning Implementation and Control ［J］. Marketing Management，1992（9）．

［9］Berger Paul D.，Nada I. Nasr. Customer Lifetime Value：Marketing Models and Applications ［J］. Journal of Interactive Marketing，1998（12）．

［10］Boote A. S. Market Segmentation by Personal Value and Salient Product Attributes ［J］. Journal of Advertising Research，1981（1）．

［11］Visw N. K.，Dickson P. R. The Fundamentals of Standardizing Global Marketing Strategy ［J］. International Marketing Review，2007，24（1）：46-63．

［12］Guy Edwards, Lisa Viscidi, Carlos Mojica. Charging Ahead: The Growth of Electric Car and Bus Markets in Latin American Cities ［R］. 2018.

［13］OECD/IEA. Global EV Outlook 2018—Towards Cross-modal Electrification ［R］. 2018: 107–109.

智利主要进出口市场及中智双边
贸易概况（2017~2018）

马飞雄[*]

摘　要： 2017 年，中国、美国和日本是智利的前三大出口市场，中国、美国和巴西是智利的前三大进口市场，三大出口市场和三大进口市场合计各占智利当年出口和进口的半壁江山。2017 年智利与中国双边货物进出口额为 312.9 亿美元，增长 8.8%。当年智利与中国的贸易顺差为 46.1 亿美元。研究认为，为了促进中智经济进行更加全面的合作，双方在巩固现有的贸易合作关系基础上，接下来需加强基础设施建设、汽车制造等方面合作，加强教育、旅游、金融等服务贸易，并需继续加强农业领域的合作。

关键词： 智利；进出口市场；双边贸易

据世界货币基金组织的数据统计分析，2017 年，智利 GDP 规模为 2768.65 亿美元，同比增长 10.7%，其中出口占比 23.8%，进口占比 21.5%。而当年中国是智利第一大贸易伙伴、第一大出口市场和第一大进口来源地，智利则是中国在拉美地区的第三大贸易伙伴。

一、2017 年智利的主要进出口市场

据智利海关数据统计分析，2017 年智利货物进出口额为 1253.7 亿美元，同比（下同）增长 12.9%。其中，出口 658.8 亿美元，增长 14.1%；进口 594.8 亿美元，增长 11.5%。贸易顺差 64 亿美元，增长 45.6%。

---

* 马飞雄，博士，广东外语外贸大学商学院副教授。

从国别（地区）看，2017 年，中国、美国和日本是智利的前三大出口市场，2018 年智利对三国出口额分别为 179.5 亿美元、96.6 亿美元和 57.7 亿美元，分别增长了 10.1%、18.3% 和 14.5%，分别占智利出口总额的 27.3%、14.7% 和 8.8%，该前三大市场共计占智利出口市场总额的 50.8%，超过其总出口的一半。

从商品看，贱金属及制品、矿产品和活动物及动物产品是智利的主要出口商品，2017 年出口额分别为 184.1 亿美元、175.6 亿美元和 62.9 亿美元，增长了 15.5%、27% 和 14.6%，占智利出口总额的 27.9%、26.7% 和 9.6%。

据智利贸易促进局发布的数据统计，2017 年，智利 21 种产品的出口额排名世界第一，包括铜、鲜食葡萄、新鲜鲑鱼片、碘和苹果干等。

根据该数据分析，尽管智利出口产品丰富多样，但铜仍是其最具竞争力的产品。2017 年智利是世界上最大的铜出口国，铜矿石及精矿的出口额占世界总数的 29.1%，精炼铜阴极出口额占世界总数的 26.6%。

该数据还显示，智利刺海胆的出口额占世界总额的 86.6%。在美国，智利超越挪威和加拿大等传统供应商，成为美国新鲜鲑鱼的主要供应国，市场份额占比达 70%。

与 2016 年相比，2017 年智利新鲜车厘子的出口额从世界首位降至第二位。这其中的原因，根据智利贸易促进局的解释是由于成熟期提前，原预计在 2017 年 1~2 月出口的大部分车厘子，在 2016 年 12 月就提前完成出口。

2017 年，智利对主要出口市场的出口金额如表 1 所示。

表 1 2017 年智利对主要出口市场的出口金额

国家或地区	金额（百万美元）	同比（%）	占比（%）
中国	17951	10.1	27.3
美国	9656	18.3	14.7
日本	5765	14.5	8.8
韩国	4079	0.8	6.2
巴西	3828	32.4	5.8
印度	1742	24.6	2.7
西班牙	1651	24.6	2.5
秘鲁	1626	9.9	2.5
荷兰	1593	0.9	2.4
加拿大	1315	37.1	2.0

续表

国家或地区	金额（百万美元）	同比（%）	占比（%）
中国台湾地区	1229	14.6	1.9
墨西哥	1187	-2.5	1.8
阿根廷	1056	27.5	1.6
德国	1009	49.7	1.5
法国	910	11.4	1.4
合计	54597	—	83.1

2017 年，中国、美国和巴西是智利的前三大进口市场，2018 年智利从三国进口额分别为 133.4 亿美元、108.2 亿美元和 56.4 亿美元，分别增长了 7%、14.7% 和 19.1%，分别占智利进口总额的 22.4%、18.2% 和 9.5%。该三大市场共计占智利进口市场总额的 50.1%，也超过了其总进口的一半。

2017 年，机电产品、矿产品和运输设备是智利的前三大类进口商品，进口额分别为 135.5 亿美元、99.5 亿美元和 78.9 亿美元，增长了 1.8%、25.1% 和 22.9%，分别占智利进口总额的 22.8%、16.7% 和 13.3%。

2017 年，智利从主要进口市场的进口金额如表 2 所示。

表 2　2017 年智利从主要进口市场的进口金额

国家或地区	金额（百万美元）	同比（%）	占比（%）
中国	13336	7.0	22.4
美国	10819	14.7	18.2
巴西	5636	19.1	9.5
阿根廷	2908	15.2	4.9
德国	2548	14.4	4.3
墨西哥	2030	7.4	3.4
韩国	1782	9.6	3.0
日本	1659	5.1	2.8
厄瓜多尔	1455	46.2	2.5
西班牙	1364	-8.1	2.3
法国	1227	11.3	2.1
意大利	1165	9.2	2.0

续表

国家或地区	金额（百万美元）	同比（%）	占比（%）
哥伦比亚	1163	47.5	2.0
秘鲁	881	-7.0	1.5
泰国	860	42.4	1.5
合计	48833	—	82.4

2017年，智利的前三大贸易逆差来源地依次是阿根廷、巴西和德国，逆差额分别为18.5亿美元、18.1亿美元和15.4亿美元。贸易顺差主要来自日本、中国和韩国，顺差额分别为46.2亿美元、41.1亿美元和23亿美元，分别增长20.3%、18.8%和下降5.1%。

分析智利总的国际贸易市场分布，可见其进出口市场较集中于中国、美国、日本和巴西等国。

二、2017年中智双边贸易概况

2017年智利与中国双边货物进出口额为312.9亿美元，增长8.8%。其中，智利对中国出口179.5亿美元，增长10.1%；智利自中国进口133.4亿美元，增长7%。智利与中国的贸易顺差为46.1亿美元。

贱金属及制品、矿产品和纸张是智利对中国出口的主要产品，2017年出口额分别为74.5亿美元、69.5亿美元和13.1亿美元，分别增长2%、23.2%和12.6%，分别占智利对中国出口总额的41.5%、38.7%和7.3%。这三类产品占智利出口到中国总额的90%；而对中国的机电产品、塑料橡胶以及植物产品出口出现较大降幅，降幅分别为40.9%、26.8%和22.1%。2017年，智利出口到中国的主要商品构成如表3所示。

表3 2017年智利出口到中国的主要商品构成

海关分类	HS编码/章	商品类别	金额（百万美元）	同比（%）	占比（%）
第15类	72-83	贱金属及制品	7453	2.0	41.5
第5类	25-27	矿产品	6947	23.2	38.7

续表

海关分类	HS 编码/章	商品类别	金额（百万美元）	同比（%）	占比（%）
第 10 类	47－49	纤维素浆；纸张	1312	12.6	7.3
第 2 类	06－14	植物产品	691	－22.1	3.9
第 1 类	01－05	活动物；动物产品	450	1.3	2.5
第 4 类	16－24	食品；饮料；烟草	448	27.8	2.5
第 6 类	28－38	化工产品	318	67.4	1.8
第 9 类	44－46	木及制品	293	6.7	1.6
第 8 类	41－43	皮革制品；箱包	12	6.7	0.1
第 11 类	50－63	纺织品及原料	9	28.0	0.1
第 16 类	84－85	机电产品	5	－40.9	0.0
第 7 类	39－40	塑料；橡胶	4	－26.8	0.0
第 3 类	15	动植物油脂	4	88.2	0.0
第 17 类	86－89	运输设备	2	1695.1	0.0
第 20 类	94－96	家具；玩具；杂项制品	0	－79.2	0.0
		其他	3	－2.1	0.0
合计			17951	10.1	100.0

智利自中国进口的主要商品为机电产品、纺织品及原料和贱金属及制品，2017 年进口额分别为 48.4 亿美元、20.8 亿美元和 15.8 亿美元，合计占智利自中国进口总额的 63.9%。中国的机电产品、纺织品及原料、贱金属及制品、鞋靴及伞等产品在智利市场上仍占据优势地位，分别占智利同类产品进口市场的 35.7%、64.8%、47.8%、59.8%。在这些产品上，美国、巴西和印度等国是中国的主要竞争对手。2017 年，智利从中国进口的主要商品构成如表 4 所示。

表 4　2017 年智利从中国进口的主要商品构成

海关分类	HS 编码/章	商品类别	金额（百万美元）	同比（%）	占比（%）
第 16 类	84－85	机电产品	4842	－0.4	36.3
第 11 类	50－63	纺织品及原料	2081	9.8	15.6

续表

海关分类	HS 编码/章	商品类别	金额 （百万美元）	同比 （%）	占比 （%）
第 15 类	72-83	贱金属及制品	1584	19.8	11.9
第 20 类	94-96	家具；玩具；杂项制品	968	9.3	7.3
第 17 类	86-89	运输设备	768	32.1	5.8
第 7 类	39-40	塑料；橡胶	704	7.4	5.3
第 12 类	64-67	鞋靴；伞等轻工产品	660	9.3	5.0
第 6 类	28-38	化工产品	642	3.6	4.8
第 13 类	68-79	陶瓷；玻璃	260	0.0	2.0
第 18 类	90-92	光学；钟表；医疗设备	212	9.2	1.6
第 8 类	41-43	皮革制品；箱包	181	19.4	1.4
第 4 类	16-24	食品；饮料；烟草	125	20.2	0.9
第 10 类	47-49	纤维素浆；纸张	97	11.7	0.7
第 9 类	44-46	木及制品	68	0.8	0.5
第 2 类	06-14	植物产品	53	-16.4	0.4
		其他	92	-16.1	0.7
合计			13337	7.0	100.0

三、2018 年 1~9 月智利贸易概况及中智双边贸易

1. 2018 年 1~9 月智利贸易概况

据智利海关统计，2018 年 1~9 月，智利货物进出口额为 1068.1 亿美元，同比（下同）增长 17.5%。其中，出口 570.4 亿美元，增长 20.2%；进口 497.8 亿美元，增长 14.5%。贸易顺差 72.6 亿美元，增长 84.1%。

分国别（地区）看，中国、美国和日本是智利的前三大出口市场，1~9 月智利对三国分别出口 177.1 亿美元、83 亿美元和 51.3 亿美元，分别增长 44.4%、12% 和 23.8%，占智利出口总额的 31%、14.6% 和 9%。中国、美国和巴西是智利的前三大进口市场，1~9 月智利自三国进口 110.2 亿美元、93.4 亿美元和

48.8 亿美元，增长 12.6%、19.9% 和 26.2%，占智利进口总额的 22.1%、18.8% 和 9.8%。1~9 月智利的前三大逆差来源地依次是巴西、阿根廷和德国，逆差额分别为 22.9 亿美元、16.8 亿美元和 12.3 亿美元。贸易顺差主要来自中国、日本和韩国，1~9 月顺差额为 66.9 亿美元、35.6 亿美元和 21.2 亿美元，增长 170.6%、22.0% 和 38.1%。

分商品看，矿产品、贱金属及制品和植物产品是智利的主要出口商品，1~9 月出口额分别为 157.8 亿美元、150.2 亿美元和 55.4 亿美元，增长 28.4%、19.4% 和 17.9%，占智利出口总额的 27.7%、26.3% 和 9.7%。机电产品、矿产品和运输设备是智利的前三大类进口商品，1~9 月进口额分别为 106.1 亿美元、92.8 亿美元和 67.7 亿美元，增长 6.9%、29.9% 和 18.8%，占智利进口总额的 21.3%、18.6% 和 13.6%

2. 2018 年 1~9 月中国智利双边贸易概况

据智利海关统计，1~9 月智利与中国双边货物进出口额为 287.2 亿美元，增长 30.3%。其中，智利对中国出口 177 亿美元，增长 44.4%；自中国进口 110.2 亿美元，增长 12.6%。智利与中国的贸易顺差为 66.9 亿美元。

贱金属及制品、矿产品和植物产品是智利对中国出口的主要产品，1~9 月出口额为 71.2 亿美元、68 亿美元和 15.2 亿美元，分别增长 44.8%、43.4% 和 49.9%，占智利对中国出口总额的 40.2%、38.4% 和 8.6%。

智利自中国进口的主要商品为机电产品、纺织品及原料和贱金属及制品，1~9 月进口额分别为 38.6 亿美元、17.5 亿美元和 14.3 亿美元，三类产品合计占智利自中国进口总额的 63.9%。在机电产品、纺织品及原料、贱金属及制品与鞋靴、伞等产品上，中国仍具有优势，分别占智利同类产品进口市场的 36.3%、15.6%、11.9%、5.0%。在这些产品上，美国、巴西和印度等国是中国产品的主要竞争对手。

四、结论与政策启示

通过对过去近两年的中智整体贸易数据分析可见，中国是智利最重要的贸易伙伴，智利是中国在拉美的主要贸易伙伴和重要战略合作伙伴。

为了促进中智长期、稳定、健康的经贸合作，本课题组研究认为，进入 2000 年以来，智利产业政策出现了较大变化，培育服务业政策和国家创新体系的出现，都标志着智利政府积极寻找新的产业机会，横向产业政策逐渐转向纵向产业政策，技术和创新获得了政策支持，形成了富有国家特色的智利创新体系。同时，中国市场也正在优化产能结构，推进供给侧结构性改革，积极培养国家创新体系，大力鼓励"大众创业，万众创新"，并不断促进社会全面深化改革。

为了促进中智经济进行更加全面的合作，本课题组认为双方在巩固现有的贸易合作关系基础上，接下来需制定或优化各自的政策措施加强基础设施建设、汽车制造等方面合作，加强教育、旅游、金融等服务贸易，并需继续加强农业领域的合作。

总之，中智关系正处于新的发展阶段，我国政府高度重视同智利的关系，在构建中智新型战略伙伴关系中，需要超越双边，突破双边，站在全球化的大背景下把握战略重心，拓展空间。

注：资料来源于国际货币基金组织网站、智利海关网站、中国海关等相关网站。

附录 《2018 年拉丁美洲蓝皮书》 英文和西语摘要汇总

Appendix: Summary of All the English and Spanish Abstracts for 2018 Blue Book of Latin America

Apéndice: Compendio de Todos los Resúmenes en Inglés y Español del Libro Azul de América Latina 2018

Report on Latin American Situation and China–Latin America Relations

Zhao Rongxian

Abstract: This paper is based on the speech draft of Ambassador Zhao Rongxian on the 2018 Public Diplomacy Seminar and has been confirmed by the Author. It is the deep summary of years of hard work and research in Latin America, also the combination between personal experience and updated materials to state the political and economic situation in current Latin America in a systematic way. The emphasis of America–Latin America relations and China–Latin America relations are conducted to master the whole situation, and to discuss the development trends of diplomacy policies and innovation strategies of public diplomacy.

Key Words: Latin American Resources; America–Latin America Relations; China–Latin America Cooperation; Diplomacy Policies

Informe sobre la situación de América Latina y las relaciones sino-latinoamericanas

Zhao Rongxian

Resumen: El presente trabajo se basa en el discurso realizado por el embajador Zhao Rongxian en el seminario de diplomacia pública de 2018 y ha sido examinado y aprobado por él mismo. Se trata de un artículo en el que se reúnen las experiencias adquiridas por el autor durante años de trabajo e investigación en América Latina, y que explica sistemáticamente la situación política y económica acutal del continente, combinando con los datos y estadísticas más recientes. Para dar una visión más integral de la situación, el autor pone énfasis en las relaciones entre Estados Unidos y América Latina y también las sino-latinamericanas, permitiendo que se desarrolle más vívidamente los argumentos sobre las tendencias de desarrollo de las políticas diplomáticas, así como las estrategias innovadoras en la diplomacia pública.

Palabras Clave: Recursos Latinoamericanos; Relaciones Estadounidense-Latinoamericanas; Colaboración Sino-Latinoamericana; Estrategia Diplomática

Some thoughts on US-China trade war from the perspective of a small opened economy

Guillermo Yanez

Abstract: We briefly discuss some causes for protectionism in the US, especially oriented to imports from China and conclude there are no strong economic arguments in favor of such a strategy. We also take the perspective of a small opened economy such as Chile as a comparison standpoint and considering that both, the US and China, are Chile's leading trade partners.

Informe sobre las relaciones económicas sino-latinoamericanas en el contexto de la fricción comercial entre China y Estados Unidos

Guillermo Yanez

Resumen：Hablaremos brevemente sobre unas causas de la proteccionismo en Estados Unidos, especialmente aquellas vinculadas a la importación desde China. Llegaremos a la conclusión de que no hay un fuerte argumento económica a favor de tal estrategia. Al mismo tiempo, haremos comparación con una economía abierta pequeña tal como Chile, considerando que tanto Estados Unidos como China son importantes socios de cooperación para Chile.

Monitor of Chinese OFDI in Latin America and the Caribbean 2018

Enrique Dussel Peters

Abstract: Given the increasing complexity in the Latin American and Caribbean (LAC) -China relationship, it is more important than ever to understand specificities and details in this relationship. In this case we present the case for Chinese outbound foreign direct investments (OFDI) in LAC for the period 2000–2017. This approach, developed by the Academic Network of Latin America and the Caribbean on China (Red ALC – China) acknowledges the statistical efforts by public Chinese and LAC institutions, as well as their weaknesses; as a result, the document presents a new methodology to register Chinese OFDI in LAC based on transactions. The results are very important, including an understanding of the increasing diversification of Chinese OFDI by ownership (i. e. the public sector is still by far the most important source of Chinese OFDI in LAC, but with a falling tendency), as well as in terms of the diversification of Chinese OFDI by sector (and away of raw materials and energy) and country (in 2017 Chinese OFDI increased by 3000% to Mexico and declined in other countries such as Argentina and Brazil). The policy implications of this methodology are very substantial.

Informe sobre la inversión directa de China en América Latina en 2018

Enrique Dussel Peters

Resumen：El presente informe es el resultado más reciente de la Red ALC – China. Ustedes puden consultar las informaciones existentes, incluidos documentos, materiales, estadísticas y análisis de todos los tipos, y así mejoremos y profundizaremos nuestra investigación. El informe lleva las informaciones resumidas y categorizadas de distintas fuentes entre el año 2000 y 2017. Con el presente trabajo, presenteremos los estadísticos detallados de cada negocio de la inversión directa al exterior desde el punto de vista de una empresa, y los resultados de la inversión directa de China en América Latina (para más información consulte la quinta parte del trabajo).

Dado que la inversión directa de China en el mundo, especialmente en América Latina y el Caribe, se vuelve cada día más importante, decidimos realizar el presente trabajo. La investigación metodológica, los estudios de casos, los estudios regionales y bilaterales son igualmente importantes. El presente trabajo es un análisis detallado que investiga profundamente las relaciones sino-latinoamericanas en temas como comercios, finanza, inversión directa e infraestructuras.

Report on Latin American Economic Development and China—Latin America Economic and Trade Outlook Report

Huang Lei, Liang Yunzhen, Zhang Yi

Abstract: Currently, the overall economy of Latin America is performing well but still faces challenges for lack of incentives and risk tolerance. Since China started the "Belt and Road" construction with Latin American countries in 2017, China—Latin America economic and trade relations have entered a new stage, bringing about opportunities for bilateral economic cooperation. At the same time, China—Latin America relations also faces challenges in different aspects such as the structural imbalance and trade frictions between China and Latin America, lack of trust in China's policies due to the limitations of Latin America's perception of China, political turmoil, corruption and social security risks in Latin American countries, and the suppression of China and Latin America by Western developed countries led by the United States. This paper analyzes the economic situation of Latin America in 2017 – 2018 and summarizes the characteristics of China—Latin America economic and trade relations in recent years. It is believed that with a prospecting future and complementary resources, China and Latin America should overcome the challenges brought about by domestic and international environmental uncertainties. By strengthening communication and exchanges between the two sides and improving mutual political trust and cultural understanding, China and Latin America can reach a new height in economic and trade relations.

Key Words: Latin American Economy; Belt and Road Initiative; China—Latin America Economic and Trade Cooperation

Informe sobre el desarrollo económico de América Latina y las perspectivas económicas y comercialessino-latinoamericanas

Huang Lei, Liang Yunzhen, Zhang Yi

Resumen：Actualmente la economía latinoamericana está en buen estado, pero aún está enfrentando muchas desafías causadas por la falta de motivación y de la habilidad de asumir riesgos. Desde que China empezó a colaborar con los países latinoamericanos en los establecimientos de proyectos de "la Franja y la Ruta" en 2017, las relaciones sino-latinoamericanas entraron en una nueva etapa, produciendo oportunidades para la cooperación económica bilateral. Al mismo tiempo, estas relaciones tienen que hacer frente a los retos procedentes de todos los sectores, por ejemplo, el desequilibrio estructural y la fricción en el comercio sino-latinoamericano, la falta de confianza en las políticas de China debido a las limitaciones en la percepción de América Latina sobre el país asiático, la agitación política en América Latina, la corrupción y precaria seguridad social en los países latinoamericanos, sumado la represión hacia China y América Latina realizada por los países desarrollados occidentales liderados por los Estados Unidos. En el presente trabajo se analiza la situación económica de América Latina en 2017-2018 y se intenta hacer un resumen sobre las características de las relaciones económicas y comerciales sino-latinoamericanas en los últimos años. Se cree que con un futuro próspero y la ventaja de tener recursos complementarios, China y América Latina deben superar los desafíos provocados por la incertidumbre en el ambiente nacional e internacional. A través del fortalecimiento de la comunicación y los intercambios entre las dos partes, más el mejoramiento en la confianza política mutua y el entendimiento cultural, China y

América Latina pueden alcanzar un nuevo nivel en las relaciones económicas y comerciales.

Palabras Clave：Economía Latinoamericana；la Franja y la Ruta；Cooperación Económica y Financiera Sino-Latinoamericana

Study on the Risks and Countermeasures of Sino-Latin American Energy Cooperation under the Belt-Road Initiative

Zhu Wenzhong, Lu Yichao

Abstract: With the deepening of economic globalization, China has deepened exchanges and interactions with other countries in the world and the interests of each other have become closer. Over 30 years of reform and opening up, while China has achieved sustained and rapid development, it has also actively participated in the global economic game. Apart from the traditional markets of Europe and the United States, China's investment in Latin America is also on the rise. This paper first discusses the present situation of the Belt and Road Initiative. Then based on the research on the risk of energy cooperation and the risk of China-Latin America cooperation, it analyzes the current situation of China's cooperation with Latin America from several perspectives such as the current situation of energy cooperation, the existing problems of energy cooperation, the PEST analysis of energy cooperation risks (political, economic, social and technological). Taking Venezuela as an example, it concludes that the political environment in Latin America is complex, risks and opportunities coexist, and the cooperation potential between China and Latin American countries is huge. Finally, it gives countermeasures and suggestions: Seize the opportunity to deepen the cooperation level of energy resources; expand financing channels for investment cooperation between China and Latin America; prevent risks and adopt flexible and cautious coping strategies.

Key Words: China; Latin America; Energy Cooperation; Risk and Countermeasure

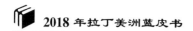

Estudio sobre los Riesgos y Contramedidas en Cooperación Energética China-América Latina bajo la Iniciativa de la Franja y la Ruta

Zhu Wenzhong, Lu Yichao

Resumen: Con la profundización de la globalización económica, China ha intensificado los intercambios e interacciones con otros países del mundo y entre ellos se crean cada día más intereses comunes. Gracias a la Política de Reforma y Apertura en vigencia desde 1978, China ha logrado un desarrollo económico espectacular y sostenible, entretanto también ha participado de manera activa en la economía mundial. Además de los mercados tradicionales como Europa y Estados Unidos, la inversión china en mercados emergentes, especialmente América Latina, también va aumentando. Este artículo examina, en primer lugar, el progreso actual de la Iniciativa de la Franja y la Ruta. Luego, demostrando los riesgos generales en la cooperación energética y la investigación sobre riesgos concretos en la actual cooperación energética chino-latinoamericana, se analizan los riesgos de la inversión directa de China en el campo energético de América Latina desde varias perspectivas, como la situación actual de la cooperación, los problemas existentes en ella y el análisis PEST (política, economía, sociedad y tecnología) sobre los riesgos de dicha cooperación en la región. Tomando a Venezuela como ejemplo, se puede concluir que, debido al ambiente político complicado, los riesgos y las oportunidades coexisten y que el potencial cooperativo entre China y los países latinoamericanos queda enorme. Finalmente, se avanzan contramedidas y sugerencias: Profundizar la cooperación en los recursos energéticos aprovechando oportunidades; posibilitar más modos de financiamiento para la cooperación e inversión China – América

Latina; prevenir riesgos adoptando estrategias flexibles y cautelosas.

Palabras Clave: China; América Latina; Cooperación Energética; Riesgo y Contramedidas

Research on The Fiscal Space of Latin American Countries

Li Cuilan

Abstract: The size of fiscal space, an available financial resource, plays an important role in the development of the country. In the context of the recovery of the world economy, Latin American countries have experienced slower economic growth and the scale of public debt continues to expand, which hinders future establishment of fiscal space in Latin American countries. This will impede social equity and economic growth. Therefore, governments need to find measures to establish fiscal space. On the basis of the concept and basic model of fiscal space, and the analysis of the basic situation of fiscal space in Latin American countries, the main factors that influence the fiscal space of Latin American countries have been found, which include the lack of economic driving force, the imperfect tax system, tax collection and management, advanced social expenditures and heavy public debt burden. Policy suggestions and measures to increase fiscal space have been proposed from three aspects: Develop the economy, optimize fiscal revenue and expenditure structure and improve debt management.

Key Words: Latin American Countries; Fiscal Space; Fiscal Balance

Investigación sobre el Espacio Fiscal de los Países Latinoamericanos

Li Cuilan

Resumen: El espacio fiscal, un recurso financiero disponible a nivel nacional, es de importancia crucial para el desarrollo cualquier país. En el contexto de la recuperación de la economía mundial, los países latinoamericanos, sin embargo, experimentan un crecimiento económico relativamente lento y la deuda pública continúa incrementándose, lo cual no solo dificulta el establecimiento del espacio fiscal sino también impide la realización de la equidad social y el crecimiento económico en esos países. Por lo tanto, los gobiernos deben esforzarse en busca de medidas para establecer un espacio fiscal. Basado en el concepto y modelo básico del espacio fiscal, el artículo examina la situación fundamental del espacio fiscal de los países latinoamericanos, de acuerdo con la cual se demuestran los principales factores que afectan el espacio fiscal de los países latinoamericanos: Falta de fuerza motriz en el desarrollo económico, defectos en el sistema fiscal y la recaudación y gestión de impuestos, gastos sociales adelantados y carga pesada de deuda pública. Por consiguiente se proponen sugerencias de políticas y medidas para aumentar el espacio fiscal a partir de tres aspectos: Desarrollo de la economía, optimización de ingresos fiscales y distribución de gastos, mejora de la gestión de deuda.

Palabras Clave: Países Latinoamericanos; Espacio Fiscal; Equilibrio Fiscal

Analysis of China-Latin American Agricultural Cooperation in the New Era of the Belt and Road Initiative

Zhu Wenzhong, Chen Zhiheng

Abstract: In the context of the Belt and Road Initiative, agricultural cooperation between China and Latin America is particularly important since the trade war between China and US has slowed down the import and export of farming products between them, which brings an enormous opportunity for Latin America having rich agricultural resources. The paper analyzes the situation of agriculture in Latin America, the status of China-Latin American agricultural cooperation and finds that the overall status and opportunities for China-Latin America agricultural cooperation are limiited agricultural products involved in the cooperation. In order to seize opportunities to promote Sino-Latin agricultural cooperation, it is suggested to solve transport problems, enhance mutual technological cooperation, innovate investment model, and transform government functions so as to upgrade the level of China-Latin American agricultural cooperation.

Key Words: China and Latin America; Agricultural Cooperation; Opportunities; Problems; Countermeasure

Análisis de la Cooperación Agrícola Chino–Latinoamericana en la Nueva Era de la Iniciativa de la Franja y la Ruta

Zhu Wenzhong, Chen Zhiheng

Resumen: La Iniciativa de la Franja y la Ruta crean oportunidades únicas de desarrollo para la cooperación agrícola entre China y América Latina, ya que el conflicto comercial entre China y EE. UU. ha frenado la importación y exportación de productos agrícolas entre ellos. La cooperación agrícola chino–latinoamericana cuenta con enorme potencial y espacio de desarrollo. El artículo examina la situación actual de la agricultura en América Latina, el progreso de la cooperación agrícola chino–latinoamericana y llega a la conclusión de que en ella existen varios problemas como la cartera de productos demasiado simple, el transporte ineficaz y la mecanización atrasada. Con el fin de aprovechar las oportunidades para promover dicha cooperación y elevarla a un nivel superior, se aconseja abordar problemas de transporte, aumentar la cooperación tecnológica, optimizar el modelo de inversión y transformar las funciones del gobierno.

Palabras Clave: China y América Latina; Cooperación Agrícola; Oportunidades; Problemas; Contramedidas

Choices of Trade in Latin America and New Trends in China−Latin America Cooperation

Li Yongning， Cui Yue， Chen Yi

Abstract：In the context of Sino−US trade friction and the development of Latin American domestic and foreign trade， this paper systematically examines the intra−regional trade of major Latin American countries in recent years， the trade between Latin American countries and North American countries， and trends in economic and trade cooperation between China and Latin America. It is found that the trade among the nine major Latin American countries maintains a good momentum， accounting for about 30% of their global trade. At the same time， despite the occurrence of US trade protectionism， Latin America has not reduced by increased its trade with the US. Finally， analysis has been made on the conditions for successful economic and trade cooperation between China and Latin America in the new situation. The author also looks forward to the prospecting future.

Key Words：Trade Friction；Intra−regional Trade；Latin−America Trade；China−Latin America Economic and Trade Cooperation

Opciones del Comercio en América Latina y Nuevas Tendencias en la Cooperación Chino-Latinoamericana

Li Yongning, Cui Yue, Chen Yi

Resumen：En el contexto de los conflictos comerciales chino-estadounidenses y el desarrollo del comercio interior y exterior de América Latina, este artículo examina sistemáticamente el comercio intrarregional de los principales países latinoamericanos en los últimos años, el comercio entre los países latinoamericanos y los norteamericanos, y las tendencias en la cooperación económica y comercial entre China y América Latina. Se demuestra que el comercio entre los nueve principales países latinoamericanos mantiene un buen impulso, ya que representa aproximadamente el 30% de su comercio global. Al mismo tiempo, a pesar de la aparición del proteccionismo comercial por parte de Estados Unidos, el intercambio comercial entre América Latina y el potente norteamericano ha crecido en lugar de sufrir alguna disminución. Finalmente, se analizan las condiciones para una cooperación económica y comercial exitosa entre China y América Latina en la nueva época, sobre la cual se dan perspectivas optimistas.

Palabras Clave：Conflicto Comercial；Comercio Intrarregional；Comercio Estados Unidos-América Latina；Cooperación Comercial China-América Latina

Research on the Challenges and Countermeasures of Human Resources Management for Chinese Enterprises Entering Latin America

Zhu Wenzhong, Zhang Tingting

Abstract: Since the 21st century, relations between China and Latin America have entered a period of rapid development. President Xi Jinping visited Latin America three times in about four years, and raised relations with six Latin American countries to become comprehensive strategic partners. These highlight the important position of Latin America in the new diplomatic structure of China. There are many common interests between China and Latin American countries, which have encouraged China and Latin America to carry out active exchanges and cooperation in political and economic fields. The relations between China and Latin America have made leaps and bounds in the 21st century, and Chinese enterprises have become an inevitable trend toward Latin America. This paper aims to study Chinese differences from Latin American in human resource management system, and based on the 5P model, finds the key challenges of Chinese enterprises entering Latin America in human resource management, such as the backward concept of human resources management, trade union demand conflict, inconsistent pay system management, etc. Further countermeasures are put forward to provide references for Chinese enterprises to enter Latin America.

Key Words: Human Resource Management; Latin America; 5P Model; Differences

Investigación sobre los Desafíos y Contramedidas en la Gestión de Recursos Humanos para Empresas Chinas Entrantes a América Latina

Zhu Wenzhong，Zhang Tingting

Resumen：Desde el siglo XXI，las relaciones entre China y América Latina han experimentado un período de desarrollo rápido. El presidente Xi Jinping realizó tres visitas a América Latina en alrededor de cuatro años y elevó las relaciones con seis países a la asociación de estrategia integral，destacando la importancia de América Latina en el nuevo esquema diplomático de China. Entre ella y los países latinoamericanos existen numerosos intereses comunes，los cuales han incentivado a China y América Latina a efectuar de manera activa intercambios y cooperaciones en los ámbitos político y económico. Las relaciones chino-latinoamericano han dado grandes pasos en el siglo XXI，con la cual la inversión de empresas chinas a esa región se ha convertido en una tendencia inevitable. Este artículo tiene como objetivo estudiar las diferencias entre la gestión de recursos humanos en América Latina y la de China. Además，basado en el modelo 5P，trata de localizar los desafíos principales en la gestión de RR. HH. para las empresas chinas que ingresen a América Latina，como，por ejemplo，la gestión atrasada de recursos humanos internacionales en las empresas chinas，conflictos entre la empresa y las demandas del sindicato，gestión inconsistente del sistema de pago，etc. Se proponen soluciones correspondientes a esos problemas como referencia para empresas chinas entrantes a América Latina.

Palabras Clave：Gestión de Recursos Humanos；América Latina；Modelo 5P；Diferencias

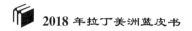

Reference Significance of the Expericence from Asian Developmental Economies to Latin America

Alberto Alejandro Puente Gómez

Abstract：This article aims to explore the definition of a developmental country, the achievements and challenges it faces. After comparing Korea's successful experience with the lessons of India, key ideas have been summarized that may be useful for Latin America.

Experiencia de Economías Crecientes Asiáticas como Referencia para América Latina

Alberto Alejandro Puente Gómez

Resumen：Este artículo tiene como objetivo dar la definición de Economías Crecientes y demostrar sus logros y desafíos que enfrentan. Después de comparar la experiencia exitosa de Corea del Sur con las lecciones de India, se resumen ideas constructivas que pueden resultar útiles para América Latina.

2017－2018 Venezuelan Political Situation and Outlook

Huang Zhong

Abstract： Venezuela is an unpredictable country in turbulence. In order to make a concentrated analysis of its development situation and trends, this paper collects abundant data and latest material of recent years, especially from 2017 to 2018, illustrates the economic, political, social and especially diplomatic situation and trends in Venezuela from a very specific and professional perspective. Also, this paper makes some prediction about the possible tendency issues and referential expectations.

Key Words： Currency Inflation；Foreign Exchange Reserve；Politics and Society；Diplomatic Situation

Panorama Político y Perspectivas de Venezuela 2017-2018

Huang Zhong

Resumen: Venezuela es un país impredecible sumergido en la turbulencia. A fin de realizar un análisis concentrado en su situación y tendencias de desarrollo, este artículo recopila abundantes datos y materiales más recientes de los últimos años, especialmente los del período 2017-2018, demostrando la situación económica, política, social y en particular la diplomática, junto con las tendencias en Venezuela desde un punto de vista específico y profesional. Además, se dan predicciones sobre los problemas emergentes y avanza expectativas referenciales sobre el país.

Palabras Clave: Inflación de la Moneda; Reserva de Divisas; Política y Sociedad; Situación Diplomática

Creativity, Simplicity and Efficiency— Taking Argntina os an Example

Ignacio Alperin Bruvera

Abstract: This paper intends to raise some questions, and propose some answers, to many of these issues related to this new time, and particularly to the future of economically viable societies. To do so we will look at three areas of marked interest in this specific field. First we will look at creativity and its many components. Then we will look at the importance of the concept of simplicity, which I believe is central to all successful individuals, while fundamental to all effective human ventures, and the idea of leadership within this new ecosystem. Finally, we will gloss over the Argentine startup environment, and the creativity revolution happening in the country right now, as an interesting testing field for these and other related concepts.

Creatividad, simplicidad y eficiencia—tomando a Argentina como ejemplo

Ignacio Alperin Bruvera

Resumen: El autor trató de plantear algunas preguntas y ofrecer algunas soluciones. Muchas de estas cuestiones están relacionadas con esta nueva era, especialmente con respecto a la viabilidad económica futura y la prosperidad social.

Para lograr este objetivo, el autor se centrará en tres aspectos en esta esfera específica. Primero, estudiaremos lacreatividad y su composición; en segundo lugar, la importancia de estudiar el concepto de simplicidad, que el autor la considera el núcleo de las personas exitosas y una parte fundamental de todas las actividades efectivas de aventura para los humanos; por último, estudiaremos el concepto de liderazgo bajo este nuevo entorno.

Finalmente, el autor hablará brevemente del entorno empresarial en Argentina y la revolución creativa que está experimentando como un ejemplo real de prueba de cada uno de estos tres conceptos.

The "Diplomatic" History of Dominica and Taiwan

Chen Yi, Chen Ning

Abstract：Central America and the Caribbean have always been Taiwan's so - called "diplomatic" heavyweights. However, in recent years, Taiwan has lost many diplomatic allies. Five countries have broken off diplomatic relations with the government led by Cai Yingwen in two years. On the other hand, with the rapid development in the past 30 years, China has become the world's second largest economy, and has increasing international influence in economy, politics and culture. In 2018, China established diplomatic relations with Dominica. As the largest economy in Central America and the Caribbean, Dominica has huge influence on regional affairs. This article takes Dominica as an example to sort out its "diplomatic" history with Taiwan from multiple perspectives.

Key Words：Taiwan；Dominican Republic；Caribbean；Diplomacy

Historia de la llamada "diplomacia" entre Dominica y Taiwán

Chen Yi, Chen Ning

Resumen: Centroamérica y el Caribe siempre han sido las llamadas zonas importantes "diplomáticas" de Taiwán. Sin embargo, en los últimos años, los "estados de relación diplomática" han roto la relación con Taiwán, lo cual hace el Gobierno de Cai Yingwen perder a cinco países en dos años. Por otra parte, con más de tres decenios de rápido desarrollo, China se ha convertido en la segunda economía más grande del mundo, con una influencia internacional cada vez mayor en los ámbitos económico, político y cultural. En 2018, China y Dominica establecieron relaciones diplomáticas. Como la mayor economía de Centroamérica y el Caribe, Dominica tiene una importante influencia en los asuntos regionales. Este artículo toma a Dominica como ejemplo para ordenar la historia de la llamada "diplomacia" entre Dominica y Taiwán desde diversas perspectivas.

Palabras Clave: Taiwán; la República Dominicana; el Caribe; diplomacia

Communication Methods and Effects of Chinese Culture in Chile

Chen Xing

Abstract：The international spread of Chinese culture is an important national strategy in the new era. The government and NGOs have made some achievements in increasing the international influence of Chinese culture. However, the communication methods, with the aim of propaganda, are flawed. In Chile, for example, the spread of Chinese culture is lack of pertinence in content and form, and lacks a cultural carrier with profound cultural heritage. Therefore, it is imperative to develop a targeted cultural communication strategy considering Chile's national and civil conditions. At the same time, we must be cautious of the misunderstanding and smearing of Chinese culture.

Key Words：International Spread of Chinese Culture；Chile；Communication Method；Communication Effect

Los medios de difusión y efectos de la cultura china en Chile

Chen Xing

Resumen：La salida de la cultura china es una estrategia nacional importante en la nueva situación. El gobierno y las organizaciones no gubernamentales han expandido la influencia de la cultura china en el extranjero por varios medios y han logrado ciertos éxitos. Sin embargo, la difusión al extranjero de la cultura, que es esencialmente "enviada", es defectuosa. En Chile, por ejemplo, la difusión de la cultura china carece de especificidad en cuanto al contenido y la forma, y falta un portador cultural con una base cultural profunda. Por lo tanto, es imperativo formular una estrategia específica para la difusión cultural al extranjero de cuerdo con las condiciones nacionales de Chile y la situación del pueblo chileno. Al mismo tiempo, debemos estar en alerta de los malentendidos y las difamaciones de la cultura china.

Palabras Clave：la Salida de la Cultura China；Chile；Medios de Difusión；Efecto de la Comunicación

History and Status of the Brazilian Newspaper Industry

Yang Jing

Abstract: The Brazilian newspaper industry was born by the end of the colonial economy in the 19th century and was accompanied by the process of social modernization and democratization. This paper is aimed to sort out the development of the Brazilian newspaper industry in the past two centuries and analyze its influence and the role it has played during the democratization process in Brazil.

La historia y la situación Actual de la Prensa Brasileña

Yang Jing

Resumen: El periodismo brasileño se inició al final de la economía colonial del siglo XIX y coincidió con el proceso de modernización social y de democracia en Brasil. El presente documento tiene por objeto hacer un balance de la evolución de la prensa brasileña durante más de dos siglos y analizar sus repercusiones y el papel que ha desempeñado en el duro proceso de la democratización de este país.

A Preliminary Study of the Spreading Mode of Chinese Opera in Latin America— Taking the Spread of Cantonese Opera in Cuba as an Example

Liu Liu

Abstract: With the increasingly close relationship between China and Latin America, this paper chooses the spread of Cantonese opera in Cuba as the research object, hoping to fan out from point to area. It mainly explores how to generate an effective and reproducible mode of communication by using high-quality and targeted Spanish translation, with different factors including geographical environment, history, customs, cultural, aesthetic concepts and language of Latin American countries taken into consideration. It is hoped that Chinese operas can spread, develop and even be rejuvenated in Latin America, where colonial culture, Indian culture and African culture mix together.

Key Words: Chinese Opera; Latin America; Communication; Cantonese Opera; Cuba

Una investigación preliminar sobre el modelo de extender de la ópera China a los países de América Latina—tomando como ejemplo la propagación de la ópera Cantonesa en Cuba

Liu Liu

Resumen：A medida que los vínculos entre China y América Latina son cada vez más estrechos, este estudio toma la difusión de la ópera cantonesa en Cuba como el objeto de estudio, explorando, de punto a área, cómo aprovecha la traducción al español de alta calidad y específica, bajo el gran contexto de la estrategia "la salida de la cultura china", combinando el entorno geográfico, la historia humana, las costumbres, la mentalidad cultural, los idiomas nacionales y otros factores para crear un modelo de difusión eficaz y reproducible que permite la difusión y el desarrollo, e incluso la renovación de esta forma artística, la ópera china en América Latina, donde se integra la cultura colonial, india y africana.

Palabras Clave：ópera China；América Latina；Comunicación；ópera cantonesa；Cuba

Chinese Energy Investment in Ecuador: A Peripheral Development Template for Conditionality

Will Hickey

Abstract: Ecuador is a peripheral country on China's investment path. It is an oil economy which exports most of its oil to China in exchange for development loans. Ecuador however has been slow to implement real reform in its own economy, and concern over the long term conditions of these loans on its sovereignty has arisen, particularly in regards to further "oil-collateralized" upstream development projects in ethnic minority and pristine environmental areas near the Amazon basin. China for its part does not use much Ecuadorean oil itself, due to quality, but rather trades it to 3rd parties. "Conditional development" of Ecuador's economy will be crucial for China's investment strategy with similar resource rich developing countries with economies under duress along its Belt and Road/ AIIB initiatives.

La inversión China en energía en Ecuador: el desarrollo periférico

Will Hickey

Resumen: Ecuador es un país periférico en América del Sur donde China busca la inversión de recursos a escala global. Puede servir como un barómetro para el AIIB (Asian Infrastructure Investment Bank) o la Iniciativa "la Franja y la Ruta" para predecir cómo invierte con éxito en otros países ricos en materias primas. Ecuador es la piedra de toque importante para la inversión exitosa de China en la región sudamericana/ andina.

Research on Marketing Strategy Optimization of BYD's New Energy Vehicles in Latin America

Wu Yiming, Zhao Guoxiang

Abstract: Since China joining the WTO, Sino – Latin America relationship has been steadily transformed and upgraded. The "Belt and Road Initiative" has greatly promoted the transfer of China's automobile exports to the emerging market. Latin America has thus become one of the largest markets for Chinese automobile exports. At present, the automobile industry has not paid enough attention to the new energy automobile industry in the Latin American market while Latin America is the key area for international marketing of new energy vehicles. This article takes BYD Auto's marketing strategy in Latin America as an example to explore the international development path of China's domestic automobile manufacturing enterprises.

Key Words: New Energy Vehicles; Latin American Market; BYD; Marketing Strategy

Investigación sobre la optimización de la estrategia de mercado de los vehículos de nueva energía de BYD en América Latina

Wu Yiming, Zhao Guoxiang

Resumen: Desde que China se unió a la OMC, la relación entre China y los países latinoamericanos se ha ido transformando y mejorando constantemente. La Iniciativa "la Franja y la Ruta" ha promovido en gran medida la transferencia del mercado ultramarino de exportación de automóviles de China a los países de mercados emergentes, por lo que América Latina se ha convertido en uno de los mayores mercados de exportación de automóviles de China. En la actualidad, la atención que presta la industria de automóviles de nueva energía al mercado latinoamericano aún no es suficiente, sin embargo, América Latina es el área estratégica clave para la comercialización internacional en el campo de vehículos de nueva energía. Por lo tanto, este artículo toma como ejemplo la estrategia de mercado de BYD Auto en América Latina para explorar la trayectoria de desarrollo de la internacionalización de las empresas que fabrican automóviles de marca propia de China.

Palabras Clave: Vehículos de Nueva Energía; Mercado Latinoamericano; BYD; Estrategia de Mercado

Overview of Chile's Major Import and Export Markets and Bilateral Trade between China and Chile (2017-2018)

Ma Feixiong

Abstract: In 2017, China, the US and Japan are the top three export markets of Chile. China, the US and Brazil are the top three import markets of Chile. The three major import and export markets both account for half of Chile's imports and exports that year. In 2017, the import and export volume of goods between Chile and China was US $ 31. 29 billion, with an increase of 8. 8%. The trade surplus between Chile and China in 2017 was $ 4. 61 billion. It is believed that in order to promote more comprehensive cooperation between China and Chile, on the basis of consolidating the existing trade cooperation, the two sides should strengthen cooperation in infrastructure construction and automobile manufacturing, promote trade in services such as education, tourism and finance, and boost cooperation in agriculture.

Key Words: Chile; Import and Export Market; Bilateral Trade

Los principales mercados de importación y exportación de Chile y el perfil del comercio bilateral China—Chile 2017—2018

Ma Feixiong

Resumen：En 2017，China，Estados Unidos y Japón fueron los tres principales mercados de exportación de Chile，mientras que China，Estados Unidos y Brasil fueron los tres principales mercados de importación de Chile. Los tres principales mercados de exportación y los tres principales de importación representaron respectivamente la mitad de las exportaciones e importaciones de Chile. En 2017，el volumen de importación y exportación bilaterales de productos entre Chile y China fue de 31290 millones dólares，un aumento del 8.8%. El superávit comercial entre Chile y China fue de 4610 millones dólares. El estudio cree que，para promover una cooperación más amplia e integral entre China y Chile，es necesario que las dos partes fortalezcan la cooperación en la construcción de infraestructura y la fabricación de automóviles，así como en el comercio de servicios como la educación，el turismo y las finanzas，basando en la consolidación de las relaciones existentes de la cooperación comercial. También es necesario seguir fortaleciendo la cooperación en el campo de la agricultura.

Palabras Clave：Chile；Mercado de Importación y Exportación；Comercio Bilateral